北京市哲学社会科学“十一五”规划重点项目（09AbJG302）研究成果

会计学论丛

公司财务状况质量综合评价研究

基于增长、盈利、风险三维平衡视角

RESEARCH ON THE COMPOSITE EVALUATION OF COMPANIES' QUALITY OF FINANCIAL POSITION: A THREE-DIMENSIONAL BALANCED PERSPECTIVE BASED ON GROWTH, EARNING AND RISK

钱爱民◎著

北京大学出版社
PEKING UNIVERSITY PRESS

图书在版编目(CIP)数据

公司财务状况质量综合评价研究:基于增长、盈利、风险三维平衡视角/钱爱民著.—北京:北京大学出版社,2011.1
(会计学论丛)
ISBN 978-7-301-18141-6

Ⅰ.①公…　Ⅱ.①钱…　Ⅲ.①公司-财务管理-研究　Ⅳ.①F276.6

中国版本图书馆 CIP 数据核字(2010)第 233023 号

书　　　名:公司财务状况质量综合评价研究
　　　　　——基于增长、盈利、风险三维平衡视角
著作责任者:钱爱民　著
责 任 编 辑:张文军
标 准 书 号:ISBN 978-7-301-18141-6/F·2658
出 版 发 行:北京大学出版社
地　　　址:北京市海淀区成府路 205 号　100871
网　　　址:http://www.pup.cn
电　　　话:邮购部 62752015　发行部 62750672　编辑部 62752926
　　　　　出版部 62754962
电 子 邮 箱:em@pup.pku.edu.cn
印　刷　者:北京大学印刷厂
经　销　者:新华书店
　　　　　730 毫米×1020 毫米　16 开本　12.75 印张　226 千字
　　　　　2011 年 1 月第 1 版　2011 年 1 月第 1 次印刷
印　　　数:0001—3000 册
定　　　价:29.00 元

序

企业财务管理发展到今天，不论是理论还是实践，均已超越了传统意义上的财务管理边界。面对现代企业的经营和管理环境，传统的财务报表分析框架已显示出了某些不适应性，其在分析视角和分析方法等方面均有待于进一步地拓展与完善。为有助于实现现代企业的财务管理目标，新的财务报表分析框架应以企业价值及其创造为导向，以战略分析为起点，以价值驱动因素分析为主体。然而在具体的财务报表分析过程中，企业价值驱动因素、财务战略等诸如此类的内容又显得有些抽象而空泛，如“空中楼阁”一般难以把握与运用。因此，如何构建一套行之有效的基于企业战略和企业价值创造的财务报表分析体系，便成为财务分析领域一个具有较高的理论和应用价值，同时又极具挑战性的研究课题。

钱爱民博士所著《公司财务状况质量综合评价研究——基于增长、盈利、风险三维平衡视角》一书，是在其博士学位论文基础上完成的，它超越了以杜邦财务分析体系为基础并以公司偿债能力、营运能力和盈利能力为核心的现有财务报表分析框架，将财务报表分析与公司战略、公司价值创造以及财务管理目标有机融合在一起，在公司价值创造的驱动因素中寻找财务报表分析的新视角，建立了基于“增长、盈利、风险三维平衡”视角的财务状况质量理论分析框架，从而将静态的、短期的财务报表分析视角延伸至相对动态的、长期的层面。这是作者对企业财务分析理论的重要贡献。

在此基础上，结合新准则在会计信息披露方面的主要变化，全书构建出了一套较为完整的公司财务状况质量评价指标体系，并采用我国部分上市公司的财务数据对其有效性进行了检验。同时，作者还采用因子分析和聚类分析等方法将样本公司按照财务状况质量加以分类，识别不同类型公司之间的显著差异，甄别出不同类型公司的价值创造能力以及在发展过程中存在的失衡隐患，从而对公司财务状况的健康程度作出评价和预测，并对财务状况有可能陷入危机的公司加以预警。

本书所构建的“三维平衡”理论分析框架，将财务报表分析理论与公司价值创造这一财务管理目标相结合，更加有利于为公司财务战略的实施提供极为有用的财务工具和财务信息，为广大投资者的利益提供更为有力的保障。同时，书中构建的财务状况质量综合评价指标体系，将公司价值动因、公司财务战略等原本较为抽象、宏观的内容转换为一整套较为具体而完整的财务指标体系，从而使得公司的财务管理目标、财务战略不再是“空中楼阁”，而是分解为一系列可操作、可控制的具体财务指标，这样便更加有助于财务管理功能的进一步发挥和公司价值最大化目标的最终实现。总之，本书将具体的财务报表分析工具与抽象的公司财务管理目标和财务战略有机地结合在一起，在两者之间搭建起了一个能够顺利对接的桥梁和纽带。

因此，本书不仅具有较强的理论意义，而且具有较大的现实应用价值。本书的研究结果对我国财务报表分析体系的进一步发展与完善、公司财务管理水平的进一步提升以及我国资本市场的健康发展等方面均大有裨益。

我与钱爱民博士相识于 2000 年，当时中国金融学院与原对外经济贸易大学合并组建了新的对外经济贸易大学。对她的最初印象是其突出的教学能力和得到高度评价的教学效果。在攻读博士学位期间，她在财务分析领域，尤其是在财务状况质量分析方面进行了潜心研究。在此期间，她在研究上的悟性和潜力逐渐显现出来，先后发表了高水准的论文十余篇。其中，《新准则下利润结构质量分析体系的重构》一文获得了中国会计学会 2008 年度优秀论文二等奖。本书就是她近期研究成果的集中体现。

作为导师，我为钱爱民博士所取得的成绩感到欣慰，也希望她能够继续努力，在学术上锐意进取。期待她有更多关于财务分析方面的研究成果问世。

张新民

2010 年 7 月 15 日于对外经济贸易大学

前 言

目前，价值创造已成为现代财务学术界和财务实务界最为关心的话题，探讨公司价值的内在驱动因素、选择适当的价值衡量指标已成为财务管理领域的一个主流研究方向。然而，作为财务管理重要内容之一的现有财务分析体系却没有紧随价值最大化的目标，没有以价值作为财务分析的核心。对公司财务状况的综合评价更是局限于偿债能力、盈利能力以及营运能力等一些较为分散而具体的问题，尚未上升到公司目标、经营战略这一高度，更没有采用动态的视角去衡量公司的长期发展能力，因而不能从整体上对财务状况质量加以把握和评价。

此外，在财政部于 2006 年 2 月颁布的我国会计准则体系中，新增的会计准则和修订的会计准则在许多方面都作出了重大调整，尤其在资产的概念体系与计量属性、收益观点、利润的确认与计量以及财务报告格式与内容等方面都不同程度地发生了变化，这对公司的财务状况质量评价产生了根本性的影响，给公司财务状况质量评价研究带来了新的挑战。

本书试图从公司价值创造的驱动因素中寻找财务报表分析的新视角，建立基于"增长、盈利、风险三维平衡"视角的财务状况质量理论分析框架，在此基础上结合新准则在会计信息披露方面的主要变化，构建一套较为完整的公司财务状况质量评价指标体系，并采用我国部分上市公司的财务数据对其有效性加以检验。本书的研究结果将对我国财务分析体系的进一步完善以及我国资本市场的健康发展有所裨益。

本书共分为以下五个主要部分：

第一部分是财务状况质量评价的理论基础。该部分在对有关财务报表分析和财务状况评价的国内外文献进行综述的基础上，对财务状况以及财务状况质量等基本概念加以重新界定，并基于价值创造的视角在财务报表中寻找公司价值的驱动因素，构建出"增长、盈利、风险三维平衡"分析框架，作为财务状况质量评价的理论基础。

第二部分是基于增长性的公司财务状况质量评价。该部分以可持续增长理论为依据，从增长速度和增长有效性两个维度进行分析与评价，将"有质量的适度增长”作为增长性质量评价标准。具体地说，通过对增长的速度和有效性的分析，即通过对公司实际增长率与可持续增长率的比较以及对资产质量的分析两个方面，来评价财务状况的增长性质量，它是预测公司未来财务状况发展趋势的重要依据。

第三部分是基于盈利性的公司财务状况质量评价。该部分侧重对盈利质量进行评价，分别从盈利后果质量和盈利结构质量两个维度来考察盈利的获现性和持续性，构建出一套完整的公司盈利质量评价指标体系，并以我国A股制造业上市公司为研究样本对其有效性进行实证检验。结果表明：书中所构建的盈利结构质量评价指标体系对公司盈利的持续性具有较好的预测能力。

第四部分是基于风险性的公司财务状况质量评价。该部分以融资引起的财务风险为考察点，与公司资本结构质量评价相融合，从资本成本、期限结构、财务弹性以及股权结构等多个角度构建基于财务风险的资本结构质量评价指标体系，用以揭示公司在经营过程中所面临的财务风险，成为评价财务状况风险性质量的基础。

第五部分是对公司财务状况质量进行综合评价。该部分以价值创造为理论基石，基于“增长、盈利、风险三维平衡”视角来构建公司财务状况质量综合评价指标体系，并采用因子分析和聚类分析等方法对我国A股制造业上市公司的财务状况质量进行研究。研究表明：(1) 超速增长和低速增长均无益于公司的可持续发展，良好的财务状况质量应表现为“有质量的适度增长”，即实现在控制财务风险、保证盈利质量和资产质量基础上的可持续增长。(2) 基于“增长、盈利、风险三维平衡”视角构建的财务状况质量评价指标体系较为科学，所得出的财务状况质量评价结果能够基本反映出公司的价值创造能力。

财务状况质量从财务角度揭示出公司经营活动的健康程度，揭示出公司保持可持续发展的能力以及利用现有资源进行价值创造的实力和潜力。尽管本书构建的财务状况质量评价指标体系还有待进一步的发展和完善，但基于价值创造视角的财务分析框架确实能够实现与公司价值创造目标定位的顺利对接，有助于财务管理功能的进一步发挥和公司价值最大化目标的最终实现，为广大投资者的利益提供应有的保障。

本书是在我的博士学位论文基础上进一步修改和完善而成的，同时也是北京市哲学社会科学“十一五”规划重点项目“北京高新技术企业国际化经营与财务状况质量关系研究”(09AbJG302)的阶段性研究成果,获得了对外经济贸易大学国际商学院和国际财务与会计研究中心的资助,并得到了北京大学出版社的大力支持。希望本书的出版能够引起会计学者与实务界人士对财务状况质量评价问题的广泛关注,并激起他们对这一领域的研究兴趣。

钱爱民

2010 年 8 月 11 日于对外经济贸易大学

目录

第1章　导　论

1.1　研究背景及其意义

在公司追求价值最大化的今天，探讨公司价值的内在驱动因素、选择适当的价值衡量指标已成为财务管理领域的一个主流研究方向。然而，作为财务管理重要内容之一的财务报表分析①，其现有体系却没有紧随公司价值最大化的目标，即没有将公司的价值创造能力作为财务报表分析的核心。传统的以杜邦财务分析体系为核心的财务报表分析指标体系，对公司财务状况的综合评价仅仅局限于偿债能力、盈利能力以及营运能力等一些较为分散而具体的问题上，尚未上升到公司目标、经营战略这一高度，更没有采用动态的视角去衡量公司的长期发展能力，因而并没有真正从整体上对财务状况质量加以把握和评价。这样必然导致财务报表分析的结果不能为公司寻找价值驱动因素提供帮助，也就不能有助于实现公司价值最大化的目标，财务管理的功能未得到充分的发挥，股东的利益也不能得到应有的保障。虽然国内外已经有学者提出要通过基于价值创造的综合财务分析体系来对公司价值进行分析，或者建立以公司价值分析为核心的财务报表分析体系为公司价值创造提供服务，但是他们仅仅提供了一个思路，对价值驱动因素的分析也较为抽象、难以深入下去，而对于如何从价值驱动因素中寻找财务报表分析的新角度，在此基础上建立一套较为完整的财务报表分析指标体系更是没有作过详细而深入的探讨。

---

①　财务报表分析相对于财务分析来说研究范围较窄，主要针对公司财务报告中的相关财务数据，借助比率分析等手段对公司的财务状况进行分析与评价。而财务分析的依据除了公司的财务报告之外，还有一些公司内部非公开的财务信息，分析手段也较财务报表分析更加多样化。本书的研究主要以上市公司对外发布的财务报告为研究对象，因此应属于财务报表分析范畴。

财务状况是指通过资产状况、债务风险状况、资本投入与积累状况、盈利状况以及现金流转状况等方面所揭示出来的公司基本财务状态，而财务状况质量分析则是从财务角度对公司经营活动的健康程度作出评价与判断。从公司价值的驱动因素来看，价值创造的能力主要取决于以下几个方面：一是溢价的大小，即公司赚取超额收益的能力；二是业务的增长，即资本投入和溢价的持续性；三是资本成本，即公司所面临的各种风险大小。从财务报表分析的角度来说，前两个方面可具体表现为公司的增长性和盈利性；而第三个方面则表现为公司的风险性，一般可通过资产结构、资本结构以及在公司运营过程中各项内容的相互协调程度等方面得以反映。基于"增长、盈利、风险三维平衡"视角的财务状况质量综合评价体系正是以公司价值创造为基础，试图从公司价值的驱动因素中寻找财务报表分析的新视角，动态而综合地揭示出公司的可持续发展能力、利用现有资源进行价值创造的实力和潜力。而以此为基础建立起的一套财务状况质量评价指标体系更是对传统财务报表分析指标体系的发展与完善。因此，基于"增长、盈利、风险三维平衡"视角的公司财务状况质量综合评价研究应成为财务报表分析领域一个非常迫切而又极具实用价值的研究课题。

此外，在财政部 2006 年 2 月颁布的我国会计准则体系中，新增的会计准则和修订的会计准则在许多方面都作出了重大调整，如资产减值准备的计提及转回、债务重组收益的确认、存货管理及公允价值的应用等等。尤其是新会计准则在资产的概念体系与计量属性、收益观点、利润的确认与计量以及财务报告格式与内容等方面也不同程度地发生了变化，这将会对公司的财务状况质量评价产生根本性的影响。新准则在与国际准则顺利实现趋同的背景下，不同行业、不同公司在一定程度上可以根据自身情况确定资产计量方法，享有更大的自主权，公允价值的确定、取值等因素无形中也给上市公司预留了操纵利润的空间，这些方面对公司本身的财务状况也会造成不同程度的影响，从而给公司财务状况质量评价研究带来了新的挑战。如何应对这些变化，重新构建新会计准则下的公司财务状况质量评价指标体系，更加准确地预测公司的发展前景和价值创造能力，也是投资者、债权人以及公司管理者共同面临的一个现实而紧迫的研究课题。

1.2　研究目的及思路

1.2.1　研究目的

本书试图从公司价值创造的驱动因素中寻找财务报表分析的新视角,建立基于"增长、盈利、风险三维平衡视角"的财务状况质量理论分析框架,将财务报表分析从相对静态的、短期的层面延伸至相对动态的、长期的层面。在此基础上,结合新准则在会计信息披露方面的主要变化,构建一套较为完整的公司财务状况质量评价指标体系,并采用我国部分上市公司的财务数据对其有效性加以实证检验。本书的研究将为理论与实务界研究公司财务状况质量评价问题提供可借鉴的结论与理论基础,对我国现有财务报表分析体系的进一步完善以及我国资本市场的健康发展应有所裨益。

1.2.2　研究思路

(1) 对国内外相关研究文献进行全面回顾与评述,目的是指出现有财务报表分析框架的局限性,并找出本书研究的突破点。在此基础上,将财务报表分析与公司战略、价值创造等当今公司管理当局的关注热点联系起来,试图寻找构建新的财务状况质量分析体系的理论依据。

(2) 对研究涉及的关键概念加以界定,系统阐述公司价值创造与财务状况质量评价之间的关系,找出公司价值驱动因素在财务报表中所对应的会计要素,论证将"增长、盈利、风险三维平衡"理论作为财务状况质量评价理论依据的合理性。在此基础上,分析财务状况的质量特征,并对财务状况失衡的潜在危机加以剖析。该部分将成为后续章节的理论基础。

(3) 构建基于增长性的公司财务状况质量评价指标体系,以可持续增长理论为依据,从增长速度和增长有效性两个维度进行分析与评价,将"有质量的适度增长"作为增值性质量评价标准。具体地说,通过对增长的速度和有效性的分析,即通过对公司实际增长率与可持续增长率的比较以及对资产质量的分析两个方面,来评价财务状况的增长性质量,它是预测公司未来财务状况发展趋势的重要依据。

(4) 构建基于盈利性的公司财务状况质量评价指标体系,从盈利数量和盈利质量两个维度进行分析与评价。由于盈利数量是一个绝对指标,在公司之间进行比较没有意义,因而本书侧重对盈利质量进行评价,分别从盈利的后果质量和盈利的结构质量两个方面来考察盈利的获现性和持续性,构建出一套完整的公司盈利质量评价指标体系,并以我国 A 股制造业上市公司为研究样本对其有效性进行实证检验。

(5) 构建基于风险性的公司财务状况质量评价指标体系。因研究资料的可得性限制,本书侧重以融资活动引起的财务风险为考察点,与公司资本结构质量评价相融合,从资本成本、期限结构、财务弹性以及股权结构等多个角度构建基于财务风险的资本结构质量评价指标体系,用以揭示公司在经营过程中所面临的财务风险大小,并以此为基础对财务状况的风险性质量进行评价。

(6) 以"增长、盈利、风险三维平衡"理论分析框架为基础,构建出基于增长性、盈利性和风险性的公司财务状况质量综合评价指标体系,并以我国 A 股制造业上市公司为研究样本对该指标体系的有效性进行检验。同时采用因子分析和聚类分析等方法将样本公司按照财务状况质量加以分类,识别不同类型公司之间的显著差异,甄别出不同类型公司的价值创造能力以及在发展过程中存在的失衡隐患,从而对公司财务状况的健康程度作出评价和预测,并对财务状况有可能陷入危机的公司加以预警。

(7) 研究结论与局限。

1.3 研究框架

根据研究目的及思路,本书的研究框架如图 1.1 所示:

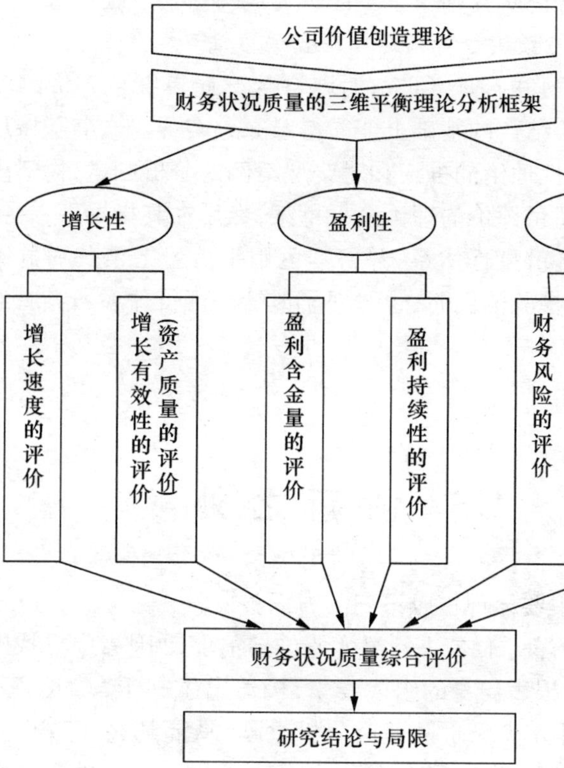

图 1.1 研究框架图

资料来源:作者自行设计。

1.4 研究方法

1. 规范研究与实证研究相结合的方法

规范研究和实证研究是经济学研究的两大基本方法,本书主要采用规范研究与实证研究相结合的方法,提出公司财务状况质量综合评价问题,构建评价理论分析框架和评价指标体系,并对其有效性加以检验。其中,基于"增长、盈利、风险三维平衡"视角的财务状况质量评价理论分析框架和评价指标体系的构建等方面的研究即为规范研究,而对财务状况质量评价指标体系的有效性检验以及公司财务状况质量分类研究则属于实证研究范畴。

2. 理论逻辑推理与案例分析归纳相结合的方法

作为一项实践性很强的理论研究,对财务状况质量综合评价的深入研究只有在坚持理论与实践相结合的基础上才能得以充分实现。本书坚持从我国公司实际出发,通过对一般性理论的推演和对典型案例的分析归纳,构建出基于价值创造的公司财务状况质量评价的理论分析框架,然后在其指导下,有针对性地构建公司财务状况质量评价指标体系,并将其运用于大量上市公司的案例分析之中,从而在进行有效性检验的同时,也体现了该综合评价体系所具有的相当的实用价值。

1.5 创新之处

本书的创新之处主要体现在以下三个方面:

(1) 在理论研究方面,本书从公司价值创造的驱动因素中寻找财务报表分析的新视角,结合财务报表自身的组成要素,构建出了基于“增长、盈利、风险三维平衡视角”的公司财务状况质量理论分析框架,从而超越了以杜邦财务分析体系为基础并以公司偿债能力、营运能力和盈利能力为核心的现有财务报表分析框架,将财务报表分析与公司战略、价值创造等当今公司管理当局的关注热点联系起来,将静态的、短期的财务报表分析视角延伸至相对动态的、长期的层面,从而将更有助于财务管理功能的进一步发挥和公司价值最大化目标的最终实现。

(2) 在研究方法方面,本书从增长速度、增长有效性——资产质量、盈利质量、基于财务风险的资本结构质量等多个方面构建出一套较为完整的新会计准则环境下的财务状况质量评价指标体系,并采用实证研究方法对该体系的有效性加以检验,对上市公司的财务状况质量以及价值创造能力加以分类研究。实证研究过程中,用因子分析法提取综合信息,以方差贡献率为权重,各指标区别对待,从而在一定程度上体现了不同指标的重要性差别;同时将样本公司进行分类比较研究,从而有利于发现不同类别上市公司之间的经营模式和战略差异,有利于寻找影响公司财务状况质量的失衡隐患和制约公司价值创造能力提升的主要因素。

（3）在实践运用方面，本书充分结合中国资本市场的现实特点，站在信息使用者的角度，基于决策有用观对公司财务状况质量评价问题进行了较为全面的研究，从而可以在如下几个方面提供较为实用的经验证据和理论支持：① 投资者进行公司价值评估和投资决策；② 债权人进行公司信用评价和信贷决策；③ 内部管理当局进行战略规划和战略调整；等等。

第2章 财务状况质量评价的理论基础

张新民(2001)提出"财务状况质量"理论分析框架,随后在理论和实务界得到了推广与运用。国内学者还同时使用一个与其极为相似的概念——财务质量。关于财务质量的定义尚未达成一致,一些学者将其与财务状况质量概念加以混同,而另一些学者则是将两者严格加以区分。评价公司的财务状况、对其质量加以甄别与判断是财务(报表)分析领域一个非常重要的组成部分。本章首先对有关财务报表分析和财务状况评价的国内外文献进行综述,在此基础上对财务状况以及财务状况质量等基本概念加以重新界定,并从价值创造的视角在财务报表中寻找公司价值的驱动因素,进而构建出"增长、盈利、风险三维平衡"理论分析框架,以此作为财务状况质量评价的理论基础。

2.1 相关文献综述

2.1.1 财务报表的分析视角

1. 财务报表的三大分析视角

从现有财务报表分析类教科书的描述情况看,财务报表分析框架的基本要素其实并无差别,有差别的只是衍生性或派生性分析的要素(李心合、蔡蕾,2006)。目前国内外有关财务(报表)分析较为普遍的研究视角可以概括为以下三个方面:

(1) 公司内部经营分析视角。国外学者基于财务报表的公司经营能力的研究,以 Leopold A. Bernstein① 和 John J. Wild② 为代表,他们的分析着重于在财务指标中发现公司的实际经营能力。此外,代表性的著作还有 Clyde P. Stickney

---

① 参见 Leopold A. Bernstein, John J. Wild., Financial Statement Analysis: Theory, Application, and Interpretation, McGraw-Hill Inc., 1997.

② 参见 John J. Wild, Financial Statement Analysis, McGraw-Hill Inc., 2007.

的《财务报表分析——一种战略展望》[①]、Erich A. Helfert 的《财务分析——管理者的分析技术与方法指南》[②]等等。Palepu，Bernard & Healy 的《运用财务报表进行企业分析与估价》[③]一书也同时研究了财务报表分析在预测分析与公司经营战略分析中的应用问题。张新民的《企业财务报表分析——教程与案例》[④]也试图通过对财务状况质量分析理论的运用来透视公司的内部管理质量。赵晋贤(2006)认为目前分析方法有很多局限性，据此提出了从经营者出发，以财务报表为基础，按照公司实力、公司风险、公司质量、公司效率、公司成长性和失败性五个板块，分别从财务和经营两个角度，对公司价值进行分析，形成了一种面向战略的财务分析体系。张先治(2008)认为基于管理者决策与控制的财务分析体系可由资本经营财务分析、资产经营财务分析、商品经营财务分析和产品经营财务分析四部分构成。管理者决策与控制的关键是经营效率、效果与相应的风险控制，从总体来看，各种类型的财务分析都可从效率分析、状况分析和风险分析三个方面进行，为管理者决策与控制提供有用信息。吴世农、吴育辉的著作《CEO 财务分析与决策》[⑤]从公司财务管理实际出发，围绕公司 CEO 或高层经营管理者通常面临的六大财务管理决策问题——公司经营和财务绩效评价、营运资本管理决策、投资决策、负债决策、股利决策、投资价值的分析与决策，通过分析公司的资产负债表、损益表和现金流量表，讨论和分析公司的财务管理决策问题，为公司构建一个有序而系统、简明而易懂的财务分析和决策框架。

（2）财务危机预警视角。最早的财务预警研究始于 1932 年 Fitzpatrick 的单变量模型，最有影响力的研究是 Altman 提出的 Z 模型。Coats & Fant 在 1993 年又根据 Altman 研究中的五个财务比率建立了人工神经网络模型。中国的财务预警研究起步较晚，陈静(1999)以及吴世农、卢贤义(2001)分别应用 Fisher 线性判定分析、多元线性回归模型和 Logit 回归分析三种方法，建立了财务困境预测模型。由于早期财务预警研究将会计利润作为核心指标，未考虑作为债务支

---

① 参见 Clyde P. Stickney, Financial Statement Analysis: A Strategic Perspective, Thomson Learning Inc.,1990.

② 参见 Erich A. Helfert, Financial Analysis: Tools and Techniques—A Guide for Managers, McGraw-Hill Inc.,2001.

③ 参见 Krishna G. Palepu, Paul M. Healy, Victor L. Bernard，孔宁宁等译，《运用财务报表进行企业分析与估价》，中信出版社，2004 年。

④ 参见张新民，《企业财务报表分析——教程与案例》（第二版），对外经济贸易大学出版社，2004 年。

⑤ 参见吴世农、吴育辉，《CEO 财务分析与决策》，北京大学出版社，2008 年。

付手段的现金的充分性，因而其预警作用并不明显。William Beaver(1966)采用单变量模型，Ohlson(1980)采用 Logit 回归模型，分别构建了以现金流量指标为基础的财务预警系统。Aziz, Emanuel & Lawson (1988)比较了多个模型的财务预警准确率，发现现金流量模型的预警效果较好。在这七十多年的财务预警研究过程中，国内外研究学者发展了各种以财务指标为基础的财务预警模型，用以判断公司当前的财务状况和预测未来的财务状况，从而作为债权人进行信用决策的依据。其中，财务预警模型的种类很多，按模型中指标变量的多少可以分为一元判定预警模型和多元判定预警模型；按模型中参数的性质可以分为参数模型和非参数模型；按模型的修正与否可以分为原始模型和修正模型。这些模型被广泛用于公司信用评价、债券评级以及银行信贷决策等各个领域。

(3) 估值分析与证券定价视角。经典价值评估理论认为，股票的内在价值取决于公司未来所能创造的现金流及其风险。在已有的研究中，会计信息的"决策有用性"的检验主要是从信息观和计量观两个角度进行的。Ball & Brown (1968)和 Beaver(1968)从信息观的角度，采用事件研究的方法对会计信息与股票价格之间的关系进行了开创性的研究。Ohlson & Feltham 先后提出的计价模型为计量观的研究奠定了基础，他们首次把股票价值与未来的盈利联系起来，使得会计信息有用性的评价从损益表扩展到了资产负债表。Stephen Penman 的《财务报表分析与证券定价》①一书对这一模型进行了实证检验并对其可操作性做了推进性的工作，使这一定价模型有了现实的生命力。此外，国内外学者对财务指标的有用性也给予了较多关注，Melvin C. O'Connor(1973)、Ou & Penman (1989)、Abarbanell & Busheee(1997)等先后通过实证研究发现，使用若干反映财务基本信息分析的会计信号进行投资能够获得不同程度的超额报酬率。Leonard Soffer & Robin Soffer 的《财务报表分析——估值方法》②全面介绍了财务报表分析和公司估值的理论框架，并深入讨论了现实中估值方法的应用问题。姜国华的《财务报表分析与证券投资》③一书从证券分析师的角度开展财务报表分析，并据此进行未来盈利预测和股票价值评估，在价值评估的基础上作出投资决策。

---

① 参见 Stephen Penman, Financial Statement Analysis and Security Valuation, McGraw-Hill Education Inc., 2001.

② 参见 Leonard Soffer, Robin Soffer, 肖星等译，《财务报表分析——估值方法》，清华大学出版社，2005 年。

③ 参见姜国华，《财务报表分析与证券投资》，北京大学出版社，2008 年。

2．对财务报表分析视角的扩展

面对公司所遇到的来自各方面的挑战，财务分析的框架安排已具有明显的不适应性。扩展财务分析框架需要转换财务分析视角，包括价值创造、战略、价值链或价值网、生态化等，都应当纳入财务分析体系（李心合、蔡蕾，2006）。扩展后的财务分析框架应具备以下特征：

（1）要以公司价值及其创造为目标，以价值驱动因素分析和价值源泉分析为主体。公司价值与现金流量和财务报表有密切的关系：公司价值创造需要以有效的现金流量分析和规划为前提；公司价值的识别和评价需要以现金流量特别是自由现金流量的分析和预测为基础；借助财务报表，可以有效地分析公司价值创造的驱动因素；等等。以价值创造为出发点设计财务分析框架，需要借助这个框架解决：公司价值如何借助于报表及相关资料来衡量；如何借助报表分析和解释价值创造的驱动力量（价值创造能力）和影响因素；如何借助报表及相关资料来预测公司价值及其变化趋势。价值创造视角的财务分析框架将能够实现与公司价值创造的目标定位相对接。

（2）要以战略分析为起点，分析公司的经济行为及其财务后果与战略的一致性。在战略导向的管理时代，财务分析确立战略的观点是必然的选择，这需要将战略分析纳入财务分析框架，并借助于财务报表及相关资料分析公司的经济行为及其财务后果与战略的一致性。战略导向的财务分析需要将分析与战略、经营、资源配置和绩效衡量有机地连接到一起，形成公司整体的分析框架。战略、价值与价值驱动因素之间有着密切的关系，战略导向的财务分析还需要将战略分析与价值驱动因素分析连接起来。然而包含偿债能力、盈利能力和营运能力等模块的现有财务报表分析框架是“向后看”的，不能有效地与公司战略、价值创造和核心竞争力等当今公司管理当局的重要关注点相联系，因而难以实现对公司管理当局有意义的分析目的。即使是管理当局十分关注的风险问题，通过现有的报表分析框架也是很难充分描述和评价的。

（3）要以预警分析为导向，分析公司运营过程中潜藏的财务危机和隐患。财务报表分析属于事后分析的范畴，要想融入事前分析或预警分析的内容似有很大的困难。这也是美国的许多财务报表分析著作中缺少前瞻性分析特别是财务危机预警分析的重要原因。然而，预警分析对于现在正面临激烈竞争环境、随时都有可能陷入失败境地的公司来说又是如此的重要，甚至是越来越重要。预警分析的缺位，让我们不能不去思考财务报表或报告分析的超越问题。

2.1.2 财务状况的综合评价

1. 财务指标的选取

早在20世纪初期,公司财务数据的采集和统计分析就开始在美国出现,如《福布斯》(*Forbes*)杂志定期地公布一些经过选择的公司在股利发放率、每股收益和投资收益率方面的统计信息。这些统计信息的公布便于人们比较分析公司的财务状况,可以说是最早的单项财务评价了。《财富》(*Fortune*)杂志从1955年开始,按年销售总额的大小对全美上市公司进行排名,选出500强。在这些评价排名活动的不断改进中,逐渐形成了多指标排名体系。随着财务评价实践和理论研究的日益深入,国外学者还就财务状况的综合评价方法展开了广泛的研究。先后出现了沃尔评分法、公司综合评分法等一系列方法,但均存在评价指标和指标权重确定较为主观的缺陷,这一问题至今尚未从理论上加以解决。20世纪20年代,美国杜邦公司发明了杜邦财务分析体系,用于对权益净利率影响因素的分析。但由于只有少数的财务指标参与分析,从而导致损失的信息较多。20世纪60年代关于公司破产问题的研究成为热点。国外一些学者结合统计上的多元判别分析技术,采用与公司有重大关系的五种财务比率为变量,提出了各种破产预测模型。随后,复合财务系数被西方许多国家采用。复合财务系数是指为了评价公司的资产运用状况和盈利能力,以若干与此相关程度较高的财务指标为基础,综合计算而得到的一个评估系数。

在我国,1993年7月《财务通则》颁布实施,它规定了公司绩效评价的8项财务指标;1995年财政部将这8项财务指标扩展到10项并规定了各项指标的权重和综合评分的办法。1999年财政部等四部委联合发布了《国有资本金效绩评价规则》和《国有资本金效绩评价操作细则》,对公司的财务评价方法进行了较大调整。中国诚信证券评估有限公司自1996年以来与《中国证券报》联手,每年对上市公司的财务状况进行评价。《上市公司》杂志也从1999年开始采用类似的方法进行每年一期的"沪市50强上市公司"的评选活动。2001年《中国证券报》与清华大学公司治理研究中心研制的上市公司绩效评价模型选取了15项评价指标,并从盈利能力、偿债能力和成长性等三个方面对上市公司的绩效进行综合评价。证星—若山财务风向标测评系统是"证券之星"财经网络公司与复旦大学金融期货研究所联合开发的上市公司财务评价系统。该测评系统评判、吸收了国际通用的沃尔评分系统以及国内有关财务评价体系的研究成果,结合我国证券市场特色将财务质量评价体系划分为盈利能力、现金流量质量、偿债能力、资产负债管理能力与成长能力五大类，构成上市公司财务质量测评系统的指标体系。各指标权重的确定以层次分析法计算所得的数值为基础，经过统计资料的不断验证、调整而成。国资委于 2006 年公布了《中央企业综合绩效评价管理暂行办法》，对企业特定经营期间的盈利能力、资产质量、债务风险、经营增长以及管理状况等进行综合评判。

尽管对公司的财务评价活动在我国已经受到广泛关注，且评价的范围不断扩大，评价的内容也逐渐深入，但是这些评价活动存在的共同缺点也是不可忽视的。这些缺点要么是单指标评价、要么是固定权数的综合。潘琰（2000）、李从珠（2000）等认为应该尽量避免根据主观经验确定权数，主成分分析方法可以提供一种依据财务指标内部结构关系确定各指标权重的评价方法。徐国祥等（2000）则认为在对上市公司财务状况进行评价时要将主观赋权法和客观赋权法结合起来考虑。在新会计准则背景下，梁杰、高蕾等（2008）针对新会计准则对综合财务状况评价的影响进行了实证研究，研究表明新准则对公司的财务状况带来重大影响，并指出新会计准则的实施使得资产负债表在财务报表中的重要性增强，报表使用者在分析上市公司的财务状况时，不应只局限于对利润表的分析，要逐渐转向资产负债观，更多地关注公司的资产负债结构、资产的平均获利能力以及资产的平均现金流量大小。由此可见，构建一套新会计准则下的更为全面、科学的财务状况综合评价体系势在必行。

2. 综合评价方法的选择

由上文关于财务评价指标的文献综述不难发现，对于财务指标的讨论过程实际上也是关于评价方法的丰富过程。此外，国内也有不少文献专门探讨了财务状况的综合评价方法问题。概括来说，财务状况综合评价方法主要包括以下几类：

（1）层次分析法。粟国敏（1999）结合我国国情探讨了层次分析法在现代公司财务分析评价中的应用。王雷、胡维华（2000）将层次分析法和模糊综合评价法结合起来对上市公司财务进行评价。王海珍、郭慧敏（2006）利用层次分析法对公司的财务状况进行综合评价，及时发现财务危机先兆，避免公司财务失败。王静静（2008）运用模糊层次数学评价模型，探讨一种对公司财务状况进行综合评价的方法。

（2）灰色关联模型。张韬、智勇（2000）用灰色关联模型克服财务信息的不完全性和不确定性，揭示了样本指标间的关系。就指标权重的确定方法而言，这些财务评价方法可以分为两大类，即主观评价法和客观评价法，在具体的评价过程中这两类方法孰优孰劣，也有不少文献涉及。

(3) 判别分析模型。蔡红艳、韩立岩(2003)的研究表明，判别分析模型对于公司的财务困境具有较强的预测能力，并且单变量模型中资产负债率的预测能力最强。从预测结果来看，多元线性判定模型的误判率比起单个指标的判定模型预测能力有所提高。余妙志、孔庆洋(2004)应用判别函数建立了上市公司财务状况非线性评价模型，论证了线性补偿的存在，与线性模型相比提高了模型的解释和预测能力。魏世振、杨磊等(2005)针对当前财务状况判别分析建模研究中存在的问题，在分析经典判别分析算法不足的基础上，结合粗糙集理论提出一种新的判别分析算法，实证分析结果表明，其在多指标筛选、指标重要性识别以及判别分析等方面性能良好。

(4) 聚类分析法。吕长江、赵岩(2004)突破以往文献将公司财务状况仅仅基于"好"与"坏"标准进行简单分类，即财务困境公司和非财务困境公司的界限，在理论上首次将公司的财务状况分为五类，即财务闲置、财务充盈、财务均衡、财务困境和财务破产。实证研究表明，我国上市公司确实存在五种财务状况，支持理论假设，并发现中国上市公司普遍存在财务状况不佳的现象，隐性财务破产的上市公司多于证券市场上实际披露的数目。张维、李洪良等(2004)利用主成分分析方法对产生于财务报表的各种财务比率指标进行优化处理，形成新的主成分指标，并以主成分指标作为输入变量，使用竞争学习网络进行聚类分析。最后使用被广泛采用的综合评分方法得出每一类公司的财务特征，清晰直观地表达了公司的财务状况。王敬、李华一(2006)采用主成分分析和聚类分析两种统计方法，得出反映上市公司财务状况的基本排名。顾倍蓁(2008)选用成本费用利润率、资产负债率、存货周转率、应收账款周转率、销售利润率、资本保值增值率和总资产贡献率等7项财务状况指标对公司财务状况进行模糊聚类分析。研究表明，应用模糊聚类分析对多个公司基于财务状况指标进行分类，再通过比较各类的聚类中心来评析多个公司的财务状况的方法是十分有效的，应用模糊聚类分析使公司财务状况的评析变得简便可行和符合实际，同时评析结果便于公司获得生产经营、投资决策、产业结构调整等方面的信息。霍远、王惠(2007)从偿债能力、成长能力、盈利能力、周转能力和现金流量五个方面选取19个财务指标对2005年度新疆27个上市公司的财务状况进行聚类分析，将其分为综合类、扩张类、成长类、低盈利类和特殊类五类。

(5) 其他方法。郭存芝(2001)讨论了熵权系数法用于股票投资价值的评价。张毅、沈荣芳(2004)利用数据包络分析建立了实证研究模型，对50家上市公司的财务状况进行评价。朱顺泉、张尧庭(2004)构建了上市公司财务状况的评价指标体系及其理想点评价模型,并应用变异系数法对上市公司财务指标进行了客观赋权,应用构建的综合评价模型对上市公司财务状况进行了有效、合理的评价。骆珣、孙俊芳(2004)运用杜邦系统对某家电上市公司的财务数据进行评价和分析,揭示出该公司目前的财务状况并得出结论,从而为投资者的股票投资决策提供指导。杨磊、何跃等(2004)在对数据仓库特征进行分析论证的基础上,给出了基于数据仓库的公司财务状况分析预警系统的设计方案并验证其有效性。易跃明(2007)利用现金流量表数据通过建立神经网络模型来预测公司财务状况。

由此可见,上市公司财务状况的综合评价方法种类繁多、难易程度不同。这些方法由于其产生的实际背景和方法机理各异,各有其独特的优势,然而却很难从理论上予以证明哪个方法更优。对于同一个评价对象,不同评价主体所用评价方法可能不同,从而使得评价结论往往存在差异甚至完全相反。随着综合评价方法的不断丰富发展,学术界也注意到了这一问题,并从理论和实证两个方面对综合评价结果的不一致性问题进行了广泛而深入的研究。虽然实证研究和理论研究都没有就该问题达成一致的意见,但是这些尝试性的研究都不约而同地表明了一个问题,即各种评价方法都不是完美无缺的,将不同方法综合加以运用,可以获得优势互补的好处。另外,非常值得一提的是,上述评价方法中所使用的评价指标大同小异,基本上都是从偿债能力、营运能力、盈利能力和发展能力等几个方面选取若干财务指标,其中有些是将所有指标全部纳入评价范围,有些则是选择其中的几个有代表性的关键指标。但可以肯定的是,决定财务状况综合评价结果是否令人满意的关键,应该在于这些财务指标的全面性、科学性以及系统性,而不应是具体所采用的综合评价方法。

2.2 相关概念的界定

2.2.1 财务状况的界定

在财务分析理论中,财务状况是一个可大可小的概念,它可以特指公司的资产负债状况,从而与经营成果相对应;也可以综合定义为包含资产负债状况和经营成果在内的反映公司基本面的财务状态（王斌、梁欣欣，2008）。因而可以从相对广义和狭义的角度来定义公司的财务状况，概括来说主要有以下几种认识：

（1）财务状况是指公司的资产负债状况。《国际会计准则第1号——财务报表的列报》指出，财务报表提供有助于经济决策的有关公司财务状况、经营业绩和现金流量的信息。其中，资产负债表应提供有关公司财务状况方面的信息。在美国会计界，资产负债表也常常被称为财务状况表。显然，这里的“财务状况”应特指资产负债表所揭示出的资产负债状况。而在我国，注册会计师在对被审计公司出具的审计意见中，经常出现“上述会计报表……在所有重大方面公允地反映了公司×年×月×日的财务状况和截至该日年度的经营成果及现金流量状况”。这里的财务状况，也应当是指资产负债表中所体现的公司资产和负债状况。

（2）财务状况是指公司能用货币表现的某些方面（张新民，2001）。在普遍编制现金流量表之前，公司曾经编制过财务状况变动表。在编制财务状况变动表时，基于对“财务状况”的不同理解，实务中有多种编制基础：在将“财务状况”理解为“营运资本状况”，并以此为基础编制财务状况变动表时，财务状况变动表实际为“营运资本状况变动表”；在将“财务状况”理解为“现金以及现金等价物状况”，并以此为基础编制财务状况变动表时，财务状况变动表实际为“现金以及现金等价物变动表”（即现在的现金流量表）；等等。因此，财务状况应当是一个比较广义的概念，既可以指公司某张报表所反映的公司特定侧面的“状况”，也可以指公司特定报表的特定项目“状况”。概言之，凡是公司能用货币表现的各方面的状况，都可以称之为“财务状况”。

（3）公司财务状况反映的是公司针对现实或可能的财务风险而保持持续经营的能力，这种能力表现为有多大的可能性保持公司持续经营（吕长江、赵岩，2004）。该定义试图从公司财务处境的角度界定公司财务状况，从而在此基础上对各类公司的财务状况作出更加科学的分类，而不像以往文献那样将公司仅仅分为处于财务困境和非财务困境两类。

（4）财务状况是指反映公司基本面的财务状态，可以从资产规模、财务杠杆及收益能力等综合角度来定义公司财务状况（王斌、梁欣欣，2008）。以此为基础，可以研究财务状况与信息披露质量之间的关联度。

（5）财务状况是指一个公司通过它的资产与负债结构，观察在短期（例如一年）内现金预期流入与流出的平衡并略有结余（现金净流入）的状况，以及公司应付不确定性的现金需要（既可能是意外损失，也可能是意外机遇）的能力。财务状况是公司经营能力、投资能力和融资能力的综合表现。根据上述定义，反映财务状况的主要信息是流动性、财务适应性或财务弹性、经营业绩和现金流量（葛家澍、占美松，2008）。

综合上述观点，本书认为，财务状况应是指通过资产状况、债务风险状况、资本投入与积累状况、盈利状况以及现金流转状况等方面所揭示出来的公司基本财务状态。由于盈利状况和现金流转状况都会通过特定项目最终影响到资产负债状况，因而通过资产负债表所揭示的资产负债状况是公司财务状况的综合体现。概括来说，财务状况可以从财务角度体现公司经营活动的健康状况，它是公司战略实施的财务后果，是公司内在价值的决定因素，是公司持续经营的基本保障。

2.2.2 财务状况质量的界定

张新民（2001）首次提出“财务状况质量”这一概念，并构建出公司财务状况质量理论分析框架，随后在理论和实务界得到了推广与应用。他认为，财务状况质量是公司财务状况（局部或整体）按照账面金额进行运转（如资产）或分配（如利润）的质量。由于不良资产、账外资产、或有负债的存在，由于会计政策、会计估计的选择与变更，由于市场环境、法律环境、公司内部环境因素的影响，以及公司管理当局的诚信度等，公司对外披露的财务报表中各项要素及要素变动的账面金额，并不能真正代表其财务状况的真实质量。而信息使用者们也越来越关注公司财务状况的真实质量，关注账面金额的含金量。所以财务状况质量，应当指公司各项报表要素按照账面金额进行运转的质量，若大于或等于则称之为高质量或质量较好，若小于则称之为低质量。按照对于财务状况概念的理解，可以将财务状况质量分为以下四个方面：

（1）资产质量。资产质量是指特定资产在公司管理系统中发挥作用的能力，具体表现为资产的变现质量、进一步被利用的质量、与其他资产组合增值的质量，以及为公司发展目标作贡献的质量。资产质量的高低，并不完全以该项资产账面金额或物理质量的高低为标准，而是要看该项资产在特定公司的利用价值，如果能以高于账面金额的价值被利用从而产生效益，则可认为是高质量资产；反之，以低于账面金额的价值运转或没有实际利用价值的资产，则被认为是不良资产。

（2）利润质量。利润质量是指利润在形成、结构、分配等方面的质量。高质量的公司利润，应当表现为利润形成的市场前景看好，资产运转良好，利润结构较为合理，有较强的支付分配能力。反之，低质量的利润往往表现为利润来源不稳定甚至虚假，没有一定的支付、分配能力，利润所带来的资产质量不高。

（3）资本结构质量。资本结构不仅包括负债与所有者权益之间的结构，还包括负债和所有者权益各自内部的结构。资本结构质量是指现有资本结构与公司现在和未来发展目标相适应的质量。高质量的资本结构，应当表现出公司偿债能力较强、资本成本较低、资本结构与资产结构相匹配等特征。

（4）现金流量质量。现金流量质量是指现金流量满足公司预期目标的质量。较高质量的现金流量应当表现为现金净流量来源稳定、结构合理，能支持公司发展目标的实现。

2.2.3 财务状况质量与财务质量的区别

近年来，部分学者也采用“财务质量”这一概念对公司进行财务分析。关于财务质量的定义尚未达成一致，一些学者将其与财务状况质量概念加以混同；而另一些学者还是将两者严格加以区分。张鹏飞（2006）借助 ISO 质量体系的质量概念，结合财务质量的特性，将财务质量的概念定义为公司财务资源及其产生的财务效果满足规定或潜在需要的特征和特性的总和，即通过公司对财务资源合理而有效的配置、整合和安排，通过公司合理而有效的管理和经营运作，其所产生的财务效果能够满足现实或潜在的利益相关者对财务的各种需求，包括资产的流动性、资金的安全性、经营业绩的稳定增长性、收益的真实实现性以及公司的可持续发展性等。公司财务质量体系的内容包括资产质量、资本结构质量、盈利质量、现金流量质量和公司可持续增长能力等五个方面。他进一步指出，在现代的公司经营管理中，财务质量评价符合当今的经营环境、可以驱动未来的经营业绩、倾向于评价组织和团队绩效、注重公司长期的绩效评价。影响财务质量的内部因素包括：公司制度、公司经营能力、公司创新能力和核心竞争力等。

由此可见，财务质量的概念与财务状况质量的概念极为相似，都是针对公司在财务方面的基本存在状态作出评价，但从两个概念所涵盖的内容来看，财务质量不但包含财务状况质量方面的定量分析，还包含对公司制度、公司治理、内部控制、创新能力以及核心竞争力等方面的定性分析，所涉猎的范围较广。尽管以财务质量概念为基础对公司财务方面所作出的评价更为全面、系统，但对于会计信息的外部使用者来说，由于资料所限，使得全面展开财务质量评价难度较大,因而以公司对外披露的会计信息为基础所进行的财务状况质量分析更为可行。

随着公司所面临经济环境的不断发展以及现实或潜在的利益相关者对公司财务状况评价关注点的不断变化,对“财务状况质量”的认识也在不断加深并越来越具体化。本书认为,财务状况质量应是指公司运用财务资源从事经营活动所产生财务后果的质量,具体表现为公司的增长状况、资产质量、盈利质量、现金流量质量、资本结构质量及各要素之间相互协调程度等方面。它从财务角度揭示出公司经营活动的健康程度,最终可体现为公司对增长、盈利以及风险等三维价值驱动因素加以平衡从而保持可持续发展的能力,以及利用现有资源进行价值创造的实力和潜力。

2.3 公司价值创造与财务状况质量评价

2.3.1 公司价值与公司价值创造

马克思认为价值就是“有用性”,即包含在商品中无差别化的一般劳动,是客观事物所具有的属性、能力。在市场经济条件下,公司是从事生产、流通和服务等经济活动,以盈利为目的,实行自主经营、独立核算,并具备一定法律资格的组织形式,是社会经济生活中的基本经济单位。因此,公司价值就是公司相对于不同主体而具有的“有用性”,是公司所具有的属性和能力。

目前有关公司价值的研究主要集中于公司价值的计量方面,多数学者认为公司价值就是股东价值。20 世纪 60 年代随着产权市场的出现,公司价值的概念应运而生。1958 年美国学者 Modigliani 和 Miller 提出了 MM 资本结构理论的无税模型,首次提出了公司价值概念。进入 20 世纪 90 年代之后,公司价值日益成为公司经营活动的核心,理论界的研究也开始由如何定义和衡量公司价值转向如何通过有效的经营管理增加公司价值。

财务意义上估价模型的选择决定了股东价值究竟用什么来衡量和刻画,同时也决定了所有价值管理的最终落脚点在哪里或者说究竟用什么来评价公司价值的问题(汤谷良,2007)。综合来看,各类公司价值观点和评估模型存在不同的侧重点,对不同模型的选用应主要依估价动机而定。但无论如何,没有哪一个模型是完美无缺的，它们各自都存在一定的优势和劣势，并不相互排斥。应用 Copeland 在 2001 年提出的价值评估标准框架，可以把反映不同方面的评估模型联系起来。

从图 2.1 中可以看出，最终的价值评估标准是股票市场的股东价值创造。由于它是一个输出的评估标准，管理者难以根据它作出相应的决策，但管理者可以根据它来制定股东价值创造目标。股票市场的股东价值创造必须与公司内在价值的评估标准联系起来。公司内在价值最终的驱动因素是公司长期现金流量的产生能力。因此公司内在价值可以用折现现金流量来衡量，基于折现现金流量的内在机制可以用来评估整个公司的投资机会或战略。

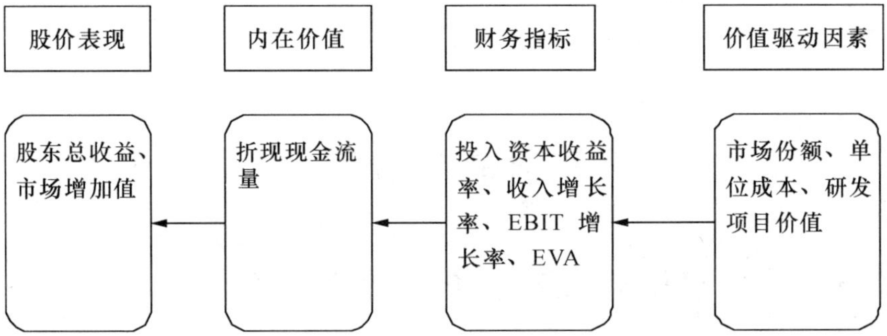

图 2.1　价值评估框架

资料来源：引自汤姆·卡普兰等，《价值评估——公司价值的衡量与管理》，电子工业出版社，2002 年。

2.3.2　公司价值创造与财务状况质量评价

前已述及，财务状况是指通过资产状况、债务风险状况、资本投入与积累状况、盈利状况以及现金流转状况等方面所揭示出来的公司基本财务状态，而财务状况质量分析则是从财务角度对公司经营活动的健康程度作出评价与判断。而从公司价值评估模型中不难看出，价值创造的能力主要取决于以下几个方面：一是溢价的大小，即公司赚取超额收益的能力；二是业务的增长，即资本投入和溢价的持续性；三是资本成本，即公司所面临的各种风险。从财务报表分析的角度来说，前两个方面可具体表现为公司的增长性和盈利性；第三个方面则表现为公司的风险性，一般可通过资产结构、资本结构以及在公司运营过程中各项内容的相互协调程度等方面得以反映。因此，基于“增长、盈利、风险三维平衡”视角的财务状况质量综合评价体系正是以公司价值创造为基础，试图在财务报表分析中寻找公司价值的驱动因素，动态而综合地揭示出公司的可持续发展能力、利用现有资源进行价值创造的实力和潜力。以此为基础建立起的一套财务状况质量评价指标体系更是对传统财务报表分析指标体系的发展与完善。

2.4 财务状况质量的增长、盈利、风险三维平衡理论分析框架的构建

2.4.1 Rappaport 模型的三维平衡战略管理启示

Alfred Rappaport 1986 年运用自由现金流量贴现模型阐述了公司价值的数量表示。该模型作为战略分析的重要工具，虽然无法用来评估公司的历史绩效，但可以将远期的预测绩效转换成一个简单的结果，可以评估整个公司或业务单元的战略、机会和价值。模型的表述为（Rappaport，2002）：

公司价值 = 预测期内 FCF 的现值 + 终值的现值

预测期内每年的自由现金流（FCF）=上年销售收入 ×（1 + 销售增长率）

× 营业毛利率 ×（1 − 现金所得税税率）

− 固定资产及营运资本投资增加额

营业毛利率 = 息税前营业利润 / 销售收入

固定资产投资增加率 =（资本支出 − 折旧费用）/ 销售收入增加额

终值 = 预测期结束后下一年的现金流 / 加权平均资本成本

如假设预测期结束后扩张型投资仍然能带来超过资本成本的收益率，且税后营业利润的预期永续增长率为 g，则终值公式转化为（Copeland 等，2002）：

终值 = 预测期结束后下一年的息前税后净营业利润

×（1 − 再投资率）/（加权平均资本成本 − g）

再投资率（每年固定资产及营运资本投资增加额占息前税后净营业利润的比例）

= g/ 新投资净额的预期收益率

上述模型很清晰地显示出公司价值模型是由增长、盈利、风险三个维度构成的（汤谷良、杜菲，2004）。其中，增长维度主要取决于销售收入增长率、固定资产投资增加率、营运资本投资增加率、再投资率。盈利维度主要取决于营业毛利

率、新投资净额的预期收益率、息税前利润现金税率。风险维度主要取决于加权平均资本成本和公司价值成长期限。由此可见,有效战略的形成前提是对公司增长、盈利、风险三维的动态平衡度的必要关注。

价值管理始于战略止于财务结果(Knight,1998),而上述三维动态平衡视角促使价值管理目标进行重新定位:利润不应是制定战略所关注的唯一核心,只有完成对增长、盈利、风险的三重管理任务,公司才能走得更稳、更远,价值目标才能直接得以保证。从设计公司战略和财务规划来说,财务的收益与风险的考虑必须立足在必要的"规模持续增长"前提之上。这种三维的战略目标并非是对利润重要性的彻底颠覆,而是站在一个多维、立体角度使战略目标更加具体和完善。

与此相对应,公司战略和财务规划产生了三层任务:管理增长、追求盈利和控制风险。管理增长是从战略的角度规划公司的增长速度,既要确保必须的增长速度,又要防范超速增长引发的"速度陷阱",也就是要保持公司增长速度与耐力的平衡;追求盈利主要是立足股东,确保公司运营、规模增长对股东盈利的持续支撑;风险管理是从财务等各方面保障公司的控制力,尤其是现金营运的安全有效。战略三维度从增长、盈利、风险三维度将价值落实到战略,很好地解决了战略价值如何实现最大化的目标(汤谷良,2007)。

然而,相关学者对公司价值影响因素的研究目前仍停留在相对宏观和抽象的层面,尚未深入到具体的财务分析层面,价值创造驱动因素分析没有与财务报表的具体项目和具体财务指标联系起来,从而使得"公司价值创造"这一财务战略在公司的实际运营中仍然难以把握和实施。翁洪波、吴世农(2006)的研究表明,反映公司盈利能力、营运能力、偿债能力、获现能力以及发展能力的诸多财务指标确实可以在相当程度上揭示公司价值创造能力。这就是说,尽管公司价值模型中的财务变量基本上都是建立在预测的基础之上,但它们确实可以与重要的财务指标联系起来,通过财务报表分析完全可以对公司价值驱动因素进行识别与判断。公司价值创造的能力和财务困境一样,在很大程度上也取决于公司整体的财务状况质量。因此,按照增长、盈利、风险三个维度对现有财务指标作进一步的调整与整合之后,完全可以更加系统、综合地对公司的内在价值加以把握和衡量,更加准确地对公司未来的价值创造能力加以分析与判断。财务状况质量是公司战略实施的财务结果,是公司价值创造能力的综合体现。因此,基于增长、盈利、风险三维平衡视角的公司财务状况质量综合评价体系,将为公司价值创造战略管理的有效实施提供一个非常有价值的财务工具。

2.4.2 财务状况质量三维平衡理论分析框架的构建

公司良好的财务状况质量必然最终体现为资产总规模的不断增长，因为没有增长是最大的风险，不仅会制约公司价值创造的潜力，还会导致公司极易成为被收购的对象。但这种增长绝不意味着盲目扩张，而是实现“有质量的适度增长”，实现在保持适当的负债水平从而控制财务风险基础上的可持续增长，这种增长必然以公司相应的盈利能力和自我积累实力为基础，更重要的是要以一定的盈利质量和资产质量作为保证。可以认为，公司最为理想的财务状况质量应该是在相关风险得到控制、盈利质量和资产质量得到切实保证的前提下，公司资产总体规模的适度增长。公司能否在其发展过程中长期保持增长、盈利、风险三个维度的动态平衡，是判断其财务状况健康与否的重要标准，是能否在未来实现可持续发展的重要保障，是公司价值创造能力不断提升的关键所在。

在财务报表体系中，资产负债表通过揭示公司资产、负债与所有者权益各项目的规模和内在结构来展现公司“规模”、资源配置状况、财务“风险”以及“盈利”积累程度，资产负债表一侧的资产结构和另一侧的融资结构之间的匹配程度还大致锁定了公司相应“规模”下的“风险”空间；利润表着重反映收入“规模”、“盈利”结构和“盈利”水平；而现金流量表则着重揭示获得和配置现金资源的能力和状态，进一步还可以考察利润表中盈利的后果质量（即含金量）、资产最终的现金获取能力以及对负债的现金支付能力。总之，三张报表既可以显示资产在“增长”背后的内在质量，也可以显示“盈利”的内在质量，更是公司财务“风险”的主要显示器。因此可以认为，对三张财务报表的平衡思考和战略审视本身就提供了这样一种分析逻辑，即为实现价值创造的目标，公司的财务状况在长期运营过程中必须保持增长、盈利、风险三个维度的适度平衡状态。只有同时关注这三个方面，公司才能走得更稳、更远，实现长期的可持续发展。在增长、盈利与风险的三维平衡机制中，风险管理的角色类似于在增长和盈利之间进行权衡时杠杆的支点，没有价值方向的增长和没有“刹车装置”的速度同样都是相当危险的。风险控制作为增长的制衡器，在一定程度上会打压增长、降低速度甚至缩水盈利，但这种态度将最终有利于公司的安全运营和健康发展（汤谷良，2004）。可以这样说，既然增长、盈利和风险是公司理财金字塔形成的基石，是公司战略发展和资源配置的核心，是价值管理的升华（汤谷良、杜菲，2004），那么它也应成为公司财务状况质量评价的基本依据，在此基础上可以形成财务状况质量评价的基本理论分析框架。建立在“增长、盈利、风险三维平衡”基础上的公司财务状况质量综合评价体系可通过图2.2予以展示。

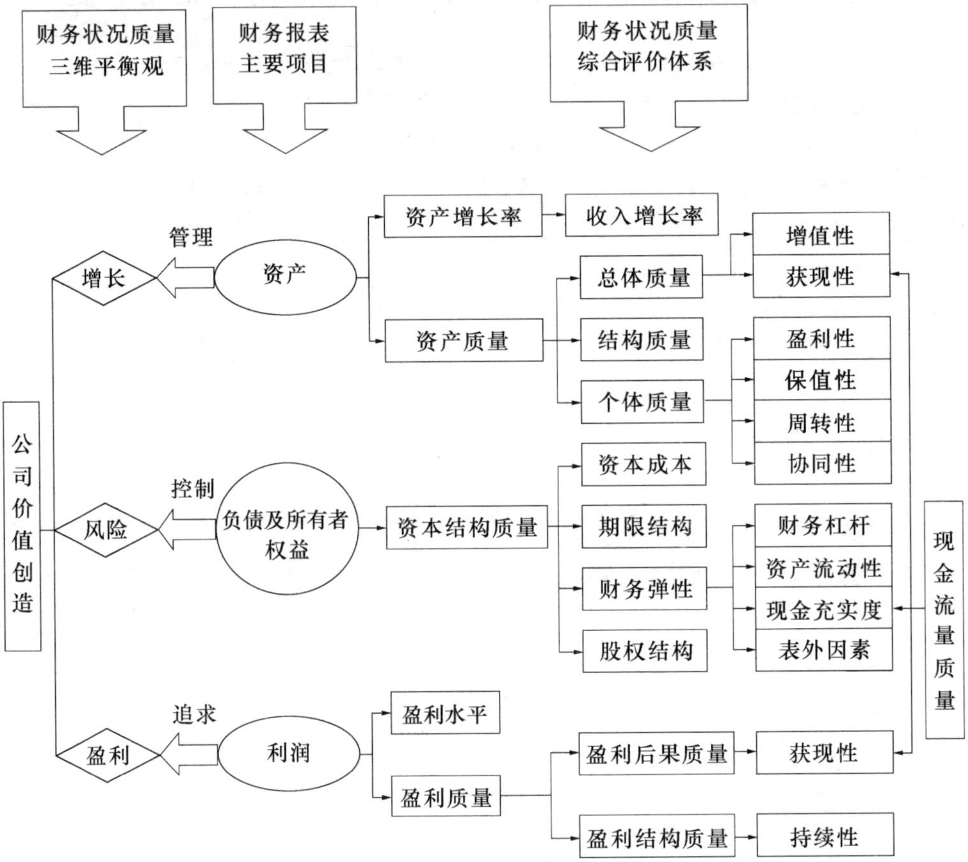

图2.2　基于"增长、盈利、风险三维平衡"视角的财务状况质量综合评价体系

资料来源:作者自行设计。

2.4.3　财务状况质量三维平衡理论的进一步阐述

1. 管理增长

增长是指公司营业收入的扩张和总资产规模的增长,其中总资产规模的增长既是公司增长最终的财务结果,同时也是营业收入扩张的必要条件;而营业收入扩张则既是公司增长的外在表现形式,同时也是资产增长的内在源泉和动力。增长已成为公司战略制定与业绩评价的关键内容,但同时又是公司经营管理中的难点。增长缓慢意味着公司资源的利用效率低下,公司价值将被低估,最终成为被并购的对象。但是,快速增长也并非总是好事。Robert C. Higgins(1977)发现,快速增长可能导致公司资源变得相当紧张,除非管理层意识到这一结果并且能够采取积极的措施加以防范,否则快速增长将会导致公司破产。国外研究表明,因增长过快而破产的公司与因增长太慢而破产的公司数量几乎是一样多①。我国的实证研究也发现,公司超速增长显著地增大了公司发生财务危机的概率,并且超速增长率与财务危机发生概率显著正相关;而非超速增长的实际增长率与财务危机概率无显著相关性(崔学刚、王立彦、许红,2007)。这一研究结论表明,公司规模的增长不一定带来公司价值的同步增长,而公司的资源及其使用效率才内在地决定了公司的增长速度。公司保持一定速度的增长是公司价值创造的基本保障,但是超过一定的速度,可能会造成公司财务资源供给和组织管理能力的紧张,由此毁损公司价值甚至引发公司的财务危机,最终导致公司的衰退乃至破产(崔学刚,2008)。

公司增长在对外扩张模式下,可以通过合并收购或战略联盟等方式迅速提升市场竞争力,顺利地实现公司的战略目标。但过快的扩张速度往往使得公司在极度膨胀的过程中潜伏了巨大的经营风险,在资金链断裂的情况下还可能出现更为可怕的连锁反应。郎咸平(2004)在一系列研究的基础上指出,公司高速成长一般是公司失败的开始。快速增长公司因财务压力而衰败的例子比比皆是,如国外的安然公司、世通公司、大宇集团,国内的德隆系、巨人集团、三株口服液等。中外无数个商业帝国的轰然倒塌便是“过度增长等于加速灭亡”的最好佐证。

公司增长在对内扩张模式下则往往表现为生产设备的扩张和存货的大幅增长,但从财务角度来看,大规模的投资增长往往会使得公司的资源变得更为紧张,而出于惯性和抹平混乱的需要公司又会选择加速增长,最终很有可能导致“增长极限”,从而使公司陷入资金链断裂、支付能力不足的“增长困境”,严重时甚至会走向“增长性破产”。这也旁证了财务学中的自由现金流量代理理论:如果只有低效率的资本支出,还不如把剩余现金盈利分配给股东(Jensen,1976)。因而在公司增长的过程中必须关注新增固定资产的使用效率、存货的周转效率和增值潜力,即资产的内在质量,这才是增长产生效益的关键所在。同时,公司的快速增长还通常表现为销售规模的快速增长,而如果公司是以放宽信用政策的方式引起销售增长超过一定限度,其结果往往是以损害债权资产的质量、发生

① 参见罗伯特·希金斯,沈艺峰译,《财务管理分析》,北京大学出版社,2003年,第84—89页。

大量坏账损失为代价,最终也会导致资金短缺。这时公司只能不断地筹集资金来支持增长,如果公司不能解决好增长与融资的关系,那么公司就会陷入财务困境。从这个意义上说,公司增长的财务意义是资金增长。

依据"资产=负债+所有者权益"这一会计恒等式,增加资产意味着需增加相应的资金来源。权益资金和负债资金即公司全部资金的增长,决定了资产的扩张速度。从资金来源上看,公司增长的实现方式有三种:(1)完全依靠内部资金增长(靠内部积累);(2)主要依靠外部资金增长(增加债务和股东投资);(3)可持续增长(即平衡增长)。当公司实际增长率超过可持续增长率时,我国有些公司倾向于发行新股筹集权益资金来满足公司增长的需求。发行新股筹资是一种财务策略,但筹集权益资金能否促进公司增长、创造价值,这是值得深思的。陈文浩、朱吉琪(2004)通过在增发新股情况下的可持续增长模型并结合中国上市公司增发新股的实际情况得出结论:增发新股对公司当年的可持续增长率有正面的影响,但是对公司今后的可持续增长的影响却是负面的。上市公司未来的可持续增长主要还是取决于通过增发新股筹资的投资项目资产净利率的高低以及公司的股利政策和股本结构。进一步依据公司增长的财务学基础分析可知,权益报酬率是公司增长的重要因素,但当权益资本并未带来利润的同步增长时,权益报酬率反而会下降。因此,股本扩张虽然可以为公司增长提供资金保障,但股本资金的增加并不一定会提高公司增长率。公司只有提高自身盈利能力、增强自身积累、不断创造价值才是公司增长的原动力。而从另一外部融资渠道来看,债务融资由于利息可从公司正常的财务费用中列支,因而会由于抵税效应而使得公司的融资成本较低。但过高的负债率会导致过高的财务风险和较高的代理成本,从而使得产生财务危机的可能性加大,降低公司的价值。

由此可见,公司全部资金的增长应首先取决于公司内部权益资金的增长,公司只有不断提高盈利水平、增加留存收益、扩大权益资金,同时增加相应债务资金才可能满足销售增长对资金的需求,实现公司增长。这就是说,尽管公司增长时快时慢,但从长期来看总要受到可持续增长率的制约。可持续增长率是指不增发新股并保持目前经营效率和财务政策条件下公司所增长的最大比率。如果销售增长率大于可持续增长率,说明该公司的业务销售带来的现金流量的增长率,不足以支持业务增长所需的资金,现金流量处于不平衡状态,会出现现金短缺的局面,并且业务增长越快,现金短缺越严重。因此,只有按照可持续增长率实行可持续增长才是公司保持稳定的经营效率、财务政策并依靠自身利润滚存来实现的一种特殊的平衡增长,才能保证公司价值的持续增长,因而只有它才是真正意义上的增长。正如全球管理咨询大师 Ram Charan 和 Noel M. Tichy 所说，不是所有的增长都是有益的。不惜一切代价的增长，或者只为增长而增长，是导致灾难性后果的“良方”。优秀的增长是可持续的，是具有丰厚利润的，同时资金的运用是高效能的。不要把优秀的增长同破坏性的增长，或者以对未来透支为代价的混热病式的阵发式增长等同起来。①

综上所述，公司良好的财务状况质量最终必然体现为资产总规模的不断增长，但这种增长绝不意味着盲目扩张，而是实现“有质量”的增长，是在保持适当的负债水平从而控制财务风险基础上的可持续增长。这种增长必然以公司相应的盈利能力和自我积累实力为基础。

2. 追求盈利

公司是以盈利为目的的经济组织，这已注定了追求盈利原本就是公司的天性。前已述及，只有按照可持续增长率实行可持续增长才是公司保持稳定的经营效率、财务政策并依靠自身利润滚存来实现的一种特殊的平衡增长，才能保证公司价值的持续增长。可持续增长率模型给出了影响其高低的四个方面的因素，即资本结构、盈利能力、资金的运营效率和股利政策。曹玉珊(2007)利用中国上市公司 1994—2003 年的数据进行研究表明：公司增长速度的综合成因，完全存在于可持续增长率计算公式所涉及的四个基本财务比率中一个或多个比率的显著变化和显著的新股发行行为之中；销售净利率、总资产周转率和权益乘数的变化是主要成因，而留存比率的变化和新股发行不是主要成因。因此，公司要想实现高水平的可持续发展，必须要以追求盈利能力的提升为前提。这正充分体现了盈利支持增长的理念。但这并不是说公司应该追求盈利的无限度增长。Cyrus A. Ramezani, Luc Soenen & Alan Jung(2002)通过实证研究发现，尽管公司盈利能力指标通常会随着盈余或销售增长而增长，但如果增长超出了最佳增长点的限度而继续增长，公司价值就会降低，也会对公司盈利能力造成负面影响。

长期以来，衡量公司盈利能力的财务指标主要是以会计利润为基础。然而近年来，国内外出现的许多会计造假大案(如美国“安然事件”、中国“银广夏事件”)，使得人们在对利润数据的真实性和可靠性产生怀疑的同时，也对现有的公司盈利能力评价指标产生了质疑。同为衡量公司财富增长状况的一项指标，由于确认与计量基础的差别，利润与现金既存在着一致性，又存在着差异性。在利润的计算过程中，会计方法选择的差异以及会计估计的应用，都会对会计利润

① 参见 Ram Charan, Noel M. Tichy，鲁刚伟译，《持续增长》，中国社会科学出版社，2005 年。

产生不同的影响。例如,对于固定资产折旧的计提,就折旧方法来说,涉及采用直线折旧法还是加速折旧法的问题,而会计估计则涉及折旧年限长短以及预计净残值大小的问题,这种会计方法选择以及会计估计的差异,将会影响公司各期计入折旧费用的金额大小,进而影响公司各期的会计利润。由此可见,会计利润仅仅是一个账面数据,易受人为会计政策、会计估计、盈余管理等的干扰与操纵。而现金流量则表现为公司实实在在的现金流入与流出,是公司经营成果的真实反映,从而体现出相当的客观性。从经营角度来看,公司任何日常经营活动均始于现金而终于现金,现金以及从现金到存货、应收账款,然后再回复到现金的及时转换,是公司生存与发展的"血脉"。公司现金流转的顺畅与否对公司的生存与发展有着重大的影响,任何环节的不畅或阻滞,都会给公司带来严重的经济后果。现金流量作为一项财务指标,在公司价值管理与行为管理中展现出利润指标所不具有的优势。因而,目前会计理论和实务界在分析公司盈利能力时已将会计利润与现金流量指标适当地加以结合,越来越关注公司的盈利质量,强调盈利质量是揭示公司真实经营业绩的关键因素。

由此看来,公司应该从盈利数量和盈利质量两个维度去提升自身的盈利能力。盈利数量,即所谓的盈利水平或规模,是公司收入规模扩张的财务结果,是显性的盈利因素,是公司增长的内部源泉和动力;而盈利质量则隐藏于盈利数量之中,是公司盈利水平的内在揭示,是隐性的盈利因素,是公司"有质量的增长"的前提条件。符刚、蒋忆明、唐滔智(2006)和陈兴述、陈煦江(2007)分别通过对我国上市公司基本财务信息所能揭示的盈利质量与可持续发展能力的实证研究发现:上市公司可持续发展能力的强弱受风险水平、盈利能力、现金能力和营运能力的影响,并可通过盈利质量来衡量上市公司的可持续发展能力。因此,公司应该在保证盈利质量的前提下追求盈利规模的持续增长。

而对于盈利质量①的界定,会计学术界至今尚未达成一致。目前学术界比较认可的是通过决策有用观视角去定义盈利质量。决策有用观是基于信息理论与决策理论的发展而提出的一种观点,其主要代表人物有 Robert N. Anthony、Robert T. Spruse 等。美国会计学会(American Accounting Association,简称AAA)、美国财务会计准则委员会(Financial Accounting Standards Board,简称FASB)也是决策有用观的主要倡导者。决策有用观认为,盈余质量是指盈余信

① 目前理论界还有盈余质量、利润质量等类似概念,本书对它们不严格加以区分。在引用时,本书基本上保留了该词在原文中的用法。

息的投资者决策相关性,即根据当期或历史盈余预测未来的能力。从一个会计期间看,盈余质量表现为账面会计利润的变现能力;从长远观点看,盈余质量则表现为各期利润持续发展的稳定程度(周晓苏,2004)。因此,基于公司的财务数据对盈余质量进行评价,可以大体上从盈余的获现性(或含金量)和持续性两个角度进行。

Ramakrishnan & Thomas(1991)认为,利润的不同组成成分有不同的持续性。Lev & Thiagajan(1993)的研究结果表明,盈利的质量与其持续性呈显著的正相关关系,而主营业务利润比重又在很大程度上决定了公司的盈利质量和获利能力。蒋义宏、魏刚(2001)的研究也得出,我国上市公司主营业务利润比重与公司价值存在正相关关系,即主营业务利润占利润总额的比例越高,上市公司的市场价值越大。因此,主营业务利润是公司盈利的核心,它在公司的利润中最具有稳定性与持久性,要想公司经营活动有明显的效益,如何发展主业依然是上市公司在未来需要考虑的问题。程小可(2005)基于中国资本市场环境研究了盈余结构在公司业绩预测中的增量效应,即盈余结构在盈利预测与经营性现金流预测中相对总括盈余而言的边际作用,并基于中国资本市场数据对所设计出的盈余结构业绩预测模型进行了实证检验。实证结论显示:盈余结构项目在预测公司未来盈利能力和未来现金流方面,均比总括盈余具有更加显著的预测能力,并且盈余结构在现金流预测方面也具有显著的经济学意义。由此可见,从财务分析的角度来看,通过分析公司盈余结构质量来考察盈余的持续性进而判断盈余质量,应该是一种较为有效而直接的方法。

3. 控制风险

资本成本作为评估公司经营业绩和价值创造水平的指标已受到广泛关注。在现实中,公司资本成本的影响因素很多,而且处于不同国家、不同时期,影响因素可能也会有所不同。陈晓、单鑫(1999)采用了截面研究方法,以 1997 年为研究窗口,选取 1995 年 9 月以前上市的 81 家公司为研究对象,考察了财务杠杆对资本成本的影响。实证结果发现,长期财务杠杆与上市公司的加权平均资本成本、权益资本成本存在显著的负相关关系。王娟、杨凤林(2002)也采用了截面法,对 845 家上市公司 1999—2000 年的财务数据与相关统计数据进行研究,结果发现资本成本与负债比率负相关。何琪、杜晗晗(2006)利用我国上市公司 1998—2004 年的财务数据,建立我国上市公司资本成本影响因素(财务杠杆、经营杠杆和公司规模)的面板数据模型。结果表明,财务杠杆的提升、公司规模的扩大以及经营杠杆的降低将使资本成本下降。

财务杠杆与资本成本呈负相关关系,如果用"资本结构权衡理论"来解释,则可认为上市公司的税盾效应大于财务杠杆提升所引发的破产成本和代理成本。其中可能的原因在于:第一,在我国公司的债务除了商业信用外,大多均为银行信用,很少采用发行公司债券的方式融资。而银行贷款的利率水平具有相对的稳定性,与贷款量没有相关性,即银行贷款利率不会随着公司财务杠杆的提高而上升,因此,公司不会因为多向银行借款而支付额外的代理成本。第二,我国上市公司真正意义上的退出机制并不存在,尽管证监会将连年亏损、债务高筑的公司列为"ST"类公司,但是到目前为止,我国股市中被强制或自愿破产的上市公司却寥寥无几。因此,从这个意义上讲,我国上市公司潜在的破产成本小于税盾效应。第三,较高的财务杠杆客观上增强了债权人对公司的监督作用,它降低了股东和公司管理层之间的代理成本,债务融资还本付息的压力促使公司管理者更加致力于提高公司的盈利水平,避免了权益融资可能带来的资金使用上的随意性。可以这样说,债务融资有助于公司降低资本成本、提高公司价值。但同时必须强调的是,财务管理的基本理念还是以稳健的财务政策和财务控制来支撑公司的持续和谐发展,杜绝用血本去换取高风险收益。财务杠杆固然对盈利水平有正面影响,但这种情况下的权益报酬率的增长却面临着较大风险,尤其是在经营杠杆已经很高的情况下更是如此。资本结构异化反而会提高资本成本,也会调高公司风险水平,这是财务大忌。

如果说利润表最重要的是"规模"和"收益",那么资产负债表最关键的则是"结构"和"风险"(汤谷良,2008)。尤其是当公司实施扩张战略时,其资产和经营规模处于高速扩张的状态,此时其面临的财务风险更需要加以严格控制。扩张对许多公司都具有极大的吸引力,也是最为广泛的经营战略。然而,实施扩张却隐藏着极大的风险。一般而言,随着公司的高速扩张,矛盾和问题都将大量增加,管理的难度也会相应提高,出现失误的可能性也将增大。特别是伴随着高速扩张过程的大量资金需求,公司的扩张性财务风险也由此形成并迅速扩大,主要表现在:公司资本结构严重畸形,负债比例过高,一旦经营失误,就可能发生较大亏损、资不抵债,甚至破产;即便资本结构合理,但资产的流动性较差,没有足够的现金偿还到期债务,也会同样有引发破产的风险。由此可见,只有在有效地控制风险的前提下实行可持续地扩张和发展才有可能使公司走得更远、更稳。

然而从已有的文献中可以看出,国内外学术界讨论更多的是公司行为对公司绩效或者公司价值的影响,而就公司行为对风险所可能产生的影响却较少探讨。西方学术界对公司价值的重视及公司风险的忽略可能是由于他们认为公司价值包含了市场对公司基本面的判断，譬如说股价既包含了业绩，同时也对风险给出了价格。但是，必须认识到，由于信息不对称等原因，市场难以对公司所面临的风险给出准确评估。而国内外诸多公司的失败并非因为公司业绩不好或者说没有创造价值，而是因为对风险的把握和控制方面出现了问题。因此，对我国公司而言，由于资本市场的不完善，公司股票价格难以反映公司的基本面，对公司风险的考察可能更具有必要性（于富生等，2008）。

公司财务风险管理和控制的一个核心问题就是处理债务资本与权益资本的关系，即资本结构问题。由于我国证券市场融资成本低，上市公司股权融资的比重大幅度上升，因资本结构所导致的公司财务风险问题已不再明显。但洪乐平（2004）采用六年年报数据对我国上市公司的资本结构形成的原因、现状等方面进行分析后发现，资本结构问题仍然是形成我国上市公司财务风险的重要原因之一。理论和经验研究表明，资产构成、规模、非债务税盾、成长性、独特性和获利能力等公司特征因素影响资本结构选择（肖作平，2004）。此外，财务弹性①与股权结构②对公司的财务风险也具有相当程度的影响。因而通常情况下，基于财务风险评价公司的资本结构质量可以从以下几个方面着手（张新民，2001）：（1）公司资本成本的高低与公司资产报酬率的对比关系；（2）公司资金来源的期限构成与公司资产结构的适应性；（3）公司财务杠杆状况与公司财务风险、未来融资、未来发展的适应性；（4）公司所有者权益内部的股东持股构成状况与公司未来发展的适应性。概括来说，这四个方面分别是从公司的盈利能力、资产结构、财务弹性以及股权结构等不同角度对公司的资本结构质量作出整体评价。由此可见，通过上述方面对公司的资本结构质量进行评价，可以在一定程度上揭示出公司对财务风险的管理和控制水平。

公司财务风险管理和控制的另一个核心问题是公司偿还自身到期债务的能

① 所谓财务弹性，是指公司财务状况能够始终与经营状况相配比，能够随时清欠、退还和转换资金性质的可能性。财务运转具有弹性，可以保障融资的规模、结构及其相应的成本能够随时保持最佳的状态，使融资成本最小、公司价值最大（谢志华，2003）。财务弹性既影响到盈利能力和未来现金流量的评估，也影响到风险的评估（葛家澍等，2008）。也就是说，公司目前不应该过度举债，而是应将这种再融资能力保持到紧急情况时再使用，这样便可以把财务风险控制在公司所能承受的最大范围之内。

② 我国上市公司的一个特色是股权普遍较集中，这使得控股股东会显著地影响上市公司的行为。众多研究发现，控股大股东的存在使得上市公司被"掏空"的现象非常普遍（李增泉等，2005），而这显然会增加上市公司的财务风险。陈晓和王琨（2005）发现，控股股东之间的制衡能力越强，上市公司和控股股东之间发生关联交易的可能性越低。实证研究表明，股权集中度和公司财务风险之间确实存在显著的正相关关系（于富生等，2008）。

力,即债务支付能力问题。现金流量是公司系统功能的综合表现,"公司有机体"适应环境的能力、自身的运转状况以及与利益相关者的关系价值变化,最明显、最直接地反映于现金流量。现金流量的变化最能反映公司的整体状况,因而公司现金流量危机是导致公司债务支付能力危机的根源。首先,现金流量反映了公司的获利能力。追求利润获取价值是公司的根本目标,而利润和价值是公司投入产出的结果,其起点和终点都是通过现金流量来表示的,没有现金流量的利润和价值对公司当期来说只能是"虚构"。其次,现金流量体现了公司的偿债能力。短贷长投、盲目筹资,往往使公司因为没有足够的现金流量来偿付到期债务而被迫停产和变卖资产,从而造成资金链断裂导致破产。再次,现金流量决定了公司的营运能力。公司运营始于现金又终于现金,资金流在公司价值链上起决定作用,不仅是公司价值创造的基础,更是公司信息流、物流、技术流的先决条件。同时,现金流量促进了公司的成长能力。公司规模的扩大、公司竞争优势的打造、公司地位的提高都需要现金的支持。公司主营业务的增长、资产的增长、利润的增长都是现金的流动结果。获利能力、偿债能力、营运能力和成长能力共同构筑了公司风险化解能力,现金流量又是公司能力的综合反映,因此,现金流量能够更好地反映和预警公司风险。公司是在能力与风险的较量中获得生存,又是在生存与斗争中酝酿风险,现金流量构成了公司能力和风险的基石(张友棠等,2008)。可以这样说,建立在现金流量基础之上的公司支付能力评价指标是有效进行公司风险预警的关键。

2.4.4 公司财务状况质量的三维平衡机制与失衡隐患分析

20 世纪 90 年代中后期,公司财务与战略管理两者之间某种内在逻辑的一致性已日渐被人们所接受,并有选择地应用于实践。这种辩证统一的关系,是一种相互影响、相互印证、相互协调的动态反馈关系。公司财务不再是财务专家的禁地,公司战略也不再是总经理的特区,战略与财务之间的联系日趋紧密和明显(Tom Copeland,1997)。因而从这个意义上说,公司财务状况质量是战略实施的财务后果的综合体现。而基于增长、盈利与风险的战略三角是从价值的角度规划公司战略的,即无论何种战略,只要能够提升公司价值,就势必会在增长、盈利与风险上有所体现。同时,不同战略在这三个维度上的表现也势必不同。战略三角强调的是增长、盈利与风险之间的平衡关系,并不意味着这三者要同等看待,这三者之间是简单、固化的三角关系,但并不是等边三角的关系(汤谷良,2007)。因而,能够提升公司价值的战略,也最终能够在财务状况上体现为增长、盈利与风险的动态平衡，而失衡的财务状况迟早会对公司价值造成一定程度的损害。

对那些根本无法带来盈利的增长和在长短期盈利增长的前景俱佳各持何种态度，显然无庸赘述。而对于能带来短期盈利，但在长期不符合我们战略方向的增长可以适当发展，让它作为一个优异的财务贡献者并在适当的时候出售这样的项目。最难处理的就是在长期可以带来盈利，但在短期无法带来盈利的那些项目。对于这种项目，假如长期盈利的前提是短期内的超速增长，而维持强势增长必需在前期大铺摊子和大量投入，这时就不仅仅涉及对增长、盈利两个维度的考虑，还必须加入对风险这一维度的考虑。必须关注短期内增长和风险的关系，假设公司有足够的资源可以承受大规模投入而短期不见效益的风险，不会发生支付能力、偿债能力危机或信用危机，则公司可以先求增长。能够进行风险控制的，而又在长期可以带来盈利的增长是可行的。但无论如何，超越公司能力极限的增长必然会给公司带来较大风险，甚至会引发"灭顶之灾"。因此，公司需要根据所处行业的特征、宏观经济环境的变化周期以及公司自身的发展阶段等因素，通过选择适当的增长方式和制定切实可行的财务战略来谋求持续、稳定的发展。

财务战略是在公司战略统筹下，以价值分析为基础，以促进公司资金长期均衡有效地流动和配置为衡量标准，以维持公司长期盈利能力为目的的战略性思维方式和决策活动（魏明海，2001）。因研究者对公司财务战略研究的视角不同，财务战略呈现出不同的类型。一般按照战略的目的性，可分为成长型战略和竞争性战略；按照战略的地位，可分为总体战略和分战略；按照战略所涉及的内容，可分为资金筹措战略、投资战略、公司并购战略、公司控股战略、成本管理战略、风险管理战略；按照战略对市场环境变化的适应度，可分为进攻战略、防守战略和撤退战略等。而与公司财务状况质量紧密相关的一种分类是将财务战略分为以下三种基本类型：快速扩张型、稳健发展型和防御收缩型。

（1）快速扩张型财务战略。其特征表现为"高增长、高风险、少分配"，而盈利却不一定在短期内得以显现。为实施这种财务战略，公司往往需要将大部分利润留存；同时大量进行外部融资，尤其需要更多地利用负债，以弥补内部积累相对于公司扩张资金需要的不足。这种类型的财务战略，往往需要公司在风险与盈利之间加以权衡，控制扩张速度是关键所在，否则很有可能陷入财务危机甚至最终走向灭亡。

（2）稳健发展型财务战略。其一般特征是"中增长、低风险、中分配"，通常公司具有一定的盈利能力。实施稳健发展财务战略的公司，一般尽可能把优化现有资源的配置和提高现有的资源的使用效率作为首要任务,将利润积累作为实现公司资产规模扩张的基本资金来源。为防止过重的利息负担,对举债持十分谨慎的态度。因而稳健发展型财务战略是一种以实现公司财务绩效的稳定增长和资产规模的平稳扩张为目的的财务战略,是一种能够保持增长、盈利和风险三者适度平衡的财务战略。

(3) 防御收缩型财务战略。其主要特征是"低增长、高风险、低盈利、少分配"。采用这种财务战略的公司一般都是由于受主客观因素影响,在发展过程中曾遭遇过挫折或历史上形成了负债过度的局面,当前经营面临困难。因而该战略是一种较为被动的、不得已才采取的财务战略。若经过一系列的管理举措仍无法从根本上改良资产质量、提升盈利规模和盈利质量,公司最终将不可避免地陷入财务危机。

正如国内学者朱开悉(2002)所言:公司可持续盈利成长能力的基础是盈利,目的是成长,关键是可持续,三者缺一不可。公司在各种财务战略类型下所表现出的财务状况基本特征以及存在的失衡隐患如表 2.1 所示:

表 2.1 几种典型财务战略类型下的公司财务状况失衡隐患分析表

财务战略类型	财务状况基本特征	财务状况失衡隐患
快速扩张型	高增长、高盈利①、高风险	在资产质量和盈利质量下降的情况下,将容易造成资金链断裂而陷入财务困境。
	高增长、低盈利、高风险	在外部融资环境恶化的情况下,极易陷入财务困境。
稳健发展型	中增长、高盈利、低风险	财务状况质量较好,应积极保持这种可持续发展状态。
	中增长、中盈利、低风险	财务状况基本保持平衡状态,但应积极采取措施提高盈利能力,保证资产质量和盈利质量,否则还是有可能导致失衡状态。
防御收缩型	低增长、低盈利、低风险	尽管不一定会立即陷入财务危机状态,但极易成为被收购对象,因此危机四伏。
	低增长、低盈利、高风险	已陷入财务危机,应及早采用债务重组、资产重组等手段进行自救,否则很可能走向灭亡。

资料来源:作者自行整理。

① 这里的盈利主要强调公司的盈利规模,可简单地通过运用资产报酬率等财务指标来比较公司的相对盈利能力。

由此可见,财务战略决定着公司财务资源配置的取向和模式,影响着公司财务活动的行为与效率。然而,公司财务战略能否顺利实施并最终实现战略目标,在很大程度上还要取决于公司能否在增长、盈利与风险三者之间保持长久、稳定的平衡关系,能否在健康的财务状况中谋求可持续发展。如果不能及时发现公司财务状况的失衡隐患,并积极采取各种管理措施对其加以修正,使其尽早地恢复到平衡发展的健康轨道上来,那么公司就将有可能一步步地陷入财务危机而无法自拔。

总之,没有价值方向的增长和没有"刹车装置"的速度是绝对危险的。风险控制是危机管理观和忧患意识的最好体现。风险控制作为增长的制衡器,在一定程度上会打压增长、降低速度甚至缩水盈利,但这种态度将最终有利于公司的安全运营和健康发展(汤谷良,2004)。

本 章 小 结

本章在对公司财务状况和财务状况质量等重要概念加以界定的基础上,以公司价值创造为理论依据,突破传统的基于杜邦财务分析体系的财务报表静态分析模式,提出财务状况质量的"增长、盈利、风险三维动态平衡"理论分析框架,并系统地阐述了管理增长、追求盈利以及控制风险的主要内容。该理论分析框架强调公司良好的财务状况质量必然最终体现为资产总规模的不断增长,因为没有增长是最大的风险,不仅会制约公司价值创造的潜力,还会导致公司极易成为被收购的对象。但这种增长绝不意味着盲目扩张,而是实现"有质量的适度增长",实现在保持适当的负债水平从而控制财务风险基础上的可持续增长。这种增长必然以公司相应的盈利能力和自我积累实力为基础,更重要的是要以一定的盈利质量和资产质量作为保证。也就是说,公司最为理想的财务状况质量应该是在相关风险得到控制、盈利质量和资产质量得到切实保证的前提下,公司资产总体规模的适度增长。公司能否在其发展过程中长期保持增长、盈利、风险三个维度的动态平衡,是判断其财务状况健康与否(即财务状况质量)的重要标准,是公司在未来能否实现可持续发展的重要保障,是公司价值创造能力不断提升的关键所在。

在增长、盈利与风险的三维平衡机制中,风险管理的角色类似于在增长和盈利之间进行权衡时杠杆的支点。风险控制作为增长的制衡器,在一定程度上会打压增长、降低速度甚至缩水盈利,但这种态度将最终有利于公司的安全运营和健康发展。公司在实施战略的过程中,若不能有效地控制风险,在追求增长的同时不能保证资产质量和盈利质量,公司的财务状况必将因处于"增长、盈利、风险"的失衡状态而偏离平衡发展的健康轨道。如果公司不能及时发现财务状况的失衡隐患,并积极采取各种管理措施对其加以修正,公司的财务状况将有可能一步步地恶化,甚至最终陷入财务困境。

第3章　基于增长性的财务状况质量评价

增长已成为公司战略制定与业绩评价的关键内容，但同时又是公司经营管理中的难点。公司财务状况的增长性质量应强调“有质量的适度增长”，即实现在控制财务风险、保证盈利质量和资产质量基础上的可持续增长。因此，基于增长性的公司财务状况质量评价，应该从增长速度和增长有效性两个维度加以展开。对公司财务状况增长性质量的评价与判断，是预测公司未来财务状况发展趋势的重要依据。

3.1　增长的概念界定与经济意义

3.1.1　增长的概念界定

公司增长是指公司在自身发展过程中，产品前景广阔、规模不断扩大、经济效益不断增长的趋势（郭泽光、郭冰，2002）。新古典经济学中，企业被定义为追求利润最大化目标的生产函数，利润最大化本身就是一个增长概念。按新古典经济学的观点，公司的一切经济活动只有表现为利润的增长才是有意义的，至于公司产值的增长、资产规模的增长、销售收入的增长、市场占有率的增长等等，它们本身是没有意义的，只有它们能对公司利润的增长有所贡献，或对避免公司利润的减少有所贡献时，才显示出其价值；如果它们不能作出贡献，甚至是起相反作用，那么它们对公司来讲就是有害的。

从公司财务状况质量评价的角度来看，公司增长最为直接的表现应是公司营业收入的增长和总资产规模的扩张，它们是利润增长的前提条件，因而也是进一步判断公司财务状况盈利性质量的基础。其中，总资产规模的扩张既是公司增长最终的财务结果，同时也是营业收入增长的必要条件；而营业收入增长则既是公司增长的外在表现形式，同时也是资产扩张的内在源泉和动力。增长已成为公司战略制定与业绩评价的关键内容，但同时又是公司经营管理中的难点。

3.1.2 增长的经济意义

增长缓慢意味着公司资源的利用效率低下,公司价值将被低估,最终成为被人并购的对象。但是,快速增长也并非总是好事。Robert C. Higgins(1997)发现,快速增长可能导致公司资源变得相当紧张,除非管理层意识到这一结果并且能够采取积极的措施加以防范,否则快速增长将会导致公司破产。国外研究表明,因增长过快而破产的公司与因增长太慢而破产的公司数量几乎是一样多。Hyun-Han Shin & René M. Stulz(2000)将公司的价值分解为资产的价值和增长价值,并通过实证研究发现,合理的增长率是可以为公司带来资产现金流的增长率,即使公司增长波动性很大,合理增长率也会给公司带来更多的增长价值,从而会让公司保持持久的增长性;而超过合理增长率的增长(即超速增长)不但不会增加公司价值,而且会导致公司陷入财务危机,从而毁损公司价值。Joseph Fuller (2002)指出,一个公司非理性的增长从长远角度来看,如果仅是为了让不可预期的市场达到满意而不惜牺牲公司自身的价值,那么必然会使公司陷入困境,也必然会导致公司整体价值的毁损;如果一个公司的预期增长率超出了行业增长率,如果不能很好地解释怎样和为什么可以达到这种"超常业绩",这种增长就注定要失败。Cyrus A. Ramezani, Luc Soenen & Alan Jung(2002)的实证结果显示,尽管公司盈利能力指标通常会随着盈余或销售增长而增长,但如果增长超出了最佳增长点的限度而继续增长,股东价值就会降低,也会对公司盈利能力造成负面影响。相反地,拥有稳健的销售或盈余增长率的公司却能获得高回报率,为股东创造价值。因此,增长并不必然意味着增加公司价值,超速增长反而可能会毁损公司价值,或者使公司价值波动变大,进而使得公司发生财务危机的概率变大。

我国的实证研究也发现,公司超速增长显著地增大了公司发生财务危机的概率,并且超速增长率与财务危机发生概率显著正相关;而非超速增长的实际增长率与财务危机概率无显著相关性(崔学刚、王立彦、许红,2007)。这一研究结论表明,公司规模的增长不一定带来公司价值的同步增长,而公司的资源及其使用效率才内在地决定了公司的增长速度。公司保持一定速度的增长是公司价值创造的基本保障,但是超过一定的速度,可能会造成公司财务资源供给和组织管理能力的紧张,由此毁损公司价值甚至引发公司的财务危机,最终导致公司的衰退乃至破产(崔学刚,2008)。

3.2 可持续增长理论概述

对公司增长问题的研究，Edith Penrose 早在 1959 年就在其著作《公司增长理论》中有所阐述和研究，随后 H. Leibenstin 在其 1960 年的著作《成长之路模型》、William H. Starbuck 在其 1965 年的著作《组织成长动机研究》中也对公司的增长问题进行了一定的研究，但以上研究都只是基于定性角度。直到 1977 年 Robert C. Higgins 建立了可持续增长模型才开创了从定量角度研究公司增长问题的先河。但是，由于 Higgins 可持续增长模型只是一种静态的模型，其众多的假设约束条件与公司的实际情况不相吻合，因此，继 Higgins 之后，相当多的财务学家都致力于研究和构建动态的可持续增长模型，著名的动态模型有：James C. Van Horne 模型、Alfred Roppaport 模型、John L. Colley 模型等等。其中，最具有影响力和代表性的动态模型是 James C. Van Horne 的可持续模型。然而，这些模型都存在一些缺陷和不足（樊行健、郭晓燚，2007）。

3.2.1 基于传统财务指标的可持续增长模型

1. Higgins 可持续增长模型

1977 年，美国财务学专家 Robert C. Higgins 首次提出了可持续增长理论，随后被波斯顿咨询集团公司（Boston Consulting Group）等采用，进而得到普及。该理论认为，公司销售收入的增长在公司内部经营效率和外部市场不变的情况下，取决于公司资产的增长，而公司资产的增长必须等于负债和股东权益的增长。因此，公司存在一个适当的增长率。这种增长率一般不会消耗公司的财务资源，是一种可持续的增长速度。

Higgins 将可持续增长率（Sustainable Growth Rate，SGR）定义为：“不增发新股并保持目前经营效率（体现资产周转率和销售净利率）和财务政策（体现资产负债率和收益留存率）条件下公司销售所能增长的最大比率。”它基于以下假设：(1) 公司想以市场允许的速度来发展；(2) 公司不愿意或者不能筹集新的权益资本，增加债务是其唯一的外部筹资来源；(3) 公司打算维持目前的目标资本结构和目标股利政策；(4) 公司的资产周转率将维持当前的水平。若公司不增发权益资本，销售所需的财务资源只来源于内部的留存收益和外部的负债融资。

在保持既定的资本结构的情况下，外部的负债融资数量又取决于内部留存收益的增长数量。因此，可持续增长率就是权益资本的增长率。用公式可以表示为：

$$\text{可持续增长率(SGR)} = \text{销售净利率}(P) \times \text{资产周转率}(A) \times \text{权益乘数}(T) \times \text{收益留存率}(R)$$

可持续增长（平衡增长）就是保持目前的财务结构和相关的财务风险，按照股东权益的增长比例增加借款，以此支持销售增长。Higgins 可持续增长模型的主要优点在于回答了主要有哪些财务因素影响和制约公司的增长问题，并且简单，易于操作。

2. Van Horne 可持续增长模型

另一位对公司可持续增长模型的研究具有影响力的人物是 James C. Van Horne。他认为："可持续增长率是在预先制定经营、债务和股利发放目标比率的基础上可能达到的最大销售年增长率"。他设置了在公司经营效率和财务政策发生变化时的可持续增长模型，并对模型作了静态和动态的细分。

Van Horne 模型的优势在于从动态的角度研究了公司的增长问题，这与公司动态的经营环境是相匹配的，按理说这样的模型更适合公司的增长决策，但出人意料的是，在实际运用中人们仍然习惯采纳 Higgins 模型，而极少采纳 Van Horne 模型。追其原因就在于 Van Horne 模型的可操作性较差。

3.2.2 基于现金流量指标的可持续增长模型

1. Roppaport 可持续增长模型

Alfred Roppaport 认为可持续增长应与持续价值创造是相一致的。这里的价值，按照 Roppaport 的定义是股东价值。他认为，持续的增长应该带来的是持续的股东价值增加，而公司中，往往高速度的增长不仅没有使得价值增加，反而在减损股东价值。所以他提出一个可承受的增长（Affordable Growth），作为衡量一个财务计划的可行性的手段。该增长模型假设：(1) 不筹措新股；(2) 经营利润毛利率、每元销售增长对应的投资增长、目标资产负债率、目标股利分配率不变；(3) 折旧用于维修费用。根据 Roppaport 的假设条件以及计算模型，可以认为 Roppaport 所定义的可承受的增长就是指可持续增长。模型如下所示：

$$G = \frac{\mathrm{NI}/S(1 + D/E)(1 - b\%)}{\dfrac{\mathrm{CE} + \mathrm{WC}}{S} - \mathrm{NI}/S(1 + D/E)(1 - b\%)}$$

其中，$(\mathrm{CE} + \mathrm{WC})/S$——当期投资活动（包括营运资本的投资）产生净现金流量与营业收入之比；

NI/S——净利润与营业收入之比；

$b\%$——按实际发放的现金股利计算的股利发放率；

D/E——当年实际负债与权益之比。

可见，模型从现金流入与流出出发计算可持续增长率，简洁易懂。但是其本身也存在许多不足，主要在于 Roppaport 模型有一个隐含前提：销售收入全部为收现收入，成本全部为付现成本，这其实是很严格的，而在公司中，这种情况也较少发生。

2. Colley 可持续增长模型

John L. Colley 在其著作《公司战略》中也对现金流量与增长率之间的关系进行了探讨。他通过设定一系列假设，如资产负债率、股息支付率保持不变，流动资产、流动负债与固定资产随销售额同比例增长等，对现金流量与增长率进行了测算，定义了当现金流量等于零时的增长率为现金余额的增长率（Cash-based Growth Rate）。他指出现金流量与增长率之间是线性负相关关系，即当实际增长率大于这个增长率时，公司的现金流量为负；而当实际增长率小于现金余额的增长率时，公司有正的现金流。Colley 也在后面的论述中默认了现金余额的增长率即为可持续增长率。

实际上，基于现金流量的两个模型在本质上也是一致的，两者都认为可持续增长率是现金流量为零时的增长率。而这里的现金流量应是有所限制的、锁定的自由现金流量。两个模型都建立了增长与现金余缺的直接联系，指出公司增长与现金流的线性负相关的关系，而约束公司增长的关键因素即为公司的自由现金流量。两个模型的不同，主要是 Roppaport 在模型中使用的是相对数指标，而 Colley 使用的是绝对数指标。二者可以通过同除以（乘以）销售额相互转换。

Roppaport 的模型实际上将增长与价值创造联系起来，途径为现金流，手段为可持续增长。其逻辑为可持续增长为负，毁损股东价值；而可持续增长为正，公司才能得到价值增值。价值创造是公司成熟战略实施的结果，可持续增长是公司成熟战略落实的体现。只有成熟的战略，同时兼顾公司长期利益与短期安排，稳定公司盈利模式、资本结构与股利分配，公司才能稳定持久的增长，价值才能持续的创造。成熟的战略应该包括完善的资金调度、可靠的现金流预测，其落实也体现在现金流的“游刃有余”。也只有对现金流不滥用、不浪费，增长才能最优并能持续。然而，模型中的参数既多又杂，相对指标和绝对指标混合使用之后，也同样造成鱼目混珠的状况，从中分辨不清哪一些因素的变动对公司的增长更具有敏感性,不便于对公司的增长作出相关的决策。因而尽管基于现金流量的两个模型较 Higgins 可持续增长模型和 Van Horne 模型有所进步和发展,但实际使用效果欠佳,人们最终还是宁愿继续采用 Higgins 模型进行增长决策。

尽管继 Higgins 可持续增长模型诞生之后,国内外诸多学者先后开展了大量研究,创建了多个模型以试图弥补其明显缺陷,但由于 Higgins 可持续增长模型回答了"主要有哪些财务因素影响和制约公司的增长"这一根本问题,再加上其简单而又易于操作的优势,使得该模型至今在实证研究中仍然被广泛采用。鉴于此,本书对公司可持续增长问题的研究也以该模型为基础。

3.3 公司增长速度的评价

基于增长性的公司财务状况质量评价主要应从两个方面着手:一个主要方面是对增长的速度进行评价,而另一个方面则是对增长的有效性进行评价。前者主要是从增长的"数量增加快慢"角度进行评价,而后者则更多的是从增长的"实际质量"角度进行评价。"有质量的增长",既应关注增长的速度,更应关注增长的质量,即有效性。

3.3.1 公司增长速度评价标准的选择

1. 将"可持续增长率"作为评价标准的理论依据

前已述及,公司最为理想的财务状况质量应该是在相关风险得到控制、盈利质量和资产质量得到切实保证的前提下,公司总体规模的可持续增长,因而,公司增长速度最显而易见的评价标准就是"可持续增长率"。但是,这个"评价标准"的性质有静态标准和动态标准之分。我国学者倾向于把"可持续增长率"看作是静态标准,即认定实际增长率不应该进而不会偏离可持续增长率,可持续增长率不会变化或者任何偏离可持续增长率的速度都是不可行的。这种观点否定了所有偏离可持续增长率的速度,所引导的财务战略的选择也很简单,即保持四个基本财务比率不变且不发行新股。然而采用这一评价标准的实证证据不足,事实上也很"苛刻"。国外学者(Higgins 等,1977;1985)引入"动态标准",即允许实际增长率偏离可持续增长率、可持续增长率会相应变化。这种观点考虑了财务战略选择的多样性、复杂性和现实性。

曹玉珊(2005)的实证研究得出如下结论:(1) 我国公司没有完全按照可持续增长率的速度增长,不能把可持续增长率作为静态标准来评价增长速度,也就是不能否定偏离可持续增长率的其他增长速度。(2) 以"可持续增长率"为动态评价标准划分的"高增长"和"低增长"两种增长速度,都会引起权益净利率显著的且不同方向的变化,因此,这两种增长速度都应该受到关注。(3)"高增长"或"低增长"并不一定"有效"或一定"无效"。所以,关注增长速度的问题并不仅仅在于关注增长速度本身,还需要进一步探究增长速度的成因并提出管理对策。(4) 评价"高增长"和"低增长"的增长速度为寻求"有效的"财务战略指明了方向。

在宏观经济学中,动态均衡理论的一个基石就是"边际投资报酬递减规律"。按照"边际投资报酬递减规律",公司若想长期"高增长",资产报酬率必然逐步降低,其中销售净利率、资产周转率由于分母太大而不可能大幅度变化,所以维持"高增长"只能靠提高权益乘数、留存比率和发行新股,而由于此时权益报酬率必然降低,因此"维持"的这种"高增长"是"无效的"。[①] 而公司长期的"低增长"则必然导致权益资金留存过多,权益乘数下降,即使销售净利率和资产报酬率维持不下降,"边际投资报酬递减规律"决定了它们也不可能上升,此时权益报酬率也必然会降低,所以"维持"的这种"低增长"也是"无效的"。

综上所述,那种认为公司从一开始就可进入"理论的可持续增长"状态的观点虽然存在逻辑漏洞,但是根据动态均衡理论,"理论的可持续增长"模式可以成为最终的"成熟模式",即公司在长期的竞争环境中最终会进入稳定状态。这种"内在"平衡机制虽然会导致公司的"高增长"与"低增长"状态在此长期过程中交错出现,但最终会逐渐归于"静态",进入"理论的可持续增长"状态。需要说明的是,尽管长期内有一个"内在的"平衡机制促使公司的增长回归到"可持续增长"状态,短期内管理层仍然有必要选择积极的财务战略来加速这个"回归"过程,以防止公司在一种增长状态下盲目发展,进而避免最终酿成破产或是被兼并的恶果。至于是否要维持"无效的高增长"或者"低增长",则取决于管理层对"长期"和"短期"、价值和增长之间的把握和权衡(曹玉珊、张天西,2006)。

曹玉珊、张天西(2005)以中、美上市公司为样本对可持续增长率的价值相

---

① 对于增长的"有效性"评价后将述及,此处参考曹玉珊(2006)的做法,以权益报酬率的显著升高为评价标准。

关性问题进行了研究。研究结果表明:中国上市公司的可持续增长率总体上具备价值相关性,而美国上市公司的可持续增长率不具备价值相关性。此外,与会计盈余、每股净资产和经济附加值等指标相比,可持续增长率的价值相关性更高。因此,建议上市公司年报中增加披露"可持续增长率"数据,与每股收益、净资产收益率指标并列。

2. 以行业平均增长率作为评价标准的理论依据

在经济发展的不同阶段,构成国民经济的各行业的增长速度往往存在差异,有的行业增长速度很快,有的行业增长缓慢,还有的行业则处于衰退之中。就同一产业而言,随着从诞生、成长、成熟直至衰退的历程,其增长速度也在不断发生变化。就不同国家而言,由于各国经济发展阶段、资源禀赋等条件的差异,无论从经济发展过程中高增长行业交替出现的次序,还是从同一时点上各国的高增长行业类型来看,各行业的平均增长率都会有所不同。

Donna M. Costello(1993)和 Robert Kollmann(1995)的实证研究结果表明,不同行业公司的增长能力具有显著差异。郭鹏飞(2003)对 1999—2001 年中国上市公司增长的行业特征进行了实证研究,得到以下结论:中国不同行业上市公司的增长具有显著差异,但差异程度随时间的推移而逐渐降低;仅有少部分行业的增长与其他行业显著不同,大部分行业的增长率之间并无显著差异;不同时期增长率异常的行业不相同。因此对上市公司增长能力进行分析和预测时,对不同行业的公司以及在不同时期要区别对待。

在实践操作中,对公司实际增长速度的评价也不乏采用行业平均增长率作为评价标准的先例。国资委在 2006 年 9 月发布的《中央公司综合绩效评价实施细则》中,对公司的经营增长状况和经济效益提升幅度进行评价时,就是将公司的净资产收益率增长率和利润增长率指标分别与行业平均增长率指标进行比较,并且视超出情况分别给予不同程度的加分。

3.3.2 实际增长速度评价指标的选取

从财务视角来看,公司可持续增长是指公司现金流量的平衡,即公司战略投资增长(资金支出)与战略筹资增长(资金流入)之间的平衡。因为随着财务战略的实施,销售会增长,而销售的增长会带来资产的增长(即投资的增长),而支持资产增长的筹资能力、权益资本及负债也相应要增长。因此,可用销售增长率来反映公司的实际增长速度,公式表述为:

$$销售增长率 = (营业收入_t - 营业收入_{t-1}) / 营业收入_{t-1}$$

在此基础上,用销售增长率减可持续增长率来反映公司资源耗费的状况和衡量公司的资金充裕程度。也就是说,研究中可以用销售增长率和可持续增长率的差作为现金流量是否处于平衡状态的衡量标准,以反映公司的可持续增长状态。

康晓玲、张懿(2009)为了避免行业与公司具体情况的不同给计算结果带来误差,并未采用实际增长率与可持续增长率之间的直接差异作为变量,而是采用剔除基数影响之后的差异率作为引入的变量。由于过快或过慢的增长导致公司陷入财务危机并非一朝一夕的事,而应该是一个长期的过程。因此,在研究中采用的是公司陷入财务危机前几年的偏离率的绝对数之和。然而在剔除不同可持续增长率这一基数影响的同时,不可避免地减小了偏离率对公司陷入财务危机解释的敏感性。为此,再对所得出的偏离率的绝对数之和取对数来使其尽可能回复到对公司陷入财务危机解释的实际敏感程度,从而构造了能反映公司在计算期间内实际增长与可持续增长之间的总体偏离情况的非财务指标。在计算过程中所采用的可持续增长模型是目前应用比较广泛的 Higgins 可持续增长模型。研究结果证明:增长率偏离程度对财务危机发生概率的影响是一个长期积累的因素,一时的过快或过慢增长对公司财务的危害可能并不是很明显,但如果公司的实际增长率在长时期内对可持续增长率的过高或过低偏离都对公司的财务状况有着很不好的影响。

崔学刚、王立彦和许红(2007)在研究公司增长与财务危机关系时,也选用 Higgins 模型计算的可持续增长率作为公司可持续增长率的替代变量;将公司超速增长定义为实际增长速度超过可持续增长率的增长;认为公司的可持续增长率是由公司的资源内生地决定,而公司的实际增长率可能与可持续增长率之间有偏差,可能大于可持续增长率,也可能小于可持续增长率。因为可持续增长率是公司资源理论上所能支持的最大增长率,当公司的实际增长率(g)超过了可持续增长率(SGR),则为超速增长;当公司实际增长率小于或等于可持续增长率时,即为非超速增长。由于超速增长可能会带来公司价值贬损、财务资源紧张与管理能力紧张,会造成财务危机概率增大。他们的实证研究结果显示:公司超速增长在其后 1—3 年内能够显著增加财务危机概率,而非超速增长公司的实际增长率与财务危机概率无显著相关性,从而得出了公司的增长不一定带来公司价值增长的这一结论。公司的资源及其使用效率内在地决定了公司增长速度,即可持续增长率由公司资源及其使用效率内在地决定,组织管理的动态调整速度及有效供给程度对公司超速增长的财务危机效应具有重要影响。

3.4 公司增长有效性——资产质量的评价

从以上论述可以归纳出,公司的可持续增长率应是在现有资源和经营效率、管理模式、资本结构下的最佳收入增长率。但制订财务计划时直接以可持续增长率为依据并不可取。因为会计政策的改变将影响模型的计算结果,并影响模型在不同期间的可比性,而且会计行为可能会左右可持续增长模型的准确性;模型的理论依据是会计平衡公式,即资产等于权益,但由于现阶段相当一部分资产仍以历史成本计价,而负债则大多采用现值计价,这将导致模型中数据的相关性降低,最终也会影响模型的决策相关性;即使公司增长速度与可持续增长的速度一致或可持续增长速度符合发展计划,也并不意味着资产质量、盈利质量一定得到改善或公司得到了实质性的发展。可持续增长速度应是促使公司产生高质量盈利、最终产生高质量资产的收入增长速度,公司追求的应是"有质量"的增长。对公司财务状况的增长性进行质量评价,必然要在对公司增长的有效性——资产质量作出评价的基础上,再来评判增长速度的合理性。

3.4.1 资产质量概念和属性的界定

从历史演进的角度看,会计理念经历了由原始的资产负债观发展到收入费用观,最后又回归到资产负债观的否定之否定过程(李勇,2006)。而从会计理念的运用表征来看,我国新会计准则更多地体现了资产负债观的要求,实现了会计准则制定理念上的国际趋同(谢志华、曾心,2008)。资产负债观要求关注资产的真实价值,只有在真实价值前提下的净资产增加,才能体现公司真实财富的增加,它更强调公司资产的质量,而不是单纯地强调公司实现利润的多少。按照新准则所确定的利润,应该是建立在资产真实价值基础上的资产利用效果的最终体现,应该更加体现公司资产在价值转移、处置以及持有过程中的增值质量(钱爱民、张新民,2008)。因而,新准则下公司的经营业绩与资产质量会更加相关,资产质量将成为公司投资人、经营管理者以及其他利益相关人士共同热心探求的目标,它是预测公司可持续发展潜力的重要依据。然而在资产负债表中,资产按照流动性大小分为流动资产和非流动资产两类,这种分类标准并没有揭示出公司资产真实的质量状况，因此无法满足信息使用者判断公司发展前景并作出投资决策的信息需求。由于资产质量受众多因素的影响，很难给予定量的评价（宋献中、高志文，2001），因此，对资产质量的评价应更多地结合公司外部经济环境和自身经营特点，根据资产的质量特征来进行较为深入、全面的定性分析。本书试图在重新界定资产质量概念和属性的基础上，分层次构建资产的质量特征，并通过案例分析使其在实务中得以运用。

1. 文献综述

（1）有关资产质量概念界定方面的研究

关于资产质量的概念界定方面，干胜道、王生兵（2000）认为，资产质量是公司资产盈利性、变现性和周转能力的综合体现。张新民（2001）指出，资产质量是特定资产在公司管理过程中满足公司对其预期期望的质量，具体表现为变现质量、单独增值质量、被利用质量、与其他资产组合增值的质量等方面。同时指出，对资产质量的分析要强调资产的相对有用性。公司所处时期不同、环境不同，对同一项资产的预期就会不同，因此资产质量不同于其物理质量；不同项目资产的属性不同，公司对其预期就会不同，因此不同项目的质量特征就会不同。上述观点相对于仅仅把资产的盈利性作为确认资产质量特征的最重要标准（李树华、陈征宇，2000），或者把变现性作为确认资产质量特征的最重要标准（顾德夫，2001；贺武、刘平，2006），无疑更加全面和综合。

一些学者对资产质量概念还分别从物理质量和系统质量两个方面加以定义。余新培（2003）认为公司的资产质量包括以下四个方面：资产的物理质量、资产的结构质量、资产的"自由度"和有名无实的资产在资产总额中的比例。徐文学（2007）认为资产质量主要包括两个方面的含义：资产的物理质量和资产的系统质量。资产的物理质量主要通过资产的质地、结构、性能、耐用性、新旧程度等表现出来。资产的物理质量对公司财务状况的影响是显然的，在比较一项具体资产的质量时，资产的物理质量更为重要。资产的系统质量是指在公司管理系统中发挥的质量，具体表现为变现质量、被利用质量、与其他资产组合增值的质量以及为公司发展目标作出贡献的质量等方面。这个意义上的资产质量是把资产作为公司的组成部分来讨论的，不能孤立地看待各项资产，应站在整体的角度来评估公司的资产质量，这实质就是资产质量的相对性。甘丽凝（2007）也认为资产质量包括资产的物理质量和资产的系统质量。在描述一项具体资产的质量时，资产的物理质量尤为重要。资产的系统质量是指在公司整体系统中发挥的质量，具体表现为变现质量、先进质量和盈利质量（现在盈利质量和未来盈利质量、单一盈利质量和与其他资产组合的盈利质量)等方面。从财务角度考察资产质量,更关注后者,即资产的系统质量。

此外,王生兵和谢静(2000)将资产质量定义为公司资产的盈利性、流动性和安全性的综合水平。资产的盈利性是指资产获取未来经济利益的能力大小。资产的流动性是指资产的周转能力,其核心是变现能力。资产的安全性是指资产盈利和流动的不确定程度。资产质量的三性具有复杂的内在联系,资产的本质在于其盈利性,因此资产的盈利性是资产质量中首要的方面,同时为了长期、持续地实现资产的盈利性,就必须充分考虑资产的流动性和安全性。谢永堎(2007)认为资产质量的高低可以从是否能为公司带来经济利益、是否能够正常周转和循环、资产和资本结构是否合理三个方面来判断。

目前,国外学者关于公司资产质量的理论研究与实证研究均较为罕见。仅有少数文献研究了银行资产质量与信贷风险、规模经济之间的关系。David Bernstein(1996)对银行资产质量与规模经济进行了研究,研究表明贷款质量对银行成本存在着直接和间接的影响,银行的资产越差,其成本越高,但这种直接影响表现得不很明显。

(2) 有关资产质量特征方面的研究

从上述所列举出的资产质量定义可以看到,一些学者实际上是将资产质量的概念与其质量特征混同起来,只是从资产质量特征的角度对资产质量概念加以描述,并没有对资产质量给出一个较为明确的定义,而真正鲜明地提出"资产质量特征"并加以论述的文献更是寥寥无几。干胜道、王生兵(2000)将资产质量的特征概括为相对性、时效性和层次性三个方面。其中,相对性是指同一资产对于具有不同经营方向的公司而言价值不同;时效性是指技术变革会造成资产的无形损耗,公司产品与产业结构调整会改变资产质量属性,过去的优质资产会变成不良资产,而在特定的环境下不良资产也会转化为优质资产;层次性则是指资产质量既可以从总体上把握,也可以分项目进行。张春景、徐文学(2006)根据资产的作用方式和目标要求,将资产质量特征表述为存在性、有效性和收益性三个特征,并针对公司全部资产和个别资产分别提出了13项财务指标进行质量评价。其中,资产的存在性也叫资产的存在状况,它包括两个方面:一是资产的真实性,通常指会计报表中所列资产是否真实、客观存在以及是否有一定的变现价值;二是资产的结构性即资产的分布状况是否合理。而资产的收益性不仅包括资产的收益能力,而且包括资产的收益方式。

国资委2006年在对中央公司进行综合绩效评价时也强调了对资产质量状

况的评价，指出公司资产质量分析与评判主要通过资产周转速度、资产运行状态、资产结构以及资产有效性等方面的财务指标，综合反映公司所占用经济资源的利用效率、资产管理水平与资产的安全性。

总体来说，虽然上述观点已基本上将"资产质量特征"较为全面地表述清楚，但层次性和逻辑性稍显欠缺，且本书认为相对性、时效性和层次性应是资产质量本身所具有的属性，并不能体现为资产质量特征。鉴于此，本书在对资产质量的概念和属性重新加以界定的基础上，对资产质量特征分三个层次进行较为全面的构建，以期对公司资产质量评价理论和实务有所裨益。

2. 资产质量概念的界定

质量大师 Philip B. Crosby 于 1962 年首次提出著名的"零缺陷管理(Zero Defect Management)"理论，他认为质量就是符合要求。同理，公司对资产的要求，也应该是通过对其进行盈利导向的安排与使用，使资产的预期效能得以最大限度的发挥，并进而实现公司的盈利目标。因此，资产的质量，就是指资产在特定的公司内部，其实际发挥的效用与其预期效用之间的吻合程度。这意味着，从公司管理的角度来看，对资产质量的考察，主要关注的不是资产的物理质量，而是特定资产满足公司对其预期需求的程度。前已述及，资产的物理质量主要通过资产的质地、结构、性能、耐用性、新旧程度等表现出来(徐文学，2007)。资产的物理质量对公司财务状况的影响是显然的，在比较一项具体资产的质量时，资产的物理质量更为重要。资产的物理质量是资产质量的基础，不具备资产的物理质量要求也就意味资产质量的恶化，但是达到了资产物理质量要求的也不能确定其资产质量的好坏，因为它只强调了资产的本身质量，而忽视了其在系统中的使用角色，即在公司的经营活动过程中能否发挥作用。因此，资产质量应更多地强调其在生产经营过程中为公司带来的财务后果。而这种资产质量会因所处的公司背景不同而有所不同，其中的影响因素包括宏观经济环境、公司所处的行业背景、公司的生命周期背景、公司的不同发展战略等等。

3. 资产质量属性的界定

(1) 资产质量的相对性

资产质量的相对性，包括两层含义。其一，相同的资产在不同公司的效用和价值具有相对性。其二，相同的资产在特定公司不同发展阶段的效用和价值具有相对性。

首先，相同的资产在不同公司之间会表现出不同的效用和价值。由于不同公司所从事的行业特点、发展阶段、战略目标、经营方式和管理模式等方面存在着差异，相同的资产在不同公司之间的效用必然不同。在进行集团化管理的公司实践中，母公司常常采取集中融资、融资后再转而向其控股子公司提供资金的资金管理模式。这样的资金管理模式，在母公司自身的财务报表上，一般会表现为“三高”：公司负债中的贷款规模高、资产项目中的其他应收款[①]高、财务费用高。显然，正是这“三高”的存在，恶化了母公司个别财务报表的资产质量、融资能力和盈利能力。然而，从公司集团的整体来看，集中融资会降低整个公司集团的财务负担，如果控股子公司的盈利能力较高，则母公司巨额“不良”其他应收款中被控股子公司占用的部分对于集团来说就是优质资产。

其次，相同资产在特定公司不同发展阶段的效用和价值也可能存在差异。在公司发展的不同阶段，随着市场变化、技术变迁以及公司业务结构、业务规模的变化，相同资产的效用和价值可能表现出显著的差异。通常情况下，在公司发展初期建立起来的生产线，与公司当时的生产和经营规模、业务结构是相适应的。但如果随着公司的发展，公司原有业务难以继续拓展，只能通过建立新的生产线以拓展新的业务，那么，原有的固定资产就有可能提前失去其价值。

综合这两方面因素，分析资产质量不能只针对单个项目孤立地进行，而是要与公司其他资产相结合，与公司的经营战略相结合，与公司所处的行业背景、生命周期相结合，站在一个整体和相对宏观的角度进行分析。分析公司的资产质量，更应强调资产的相对有用性。

（2）资产质量的时效性

资产质量的时效性是指公司的多数资产的质量往往随着时间的推移而显著下降。技术变革、消费者偏好改变、资产的自然因素、竞争环境的变化等原因对公司的资产质量均会造成一定的影响，从而导致公司资产价值的下降。因此，公司各类资产的保有规模应该控制在合理的水平上，个别资产规模的超经营储备极有可能导致公司发生不必要的损失。

例如，去年某项专利技术还会给公司带来超额利润，但如果今年出现了更新的技术，公司的这项无形资产就会发生相对贬值。这就要求公司必须不断追加研究与开发支出，不断提升无形资产的质量，以保持公司的技术领先优势。而在有形资产方面，设备可能会因公司的产业结构调整或产品结构变化而发生闲置，从优质资产沦为不良资产；存货也有可能因消费者品位变化或诸如金融危机等宏观经济因素的影响而卖不出去，公司信誉优良的赊销客户也有可能出现破产

---

① 其他应收款由于其难以对流动负债提供保障而一般被认为是不良资产。

危机造成应收账款的资金回收困难,等等。因此我们认为,公司的资产质量会随着时间的推移而不断发生变化,研究资产的质量,应强调其所处的特定的历史时期和宏观经济背景,注重其时效性。

(3) 资产质量的层次性

资产质量的层次性,是指资产对于不同的管理层面的含义具有显著差异。这里的管理层面,主要涉及公司的决策层面、协调层面和执行层面。显然,不同的决策层面,由于所处的管理位置和角度不同,对资产质量的要求也就不同。决策层面往往关注公司资产的整体质量,协调层面往往关注公司结构性的资产质量,执行层面则更关注个别资产的质量。在管理过程中,经常会出现这样的情形:一个经济效益好、资产质量总体上优良的公司,可能个别资产项目质量很差;相反,一个面临倒闭、资产质量总体上很差的公司,反而可能会有个别资产项目的质量较好。因而,研究公司的资产质量,不但要从公司资产总体上把握,确定公司资产整体质量的好坏,还有必要从结构和项目层面作进一步的剖析。

具体地说,研究公司资产的质量,可以从三个层面加以展开:资产的总体质量、资产的结构质量以及资产的个体质量。而对于公司资产的质量特征,也应从这三个层面分别加以构建。

3.4.2 资产质量特征的分层次构建

1. 资产的总体质量特征

(1) 增值性

资产的增值性,是指公司的资产作为一个整体,在周转过程中所具有的提升公司净资产价值的能力。根据资产负债观,利润的确定不需要考虑实现问题,只要公司的净资产增加了,就应当作为利润确认。因此,应首先定义并规范由该类交易或事项产生的相关资产和负债或其对相关资产和负债造成影响的确认和计量,然后再根据资产和负债的变化确认收益(李勇等,2005),即利润之度量取决于资产和负债的计量,而非相反。新准则尽管对于资产要素的界定没有发生本质的变化,但由于公允价值理念的运用,必然导致资产的计量属性发生变化,金融工具、部分投资性房地产以及以债务重组、非货币性资产交换方式取得的资产在资产负债表中将反映其公允价值。按照新准则所确定的利润,应该是建立在资产真实价值基础上的资产利用效果的最终体现,应该更加体现公司资产在价值转移、处置以及持有过程中的增值质量。因而,资产的增值性应成为资产的总体质量特征,是预测公司可持续发展潜力的重要依据。

需要说明的是，新准则中对公允价值的运用还是相当谨慎的，致使大多数资产的计量属性仍以历史成本为主。因此，利润中并未体现这些资产的持有增值情况，而对其计提的减值损失则可视为该项资产在持有过程中产生的负增值。

（2）获现性

资产的获现性，是指资产在使用过程中能够为公司创造现金净流量的能力。资产获现性关注公司在获得利润的同时产生相应现金流量的能力，它突出强调的是资产自身的造血功能。就现金流量的产生渠道而言，公司的经营活动、投资活动和筹资活动均有可能产生现金流入量。但是，从性质来说，筹资活动现金流量的贡献类似于输血；投资活动的现金净流入量或者是公司收缩投资，或者是公司获取投资收益；而只有经营活动产生的现金流入才是公司经常性的现金流入量的源泉。在“现金为王”财务管理理念中的“现金”绝不是指公司投资活动或者筹资活动产生的现金，而应是指公司经营活动产生的现金。

资产质量的获现性是对资产质量增值性的重要补充。早期的会计理论重视增值性或盈利性，而忽视获现性。相应地，公司财务状况评价的主流指标体系长期以来也都是利润主导型。这种对盈利性的过度强调导致了众多的公司片面追求（甚至操纵）利润、忽视现金流量，甚至最终导致公司的破产清算。直至20世纪80年代后期现金流量表的出现，才引起理论界和实务界对公司现金流量的重视，认识到既要追求利润的规模又要追求利润的现金后果。

2. 资产的结构质量特征

所谓资产结构，是指各项资产相互之间、资产与其相应的来源之间由规模决定的比例关系。从资产自身的结构来看，既有按照流动性确定的流动资产与非流动资产的结构关系，也有按照利润贡献方式确定的经营性资产①和投资性资产②的结构关系，还有按照公司从事经营的各个业务板块形成的资产结构关系等等。由于不同的结构所表现出来的经济含义和管理含义具有显著区别，因此，对资产结构的考察意义十分重大。从资产与其所对应的来源来看，资产的期限

---

① 经营性资产主要包括货币资金、商业债权、存货、固定资产和无形资产等项目。有关现金（包括银行存款在内）是否属于经营性资产问题在理论界尚存在争议，一种观点认为现金处于闲置状态，并可为公司带来利息收入，因此不应将其视为经营性资产。但本书认为现金是经营性资产在生产经营周转过程中的一个必不可少的环节和存在形态，因此为简便起见，可以将其列入经营性资产之中。

② 投资性资产主要包括直接对外投资形成的交易性金融资产、可供出售金融资产、持有至到期投资、长期股权投资等项目。由于在现阶段的公司运营过程中，大量被关联方占用的资金通常会通过预付账款以及其他应收款等项目体现出来，从理论上讲，这部分资金由于并未参与公司自身的经营活动而不应属于经营性资产范畴，应将其列入公司投资性资产之中。

结构与其来源的期限结构之间的对应关系又对公司的偿债能力和财务风险产生至关重要的影响。概括来说,资产的结构质量应该具有以下几个特征:

(1) 资产结构的有机整合性

资产结构的有机整合性,是指公司资产的不同组成部分(如流动资产、非流动资产;经营性资产和投资性资产;经营性资产内部的货币资金、债权、存货、固定资产和无形资产等)经有机整合之后从整体上发挥效用的状况。公司管理的境界,应该体现在最大限度地降低不良资产占用、加快资产周转并最终获取盈利方面。任何资产项目,不管其自身的物理质量有多高,如果不能与其他资产进行有机整合,为最终实现利润作出贡献,则仍属于不良资产的范畴。

资产结构的有机整合性要求公司不断进行资产结构的优化,尽力消除应收账款呆滞、存货积压、固定资产闲置、对外投资失控等现象。

(2) 资产结构的整体流动性

资产的流动性是指资产的变现速度。资产流动性的大小与资产的风险大小和收益高低是相联系的。通常情况下,流动性大的资产,其风险相对较小,但收益也相对较低且易波动;反之,流动性小的资产,其风险相对较大,而收益却相对较高且易稳定。当然也有可能出现不一致的情况。

资产结构的整体流动性可以通过流动性较强的资产在总资产中所占比例来加以衡量。一般来说,公司资产结构中流动性强的资产所占比例越大,公司资产的整体流动性就越强,相应地,公司偿债能力也就越强,财务风险越小。但是,这并不意味着,公司流动性较强的资产占总资产的比重越高越好。公司管理所追求的并不是流动性的高低。归根结底,公司资产的流动性是为公司整体的发展目标服务的。因此,资产结构的整体流动性与盈利性的动态平衡才是公司日常管理所追求的。

另一方面,资产结构还会影响到成本结构,从而进一步决定公司的经营风险。这是因为,公司的各项成本可以大致分为固定成本和变动成本两类,固定资产折旧和无形资产摊销都属于固定成本,所以此类成本相对而言属于刚性成本。由于经营杠杆效应的存在,如果资产结构中固定资产等长期资产所占比例过大,就会给公司带来相当大规模的固定成本,这意味着公司或者行业的退出门槛很高、转型较难、经营风险较大。因此,公司应该努力寻求一个合理的资产结构,增强公司资产整体的流动性,从而尽可能减少生产经营面临的各种风险,为公司的可持续发展奠定坚实的基础。

考察公司资产结构的整体流动性,还要结合公司所处的特定行业,根据公司基本的资产结构特点进行分析。例如，制造业和金融业公司的资产结构、经营模式截然不同，资产结构的整体流动性体现出行业自身的特点，具有不同的特征。

（3）资产结构与资本结构的匹配性

对于那些主要包含诸如流动资产和固定资产等传统资源项目的资产结构来说，对其质量的分析，还应考虑资产结构质量与资本结构质量的对应性因素。资产结构与资本结构的匹配性主要体现在：首先，公司资产报酬率应能补偿公司资本成本；其次，资产结构的长短期构成与资金来源的期限构成相匹配。即公司的流动资产作为公司最有活力的资产，应能为公司偿还短期债务提供可靠保障；同时短期资产由于其收益率较低，所以应主要由资本成本相对较低的短期资金来源提供支持；公司的长期负债由于其资金占用成本较高，因而应与公司的长期资产项目相匹配。只有这样的资产结构，才有可能促使公司在允许的范围内将资本成本和财务风险降至最低水平，从而达到最佳的生产经营状态。

资产结构与资本结构的匹配性，要求公司在能承受的财务风险状态下运行。然而在某些情况下，公司也会出现“另类”的资产结构与资本结构的对应关系。例如，在竞争优势极其明显的情况下，公司通过采用预收账款方式销售、赊购存货方式运营，就会表现出流动资产小于流动负债的态势。在这种情况下，流动资产的规模低于流动负债，并不反映公司的短期偿债能力存在问题，而恰恰是公司竞争优势和商业信誉良好的表现。但这种 OPM（Other People's Money）方式的运营管理也会潜藏一定的风险，一旦公司的资金链出现问题，就有可能因发生连锁反应而使公司陷入支付危机。

（4）资产结构与公司战略的吻合性

公司的战略是靠资产的有机整合和配置来实现的。资产结构与公司战略的吻合性，是指资产结构反映公司战略意图的程度。公司之所以要确立其战略，并将其与竞争者区分开来，完全是出于竞争的需要。尽管一个行业的经济特征在一定程度上限制了公司在制定与同行业的其他竞争者进行竞争的战略的弹性，但是许多公司仍然通过制定符合其特定要求的、难以被仿制的战略以创造可持续的竞争优势。影响公司战略的主要因素包括地区和产业多元化、产品和服务特征等。进行公司资产结构的合理性分析，必须建立在对公司战略的理解基础上，去判断资产结构与公司战略之间的吻合程度，即公司的资产结构是否对制约发展的因素作出了积极反应，是否维护和体现了公司已经制定的发展战略。

从公司发展的角度来看，公司的资产结构必须回答这样的问题：公司是从事什么经营活动的？其行业选择与定位如何？公司的发展战略是什么？公司的资产结构是否能够体现其发展战略的要求？是否与公司的发展战略相吻合？通过考察公司资产中经营性资产与投资性资产的结构关系，可以透视该公司所采用的盈利模式，而盈利模式在很大程度上反映了公司的资产结构安排对公司战略遵守与实施状况。

不论战略的具体内容是什么，在资产结构上的表现一定是不同项目资产的组合。我国上市公司的资产结构与公司战略所表现出来的吻合性，往往可以从两个层面来加以分析。其一，资产结构与全体股东的战略相吻合，即要求公司最大限度降低不良资产占用，提高资产周转率和公司的盈利能力。其二，资产结构与控股股东的战略相吻合。在控股股东的战略不同于全体股东战略的条件下，控股股东战略的实施就会表现为上市公司自身的不良资产占用。对于那些存在其他应收款巨额增加、存货超常增加、固定资产闲置等情况的上市公司，在形成其财务状况的过程中，往往能够看到实施控股股东战略——利用上市公司融资能力为控股股东服务的种种迹象。

3．资产的个体质量特征

所谓资产的个体质量特征，是指公司根据不同项目的资产本身所具有的属性、功用而对其设定的预期效用。由于流动资产、对外投资、固定资产各自的功用不同，故公司对各类资产的预期效用设定也就各不相同，因而资产本身应具有各自的质量特征。但总的来说，研究资产个体的质量特征可以从资产的盈利性、保值性、周转性以及与其他资产组合的协同性等几个方面进行分析。对个体资产质量的考察，可以结合公司对其设定的预期效用，按照下面的一个或者多个方面来进行。

（1）资产的盈利性

资产的盈利性，是指资产在使用的过程中能够为公司带来经济效益的能力，它强调的是资产能够为公司创造价值的这一效用。个体资产的盈利性在一定程度上决定了公司整体进行扩大再生产的能力，进而决定了公司的盈利能力及收益质量。

对于个体资产质量来说，可以直接按照盈利性加以考察的经营性资产主要包括制造业和流通公司的存货以及酒店业用于出租的房屋等。而全部投资性资产的质量也可以从盈利性角度加以考察。对制造业公司毛利率的考察，可以在很大程度上反映其存货的盈利性；而通过对公司投资收益与投资规模的比较分析，则可以确定投资性资产的盈利性大小。

（2）资产的保值性

资产的保值性，又可称为资产的变现性，是指非现金资产通过交换能够直接转换为现金的能力，它强调的是资产作为公司债务的物资保障的这一效用。如果说资产的盈利性关注的是相应资产的增值能力，那么资产的保值性关注的则是相应资产按照账面实现其价值的能力。资产保值性的强弱，直接影响公司的偿债能力（尤其是短期偿债能力）的高低，而偿债能力又是公司能否健康地生存与发展的关键。对于公司的商业债权项目来说，可以通过对商业债权的回收状况以及坏账计提情况的考察来确定该项目的保值性。类似地，对于其他大多数资产项目来说，通常可以根据减值准备计提的情况来大体判断各项资产的保值程度。

（3）资产的周转性

资产的周转性，是指资产在公司经营运作过程中被利用的效率和周转速度，它强调的是资产作为公司生产经营的物质基础而被利用的效用。与前面的盈利性和保值性不同，盈利性和保值性更多关注的是规模实现（如毛利规模、债权回收规模等）问题，而没有关注速度，即没有关注需要多久才能实现资产的盈利和保值。而资产的周转性则关注了资产的运行速度，因为速度终将决定公司的效益。对于个体资产质量来说，可以直接按照周转性来进行考察的资产项目主要包括公司的商业债权、存货、固定资产等，可通过计算商业债权、存货、固定资产的周转率来确定其周转性。

（4）与其他资产组合的协同性

与其他资产组合的协同性，是指资产在特定的经济背景下，有可能与公司的其他相关资产在使用中产生协同效应的能力，它强调的是资产通过与其他资产适当组合，能够发挥出大于单项资产个别效用总和的联合效用。

任何公司经营活动的产生，均是有机利用其各个生产要素的结果。因此，公司间的最大差距在于不同生产要素经过整合以后的增值差异。考察公司个别资产与其他资产组合的协同性，就是要强调任何资产的增值均需要一定的条件，均需要与其他资产经过适当组合才可以实现。一项资产，如果在特定公司中不能发挥作用，即使物理质量再好，也不能算作该公司的优质资产，而必须通过适当的安排与整合，与公司的其他资产进行组合，才能共同满足公司的战略要求，从而体现其真正的增值能力，这是公司重组增值的基础。直接比较公司间毛利率、固定资产周转率等财务指标的差异，就可以考察公司资产组合增值的差异性。

3.4.3 经营性资产的整体质量评价方法

在目前公司的经营模式下，日常活动大体上可以分为自身经营活动和对外投资活动，与之对应的公司资产便可分为经营性资产与投资性资产。由于在公司的经营活动中经营性资产和投资性资产的投资意图、使用安排以及增值过程均有显著差异，因此，有必要对两类资产的整体质量分别加以评价。

1. 经营性资产的概念界定

资源基础理论认为：公司是各种资源的集合体，公司在资源方面的差异是公司获利能力不同的重要原因，也是拥有优势资源的公司能够获取经济租金的原因。而经营资源则是构成公司经营管理中定性的要因，它包括在生产、销售、财务、购买、研究开发等各职能部门以及在公司组织内部积累的知识和情报。此外，它还给这个公司以外的消费者、原材料和零部件供应者、资金提供者以形象，在此基础上构成恪守双方经营资源的信用（洞口治夫，1992）。因而“经营资源”并不等于“生产要素”，只有当生产要素被用来获得经济利益时才能成为经营资源。从经营资源的数量、性质、结构和支配主体特征四个侧面可以考察公司成长（杨杜，1996）。在公司财务报表体系中，公司拥有的能够带来未来经济利益的经济资源体现为资产。经营性资产作为公司资产的重要组成部分，其质量高低和被利用效果好坏对于公司竞争优势的形成和进一步发展来说至关重要。

Horst（1993）在采用可比利润法（Comparable Profit Method, CPM）研究转让定价问题时使用了经营资产利润率（The Ratio between Operating Profits and Operating Assets）这一财务指标。其中，经营利润（Operating Profits）等于营业收入减去全部经营费用（利息费用除外）；而将经营性资产（Operating Assets）定义为在获取经营利润过程中所使用的全部资产。之后，Feltham 和 Ohlson（1995）在建立 Feltham-Ohlson 股权估值模型时将公司的活动分为经营活动（Operating Activities）和理财活动（Financial Activities），相应地将在经营活动中所运用的资产也称为经营性资产（包括应收账款和存货等）。概括地说，经营性资产就是指为公司所实际拥有或支配的、作为公司经营和生产活动的物质载体的资产，它既可能为公司带来收益也可能带来损失，即具有一定的经营风险（于良春等，1997）。也就是说，经营性资产是投入到日常生产经营过程中或按照公司经营需求所使用的资产，它具有增值性的特点，即通过对经营性资产的运用，能够创造出新的使用价值和价值（方虹，2004）。在目前公司的经营模式下，日常活动大体上可以分为经营活动和非经营活动，与之对应的公司资产可以分为经营性资产与非经营性资产;公司利润可分为与经营相关的活动创造的新增价值,以及非经营活动分配的转移价值。相应地,在财务报表中体现为:公司资产可以划分为经营性资产和非经营性资产,公司利润可以分为新增价值部分和价值转移部分,现金流量也可以划分为与经营活动相关的现金流和其他活动产生的现金流(李勇等,2004)。可以这样认为,公司的资产在经济活动中带来了息税前利润,其中,经营性资产带来了营业利润,而投资性资产则带来了投资收益。因此,利润表中的利润结构应该与资产负债表中的资产结构有内在的对应关系(张新民,2004)。通过分析公司利润结构与资产结构的匹配性,即通过将投资性资产与投资收益、经营性资产与经营利润加以比较,分析不同类型资产的相对盈利能力,可以在一定程度上对公司盈利的持续性以及未来的发展潜力作出判断。在此基础上,还可以进一步通过与相对应的现金流量结构加以比较,分析不同类型资产最终的现金获取能力。杨小舟(2006)也认为应将经营性资产与非经营性资产分开,将投资者投入资本与经营性营运资本分开。公司业务运营所需要的资产,包括经营性流动资产(如存货)和经营性长期资产(如厂房、设备等)。根据财务管理学原理,公司的价值取决于未来现金净流入量的规模、时间与风险,而对公司来说,只有经营性资产才能带来现金流量。

综合上述概念,经营性资产应是指公司在开展自身生产经营活动过程中所拥有或控制的,在使用中能够为公司带来正常经营利润的资产,包括在总资产中扣除(对外)投资性资产之后的各项资产。在新准则条件下的资产负债表中,各项投资性资产分项目单独列示,因此,投资性资产包括交易性金融资产、可供出售金融资产、持有至到期投资以及长期股权投资等项目。而经营性资产的全部项目可以大体上分为两类:经营性流动资产和经营性非流动资产。经营性流动资产包括现金、应收账款和存货等项目;而经营性非流动资产包括厂房设备等固定资产、投资性房地产、生物资产以及无形资产等项目。

需要说明的是,在现阶段的公司运营过程中,大量被关联方占用的资金通常会通过预付账款以及其他应收款等项目体现出来,从理论上讲,这部分资金由于并未参与公司自身的经营活动而不应属于经营性资产范畴。但考虑到这种情形需要结合公司资金具体的运营状况来定,难以一概而论,因此为简化起见也将其纳入经营性流动资产范围之内。

2. *经营性资产的质量特征*

按照本书对资产质量特征所作出的界定,经营性资产的质量特征应是指公司经营性资产满足其预期效用的质的规定性。由于公司对应收账款、存货及固定资产等各项目均设有不同的预期效用，故每项经营性资产应具有单独的质量特征。然而，在公司运营过程中经营性资产通常是经过适当的组合与安排而形成一个整体，以体现公司行业选择和经营战略的基本要求，维持自身独特的竞争优势，因此非常有必要对经营性资产的整体质量特征加以界定。由于不同的行业具有不同的生产经营特点和资产周转方式，经营性资产的质量特征会随之有所区别，因而本书主要选取制造业公司的经营性资产作为研究对象。就制造业公司而言，经营性资产主要是通过供产销等一系列周转过程来实现增值、获取现金，因此其总体的质量特征可以从周转性、增值性以及获现性等三个方面来加以把握。这三方面的质量特征将成为构建经营性资产质量评价体系的理论基础。

3. 经营性资产质量评价指标体系的构建

结合新准则下有关经营性资产信息披露方面所发生的变化，评价制造业公司的经营性资产质量通常可以采用如下财务比率，分别针对周转性、增值性以及获现性等三个方面展开分析。它们相辅相成，共同构成了评价经营性资产质量的指标体系。

(1) 经营性资产周转性的评价指标

① 商业债权周转率。商业债权周转率可以揭示商业债权(包括应收账款和应收票据)的一般周转效率，反映公司商品销售的基本回款状况。计算公式为：

商业债权周转率 = 赊销营业收入 × (1 + 增值税税率)/(应收票据平均原值 + 应收账款平均原值)

设计该项指标主要出于下列原因：第一，对于以赊销为主的公司来说，推动营业收入的债权不仅仅是应收账款，还有应收票据。仅仅以应收账款数字来计算应收账款周转率会夸大其周转速度(尤其是在应收票据占商业债权比重较大时)。第二，尽管应收票据的回收质量高于应收账款，而且中国当前的公司实践是以银行承兑汇票为主进行商业汇票结算，但其仍然是债权，而不是“现金等价物”，仍然存在回收风险。第三，在实务中，关于公司商品销售的回款质量，公司往往更关注一定时期商品销售所带来的基本回款状况，而不仅仅是特定项目债权的回收状况。因此，考察公司全部商业债权的回收状况是公司管理的现实要求。第四，在实施增值税的情况下，公司的债权中不仅仅包括商品销售收入部分，还包括销项增值税部分。因此，为了较恰当地反映债权回收状况，应该考虑增值税销项税额因素。第五，在资产负债表中，应收账款等债权以扣除坏账准备后的净额列示，但从当前公司赊销政策、坏账准备的计提和估计政策的实施状况来看，割裂应收账款坏账准备与应收账款原值之间的关系，通常会导致信息使用者对公司应收账款的质量作出错误的评价与判断。

② 存货周转率。存货周转率的内涵和计算方法没有变化，它反映公司存货的一般周转效率，这里只是强调在计算过程中应使用存货的原值。计算公式为：

存货周转率 = 营业成本 / 存货平均原值

在资产负债表中，存货仅以扣除存货跌价准备后的净额列示，但从当前公司存货采购、存货跌价准备的计提和估计政策的实施状况来看，公司在存货项目上占用和参与周转的真正资产规模，应是存货项目的原值。割裂存货跌价准备与存货原值之间的关系，在很多情况下也同样将导致信息使用者对公司存货的质量作出错误的评价与判断。

③ 有效经营性流动资产周转率。有效经营性流动资产周转率是对传统流动资产周转率的修正，它反映在现有披露的流动资产规模（已经扣除了减值准备）中剔除了交易性金融资产、其他应收款和其他流动资产以后的"有效经营性流动资产"的周转状况。之所以剔除这些流动资产，是因为这两项所谓的"资产"基本不能推动营业收入的获取。计算公式为：

有效经营性流动资产周转率

= 营业收入 /（流动资产平均余额 - 交易性金融资产平均余额

- 其他应收款平均余额 - 其他流动资产平均余额）

④ 经营性固定资产周转率。经营性固定资产周转率是指公司经营用固定资产（包括厂房设备和投资性房地产，非经营用固定资产除外）的一般周转效率，它反映公司经营固定资产的基本利用状况。计算公式为：

经营性固定资产周转率

= 营业收入 /（固定资产平均原值 + 投资性房地产平均原值或平均公允价值）

设计该项指标主要出于下列原因：第一，对于产品生产和销售以及固定资产出租并重的公司来说，推动营业收入的固定资产还应包括投资性房地产。仅仅以常规的固定资产原值数字来计算固定资产周转率会夸大其周转速度（尤其是在投资性房地产占总固定资产的比重较大时）。第二，前已述及，代表公司生产经营规模的永远是固定资产原值（或者公允价值），绝不是扣除累计折旧以后的净值或者扣除固定资产减值准备以后的净额。如果指标计算中采用固定资产净额，在年度间固定资产原值没有变化、营业收入没有变化的情况下，仅仅通过计提折旧或者通过计提巨额的减值准备，就会引起固定资产净额降低，从而会出现固定资产周转速度提高的假象。

⑤ 经营性资产周转率。经营性资产周转率是对传统总资产周转率的修正，它反映在现有披露的资产总额中剔除了投资性资产以后的“经营性资产”的周转状况。计算公式为：

经营性资产周转率 = 营业收入 / 经营性资产平均原值

（2）经营性资产增值性的评价指标

① 毛利率。毛利率的计算及其涵义与传统计算没有差异。这里需要说明的是，由于新准则取消了主营业务与其他业务的划分，将这些业务产生的收入和成本统一在营业收入和营业成本中列示。通过该项指标，可以反映出公司运用经营性资产开展自身经营活动的整体获利空间和相对竞争实力。计算公式为：

毛利率 = （营业收入 - 营业成本）/ 营业收入 × 100%

② 核心利润率。核心利润[①]是指公司利用经营性资产从事自身经营活动所产生的直接利润。在新准则环境下，由于营业利润的内涵扩大，公司投资性资产占总资产比重越大，营业利润与营业收入之间的可比性就越小。因此，通过核心利润率的计算便可以较好地解决这一问题。计算公式为：

核心利润 = 营业收入 - 营业成本 - 营业税金及附加 - 销售费用
- 管理费用 - 财务费用[②]

核心利润率 = 核心利润 / 营业收入 × 100%

③ 经营性资产报酬率。经营性资产报酬率反映公司运用经营性资产实现增值的能力。计算公式为：

经营性资产报酬率 = 狭义营业利润 / 经营性资产平均原值 × 100%

狭义营业利润 = 核心利润 - 经营性资产减值损失
+ 投资性房地产等经营性资产的公允价值变动损益

狭义营业利润是指包含了与经营性资产有关的减值损失和公允价值变动损益在内的营业利润部分。尽管经营性资产减值损失和投资性房地产公允价值变动损益的规模，在一定程度上反映了会计估计的内容，并主要取决于市场变化因素，但是在恰当地确认和计量这种价值变化的基础上，狭义营业利润能够更好地

---

① 国外文献中也有类似概念，如 Core Earnings、Core Profit、Core Operating Profit 及 Core Operating Earnings 等。

② 林翔、陈汉文（2005）在考察公司核心经营性盈利能力时，对盈余的定义采用了西方学者常用的“折旧后经营利润（Operating Income after Depreciation）”概念，计算公式为营业利润加上财务费用，理由是财务费用属于财务成本，与经营活动无关。但为简化起见，本书仍沿用传统营业利润的计算方法，将财务费用予以扣除。

反映全部经营性资产在价值转移和持有过程中的增值状况。通过计算经营性资产报酬率,可以较为恰当地评价公司经营性资产的整体增值能力。

④ 经营性资产保值率。由于当资产的可回收金额低于其账面净值时,公司可以按照可回收金额低于其账面净值的差额确认减值损失,因此经营性资产当期的贬值程度可以简单地通过保值率指标加以定量分析。计算公式为:

经营性资产保值率 = 经营性资产平均净值 /(经营性资产平均净值 + 经营性资产当期减值损失) × 100%

(3) 经营性资产获现性的评价指标

① 核心利润获现率。核心利润获现率反映公司自身经营活动产生的盈利所获取现金的能力。由于未实现的资产持有损益并不会给公司带来真正的现金流量,因此只需考虑核心利润的现金获取质量。

核心利润获现率 = 经营活动产生的现金净流量/核心利润① × 100%

② 经营性资产获现率。经营性资产获现率反映公司运用经营性资产获取经营活动现金净流量的能力,用于衡量经营性资产自身的造血功能。计算公式为:

经营性资产获现率 = 经营活动产生的现金净流量 / 经营性资产平均原值 × 100%

综上所述,本书构建的经营性资产质量评价指标体系见表 3.1。

表 3.1　经营性资产质量评价指标体系

质量特征	指标及计算公式
周转性	商业债权周转率 = 赊销营业收入 ×(1 + 增值税税率)/(应收票据平均原值 + 应收账款平均原值)
	存货周转率 = 营业成本/存货平均原值
	有效经营性流动资产周转率 = 营业收入/(流动资产平均余额 - 交易性金融资产平均余额 - 其他应收款平均余额 - 其他流动资产平均余额)
	经营性固定资产周转率 = 营业收入/(固定资产平均原值 + 投资性房地产平均原值或平均公允价值)
	经营性资产周转率 = 营业收入/经营性资产平均原值

① 理论上,只有将“核心利润”调整为“同口径的核心利润”,才能与经营活动产生的现金净流量具有可比性。同口径核心利润的计算公式为:同口径核心利润 = 核心利润 + 固定资产折旧 + 其他长期资产摊销额 + 财务费用 - 所得税费用。但为简便起见,可以直接将核心利润与经营活动产生的现金净流量进行比较。

（续表）

质量特征	指标及计算公式
增值性	毛利率 =（营业收入 - 营业成本）/营业收入 ×100%
	核心利润率 = 核心利润/营业收入 ×100%
	经营性资产报酬率 = 狭义营业利润/经营性资产平均原值 ×100%
	经营性资产保值率 = 经营性资产平均净值/（经营性资产平均净值 + 经营性资产当期减值损失）×100%
获现性	核心利润获现率 = 经营活动产生的现金净流量/核心利润 ×100%
	经营性资产获现率 = 经营活动产生的现金净流量/经营性资产平均原值 ×100%

资料来源:作者自行整理。

4. 实证检验

（1）样本选择

数据来源于锐思金融研究数据库,选择我国证券市场行业分类中的 C43 类化学原料及化学制品制造业、C47 类化学纤维制造业上市公司为研究对象,除去部分数据缺失的公司,采用 2005 年和 2006 年的母公司年度财务报表及附注（已按照新会计准则加以调整）的相关数据计算了上述 11 个指标,剔除了指标出现极端值的个别公司,最终的样本有 96 家,其中,C43 类公司有 80 家,C47 类公司有 16 家。上述样本公司中共有 8 家在 2005—2007 年间受到 * ST 处理。

（2）指标的描述统计

表 3.2 中的离散系数是衡量数据分散程度的指标,绝对值最大的三个指标

表 3.2　经营性资产质量评价指标描述统计

项目	观测数	最小值	最大值	均值	标准差	离散系数
毛利率	96	-0.200	0.596	0.175	0.114	0.653
核心利润率	96	-5.943	0.410	-0.089	0.725	-8.129
经营性资产报酬率	96	-0.464	0.231	0.021	0.083	3.884
经营性资产保值率	96	0.715	1.000	0.978	0.040	0.041
经营性资产获现率	96	-0.096	0.352	0.067	0.085	1.266
核心利润获现率	96	-52.177	96.462	2.109	15.096	7.159
商业债权周转率	96	0.344	140.584	14.636	18.786	1.283
存货周转率	96	0.463	29.723	7.107	4.649	0.654
有效经营性流动资产周转率	96	0.278	5.627	2.156	1.260	0.584
经营性固定资产周转率	96	0.163	14.327	1.523	1.689	1.109
经营性资产周转率	96	0.022	2.234	0.618	0.353	0.571

依次是核心利润率、核心利润获现率、经营性资产报酬率。这说明上述公司虽处于相同或相近行业,但在主营业务的获利能力、获现能力以及经营性资产的增值能力上有较大的个体差异。

(3) 聚类分析

对选取的11个指标进行简单的相关分析,发现指标间具有显著的相关性,不能直接用于聚类分析,因此先对选取的指标进行因子分析,通过正交旋转使得由指标生成的因子间不存在相关性,然后用因子得分作为聚类变量进行聚类分析。本书采用SPSS13.0进行因子分析和聚类分析,结果如表3.3所示:

表3.3 旋转后的因子得分系数矩阵和累积方差贡献率

项目	因子1	因子2	因子3	因子4	因子5
毛利率	0.466	-0.178	-0.118	-0.033	-0.136
核心利润率	0.175	0.022	-0.020	0.224	0.034
经营性资产报酬率	0.297	-0.013	0.070	0.132	-0.011
经营性资产保值率	-0.109	-0.087	0.014	0.805	0.067
经营性资产获现率	0.388	0.067	0.008	-0.415	0.190
核心利润获现率	-0.003	-0.006	-0.046	0.072	0.908
商业债权周转率	0.069	0.349	-0.392	0.142	-0.186
存货周转率	-0.077	0.353	0.044	-0.035	0.114
有效经营性流动资产周转率	-0.054	0.459	-0.073	-0.116	-0.039
经营性固定资产周转率	-0.028	-0.142	0.543	0.023	-0.069
经营性资产周转率	-0.055	0.123	0.389	0.007	-0.036
累积方差贡献率	32.23%	47.92%	60.16%	69.93%	78.87%

从表3.3可以看到,前五个因子的累积方差贡献率接近80%,因此选择前五个因子计算因子得分既可以保留原始数据的大部分信息,又可以达到减少变量个数的目的。从因子得分系数的大小可以看到,因子1主要包含增值性指标中的前三个指标以及经营性资产获现率的信息,因子2主要包含商业债权周转率、存货周转率和有效经营性流动资产周转率的信息,因子3主要包含经营性固定资产和全部经营性资产周转率的信息,因子4主要包含经营性资产保值率的信息,因子5主要包含核心利润获现率的信息。用SPSS计算出的因子得分把样本公司用快速聚类法聚成五类,结果如表3.4所示:

表 3.4 分类结果及各类别指标均值

类别	1	2	3	4	5
类内样本数	3	28	3	54	8
类内样本数占比	3.13%	29.17%	3.13%	56.25%	8.33%
类内 ST 公司数	0	1	0	2	5
类内 ST 公司数占比	0.00%	3.57%	0.00%	3.70%	62.50%
毛利率	0.178	0.169	0.108	0.194	0.090
核心利润率	0.095	0.066	0.006	0.021	-1.479
经营性资产报酬率	0.160	0.047	0.003	0.024	-0.133
经营性资产保值率	0.998	0.987	0.990	0.987	0.876
经营性资产获现率	0.173	0.094	0.142	0.047	0.040
核心利润获现率	0.498	0.543	66.668	-0.072	-1.296
商业债权周转率	7.702	30.347	11.057	8.764	3.232
存货周转率	11.727	11.052	6.444	5.270	4.221
有效经营性流动资产周转率	3.206	3.600	1.855	1.461	1.511
经营性固定资产周转率	8.588	1.240	1.058	1.417	0.755
经营性资产周转率	1.662	0.761	0.481	0.536	0.337

表 3.5 各类别指标均值排序

类别	1	2	3	4	5
毛利率	2	3	4	1	5
核心利润率	1	2	4	3	5
经营性资产报酬率	1	2	4	3	5
经营性资产保值率	1	3	2	4	5
经营性资产获现率	1	3	2	4	5
核心利润获现率	3	2	1	4	5
商业债权周转率	4	1	2	3	5
存货周转率	1	2	3	4	5
有效经营性流动资产周转率	2	1	3	5	4
经营性固定资产周转率	1	3	4	2	5
经营性资产周转率	1	2	4	3	5

从表 3.4 和表 3.5 可以看到，第一类公司是行业中经营性资产质量最好的公司，占总数的 3.13%，在 11 个指标中有 7 个指标的平均值位于分类排名的第一位，其中经营性资产的增值能力尤为突出。第二类公司是行业中经营性资产质量较好的公司，占总数的 29.17%，所有 11 个指标的均值都位于分类排名的前三位，资产质量的整体水平较高，其中周转性指标较突出，商业债权周转率和

有效经营性流动资产周转率均位于行业最高水平，显示该类公司资金周转顺畅，现金净流量较为充足，只是经营性资产的增值能力稍逊于第一类公司。第三类公司是行业中经营性资产质量一般的公司，其特征是增值性和周转性的大部分指标处于分类排名的后两位，但获现性指标水平却较高，这类公司并不多见，只占总数的 3.13% 。第四类公司是行业中资产质量较差的公司，这类公司占到全部样本的 56.25% ，说明我国化工行业上市公司经营性资产的整体质量水平偏低，该类公司的特征是除毛利率和经营性固定资产周转率外，其他指标在分类排名中位于第三、第四甚至第五位，经营性资产的周转能力和获现能力是制约该类公司发展的主要因素。第五类公司是行业中经营性资产质量最差的公司，特征是 11 个指标中有 10 个排名最后，该类有 8 家公司，占总数的 8.33% ，其中有 5 家是被 ST 处理的公司。值得注意的是，有 3 家未被 ST 处理的上市公司也被划分到该类，分别是上海白猫(600633)、江西昌九(600228)和太极实业(600667)。前两家公司 2007 年和 2008 年的核心利润和利润总额均不同程度地出现了亏损，经营活动现金净流量也随之有所减少甚至出现赤字，而太极实业 2007 年的核心利润也出现了亏损。上述事实表明这三家上市公司的经营性资产质量较差，在 2006 年虽未被 ST 处理，但已潜藏了较大的财务隐患。

下面对第二类、第四类和第五类这三个样本数较多的公司进行指标的均值是否差异显著的 t 检验，检验结果如表 3.6 所示：

表 3.6　公司指标均值差异的 t 检验

财务指标	t 值(第二类与第四类比较)	t 值(第四类与第五类比较)
毛利率	-0.991	2.202**
核心利润率	1.385	2.001*
经营性资产报酬率	1.860*	2.968**
经营性资产保值率	0.006	4.044***
经营性资产获现率	2.781**	0.247
核心利润获现率	0.328	0.346
商业债权周转率	4.098***	4.590***
存货周转率	5.349***	0.943
有效经营性流动资产周转率	10.273***	-0.131
经营性固定资产周转率	-0.981	1.902*
经营性资产周转率	3.564***	2.135**

注：*** 表示在 1% 的水平下显著，** 表示在 5% 的水平下显著，* 表示在 10% 的水平下显著。

从表 3.6 可以看到,经营性资产质量较好的公司有 6 个指标显著高于资产质量较差的公司,其中有 4 个指标属于周转率指标,并且在 1% 的水平下显著;增值性方面,经营性资产报酬率差异显著;获现性方面的差异则显著体现在经营性资产获现率上。

经营性资产质量较差的公司有 7 个指标显著高于经营性资产质量最差的公司,其中有 4 个属于增值性指标,且显著性较高,这说明经营性资产的增值能力(即盈利能力和贬值程度)成为公司是否最终被 ST 处理的关键因素。获现性方面,尽管第四类公司的经营性资产获现率和核心利润获现率的平均水平比第五类公司高,但差异并不显著。周转性方面,5 个指标中第四类公司在其中的 3 个上平均水平显著高于第五类公司,说明两类公司在周转性方面有显著差异,但从显著性水平来看,除商业债权周转率外,在周转性上差异的显著性不像第二和第四类公司之间的那么高。

5. 结论与局限

本书在对经营性资产的概念和质量特征加以界定的基础上,构建出经营性资产质量评价指标体系,分别从周转性、增值性以及获现性等三个方面对经营性资产质量进行分析与评价。在此基础上,本书以我国化工行业 A 股上市公司为研究样本,通过因子分析和聚类分析等方法,把样本公司划分成五类,每类公司在经营性资产质量的周转性、增值性和获现性等方面均体现出了不同特征,这在一定程度上验证了该指标体系的有效性,以其为基础可以恰当区分不同公司的经营性资产质量状况。同时,本书还通过 t 检验识别出了不同类别的公司在哪些指标上有显著性的差异,据此揭示出相对落后的公司提高其经营性资产质量的关键因素。

鉴于对经营性资产质量的分析评价在很多方面不能量化,且许多信息从上市公司的年报中无法取得,本书提出的质量评价指标体系尚存在诸多地方有待进一步完善:

(1) 经营性资产通常被认为有较高的专用性,所以经营性资产的保值性还应结合特定资产的技术状况、市场状况和使用目的等因素综合加以确定;

(2) 对于经营性资产质量,还应进一步分析各项资产的具体质量,并结合公司的经营战略、所处的行业背景、生命周期等因素,最终再从相对整体和宏观的角度全面地分析与评价;

(3) 经营性资产作为公司重要的生产经营媒介,会在较长的期间内持续发挥其经济效用,因此对经营性资产质量的判断应强调其持久性和趋势性,尤其要考察当年的变化对以后年度可能产生的长远影响。由于新会计准则在2006年才正式颁布，加上大部分公司2007年并未披露母公司财务报表附注的数据，因此本书只是侧重于2006年各公司间的横向比较研究，未能揭示出公司经营性资产质量随时间变化的基本情况。

3.4.4 固定资产质量的评价方法

由于公司资产各具体项目之间性质迥异，因此有必要在资产质量评价理论框架下，建立各项资产具体的质量评价体系。鉴于固定资产项目较为全面地体现了资产的保值性、盈利性、周转性以及与其他资产组合的协同性等四个方面的质量特征，本书拟以该项目为例，探讨个别项目资产质量评价体系的建立与应用问题。对其他具体资产项目的质量分析与评价可类比进行，并加入适当的定性分析因素。

1. 固定资产质量评价指标的选取

(1) 固定资产的保值性评价指标

除部分流动资产外，公司的固定资产将成为长期债务的直接物资保障，尤其是在公司面临破产清算时更是如此。固定资产的数量、结构、完整性和先进性都直接制约着公司的长期偿债能力，其中固定资产的保值程度，是债权人认定其保值性时主要考虑的因素。当然，也要考虑固定资产的专用性对其保值性造成的制约影响。专用性越高，其变现的风险就越大。从公司偿债能力的角度，固定资产的保值性可以从其是否具有增值潜力来加以衡量(张新民，2001)：

具有增值潜力的固定资产，是指那些市场价值的未来走向趋向于增值的固定资产。这种增值，或是由特定资产的稀缺性而引起；或是由特定资产的市场特征表现出较强的增值特性而引起；或是由于会计处理的原因导致账面上虽无净值但对公司仍有可进一步利用的原因而引起(如已经提足折旧、公司仍可在一定时间内使用的固定资产)。

无增值潜力(贬值)的固定资产，则是指对特定公司而言，其价值的未来走向不可能增值的资产。这种不能增值状况的出现，既可能是由与特定资产相关联的技术进步较快，原有资产因技术落后而相对贬值(如电子计算机等)引起；也可能是由特定资产本身价值状况较好，但在特定公司不可能得到较充分利用的原因引起(如不需用的固定资产)。

由于当固定资产的可回收金额低于其账面净值时，公司可以按照可回收金额低于其账面净值的差额计提资产减值准备，因此鉴于资料所限，固定资产的保值性可以根据公司固定资产减值准备的计提情况作出初步判断，通过保值率指标加以简单衡量：

固定资产保值率 = 固定资产净额 / 固定资产净值

其中， 固定资产净额 = 固定资产原值 - 累计折旧 - 减值准备

固定资产净值 = 固定资产原值 - 累计折旧

（2）固定资产的盈利性评价指标

固定资产是公司生存发展的物质基础，反映公司的技术装备水平和竞争实力，因此，固定资产的盈利性会在很大程度上决定公司整体的盈利能力。对于制造业公司来说，固定资产的盈利性可以通过以下几个方面折射出来（张新民、王秀丽，2003）：第一，固定资产技术装备的先进程度是否与公司的行业选择和行业定位相适应；第二，固定资产的生产能力是否与公司存活的市场份额所需要的生产能力相匹配；第三，固定资产的工艺水平是否达到能够使产品满足市场需求的相应程度。

营业收入是产品价值的外部实现，在一定程度上可以反映出固定资产的生产工艺水平与市场需求之间的吻合程度；营业成本是产品生产的内部耗用，可以反映出固定资产技术装备的先进程度；两者之差即公司赚取的毛利，则反映了公司的市场竞争实力，进而决定公司整体的盈利水平；而固定资产的总体规模则反映了公司的行业选择和行业定位特征。因此，毛利与固定资产规模的比较，即固定资产毛利率，可以较为综合地反映固定资产的盈利性，计算公式如下：

固定资产毛利率 =（营业收入 - 营业成本）/ 固定资产原值平均余额

（3）固定资产的周转性评价指标

固定资产周转率通常用营业收入除以固定资产平均余额加以计算。但我们认为，营业收入中包含了与固定资产使用效率无关的外部价格因素，因而用产品生产成本取代营业收入将使得该指标更具有说服力。假设存货中原材料、在产品水平保持稳定，将存货余额变动数（不包括非常支出的情况）加上营业成本，便可以大致推算出公司当期的生产成本，再与固定资产的原值进行比较，便可以反映出固定资产被利用的充分程度。因此，固定资产的周转性可以通过计算产能利用率来加以衡量：

产能利用率 =（存货余额变动数 + 营业成本）/ 固定资产原值平均余额

（4）固定资产与其他资产组合的协同性评价指标

固定资产与其他资产组合的协同性，强调的是固定资产通过与其他资产适当组合，在使用中产生协同效应的能力。即使是相同物理质量的资产，在不同公

司之间、在同一公司的不同时期之间，甚至是在同一公司同一时期的不同用途之间，都有可能会表现出不同的贡献能力，所以按不同时期的经济发展方向和市场变动来对公司的固定资产进行重新组合可以提高公司的价值，而在对固定资产进行质量分析时，也一定要强调其与其他资产组合的协同性。

在机械、设备、仪表制造业公司，其经营性资产基本上都是围绕固定资产作出安排的，而投资性资产与固定资产的协同效应并不明显，所以经营性资产的整体盈利水平便可以视为固定资产与其他资产组合的盈利性的最终体现。经营性资产的整体盈利水平可以将核心利润[①]作为标准，固定资产与其他资产组合的协同性便可以通过经营性资产收益率加以衡量：

$$经营性资产收益率 = 核心利润 / 经营性资产平均余额$$

$$经营性资产平均余额 = 资产平均余额 - 投资性资产平均余额$$

需要指出的是，如果当年公司投资新的生产项目，或对以往的固定资产进行大规模地更新改造，会使得公司固定资产的原值大幅增加，进而可能会使上述指标受到较大影响。但这一结果至少可以得出以下结论：新建固定资产的生产能力在当年并没有得以充分释放，其进一步的利用效果尚存在一定风险。因此，当分析中遇到该项指标出现较明显变动时，一定要结合报表附注的相关内容作出深入分析，避免结论的片面性。

2．固定资产质量评价体系的运用

（1）样本选择

机械制造业公司中固定资产占总资产的比重最大，对公司经营的影响程度最大，其拥有的固定资产的规模和先进程度，代表着该公司在行业中相对的竞争实力和竞争地位，是公司经营的关键。所以对机械制造业公司的固定资产质量进行评价，找出对其固定资产质量有显著性影响的因素，对公司经营的指导意义不言而喻。

本书选择证券市场行业分类中的 C7 机械、设备、仪表制造业上市公司为研究样本，其中包含 C71 普通机械制造业、C73 专用设备制造业、C75 交通运输设备制造业、C76 电器机械及器材制造业、C78 仪器仪表及文化、办公用机械制造业，时间跨越 2005 年和 2006 年两个会计年度。为保障分析数据的可靠性，只选择 2005 年和 2006 年年报获得无保留意见审计报告的上市公司，除去数据缺失的公司，分别有 174 家和 172 家公司进入样本。先分别计算两年样本中各公司的

① 在 2007 年以前的利润表中此项目为营业利润。

固定资产质量综合评分，再对两年中各公司固定资产质量的升降情况进行比较。

（2）指标选择

在本书建立的评价体系的基础上，考虑数据的可得性及成本效益原则，仅就部分因素加以量化分析，最终进行主成分分析的变量有固定资产保值率、固定资产毛利率、产能利用率和经营性资产收益率。实务中在对固定资产质量进行具体分析时，还应进一步结合报表附注的相关资料，在展开定性分析的基础上得出最终的结论。本书选取的指标体系见表3.7。

表3.7 固定资产质量评价指标体系

指标	公式
固定资产的保值性	固定资产保值率 = 固定资产净额/固定资产净值
固定资产的盈利性	固定资产毛利率 =（营业收入 - 营业成本）/固定资产原值平均余额
固定资产的周转性	产能利用率 =（存货余额变动数 + 营业成本）/固定资产原值平均余额
固定资产与其他资产组合的协同性	经营资产收益率 = 营业利润/经营性资产平均余额

（3）固定资产质量的综合评分①

表3.8列示了四个指标的描述性统计。其中，固定资产的保值性标准差最小，说明各公司间没有明显的差别。且该指标都接近1，说明从计提固定资产减值准备这个角度衡量，固定资产的保值性很高。

表3.8 描述性统计

	观测数	最小值	最大值	平均值	标准差
固定资产保值率	172	0.626	1.000	0.975	0.052
固定资产毛利率	172	-0.033	2.112	0.458	0.353
产能利用率	172	-0.085	10.759	2.205	1.813
经营性资产收益率	172	-0.016	0.416	0.151	0.077

产能利用率标准差较大，说明不同公司对固定资产的利用情况很不一样，可估计此指标是固定资产质量差别的重要原因，具体权重待主成分分析结果确定。

与固定资产毛利率标准差较大相对，经营性资产收益率标准差较小，即虽然

① 2005年、2006年样本处理过程一致，所以只具体说明2006年样本的处理过程。

固定资产单项发挥作用的情况大相径庭，但和其他经营资产组合后对公司的贡献程度不相伯仲。可以认为固定资产利用充分的公司可能在管理、营销方面比较薄弱，而管理领先的公司对固定资产或技术方面的掌握又比较欠缺。所以，即使行业平均盈利水平不相上下，但和其他公司对比，取长补短，都可以找到进一步提高的方式。

本书选取的指标不多，但这四个指标的 Bartlett 球形检验在 1% 的水平下显著，说明各变量间并不独立，所以在计算固定资产质量得分时各指标的权重按其所包含的信息量确定，具体处理方法是主成分分析方法。表 3.9 列示了因子载荷矩阵和各主成分的特征值①。

表 3.9　因子载荷矩阵及各主成分特征值

	因子 1	因子 2	因子 3	因子 4
固定资产保值率	0.342	0.937	0.076	0.022
固定资产毛利率	0.949	-0.091	-0.026	-0.301
产能利用率	0.825	-0.079	-0.529	0.184
经营性资产收益率	0.794	-0.211	0.548	0.160
主成分特征值	2.327	0.936	0.586	0.151

以四个主成分各自的特征值为权数，计算各样本公司固定资产质量的综合得分。公式为：

$$\text{Score} = 0.411Y_1 + 0.242Y_2 + 0.202Y_3 + 0.145Y_4$$ ②

主成分信息不能直接获取，在分析固定资产质量时不容易进行比较。根据因子载荷矩阵将以上公式还原为以原指标为变量的公式：

$$\text{Score} = 0.430\ Z_{\text{固定资产保值率}} + 0.515\ Z_{\text{固定资产毛利率}} + 0.391\ Z_{\text{产能利用率}} + 0.499\ Z_{\text{经营性资产收益率}}$$ ③

以上公式考虑了各指标之间的共线性问题，以各自主成分的方差贡献为权数，对固定资产的综合评价较为合理。各指标的系数为正，说明随着这些指标的改进，固定资产的质量得到提高。关于公式中的系数需要作以下两点说明：一是这四个指标间并不独立，公式中的系数并不说明各指标对固定资产贡献的程度，

① 因为本书采用主成分分析方法主要是为了确定各指标的权重，所以提取的主成分数等于原指标数。

② 其中，Y 表示主成分。

③ 其中，Z 表示标准化后的指标值。

所以与描述性统计中各变量的方差并不成比例；二是由于这种相关性存在，所以不可能通过单独提高某一指标而提高固定资产的质量，而是要同时改善各项质量指标，达到平衡。

根据此综合得分，2006 年 173 家机械、设备、仪表制造业上市公司固定资产质量排名前十名与后十名的公司如下：

表 3.10　2006 年固定资产质量排名①

前十名			后十名		
排名	股票代码	股票简称	排名	股票代码	股票简称
1	600517	置信电气	164	600765	力源液压
2	002028	思源电气	165	000723	S 天宇
3	600690	青岛海尔	166	000150	S 光电
4	600786	S 东锅	167	600877	中国嘉陵
5	600162	香江控股	168	600099	林海股份
6	000651	格力电器	169	600604	二纺机
7	600686	金龙汽车	170	000760	博盈投资
8	000528	柳工	171	000922	S 阿继
9	000527	美的电器	172	600610	S 中纺机
10	600582	S 天地	173	600698	SST 轻骑

按以上方法，同样计算得出 2005 年该类上市公司固定资产质量排名，其中排名前十名与后十名的公司如下：

表 3.11　2005 年固定资产质量排名

前十名			后十名		
排名	股票代码	股票简称	排名	股票代码	股票简称
1	600786	东方锅炉	165	000893	广州冷机
2	600526	菲达环保	166	000922	阿继电器
3	000951	中国重汽	167	000678	襄阳轴承
4	600686	金龙汽车	168	000723	天宇电气
5	002028	思源电气	169	600604	二纺机
6	001696	宗申动力	170	600099	林海股份
7	000527	美的电器	171	600843	上工申贝
8	600582	天地科技	172	600765	力源液压
9	600517	置信电气	173	000533	万家乐 A
10	600162	香江控股	174	600698	ST 轻骑

① 得分为负是因为计算时采用了标准化后的值。

对比两年的排名结果[①]，置信电气、思源电气、S 锅炉、香江控股、金龙汽车、美的电器、S 天地连续两年排名在前十名中，而力源液压、天宇电气、林海股份、S 阿继、二纺机、SST 轻骑连续两年排名在后十名中。两年的排名结果有一定的稳定性，但仍有很大波动，为检验两年中公司固定资产质量排名及其升降变化间的相关性，对 2005 年排名、2006 年排名及排名升降变化进行 Spearman 等级相关检验，其中排名升降变化取变化的绝对值，结果见表 3.12。

表 3.12　排名与排名变化的相关性[②]

		2006 年排名	2005 年排名	排名升降
2006 年排名	Correlation Coefficient	1.000	0.841	0.044
	Sig. (2-tailed)		0.000	0.580
	N	163	163	163
2005 年排名	Correlation Coefficient	0.841	1.000	0.071
	Sig. (2-tailed)	0.000		0.367
	N	163	163	163
排名升降	Correlation Coefficient	0.044	0.071	1.000
	Sig. (2-tailed)	0.580	0.367	
	N	163	163	163

表 3.12 显示 2005 年、2006 年公司固定资产质量排名间有显著的正相关性，说明固定资产作为长期发挥作用的资产，其质量是具有一定稳定性的。但同时可以看到，排名升降的大小与 2006 年排名、2005 年排名都无显著性关系，说明公司原来的固定资产质量的好坏，对其质量波动的大小没有明显影响。

选出排名升降变化最大的两家公司，即上升最大的山推股份（股票代码 000680）和下降最大的长力股份（股票代码 600507）进行具体分析。两公司 2005 年、2006 年两年的排名和财务指标见表 3.13。山推股份的固定资产毛利率和固定资产产能利用率大幅上升，经营性资产收益率由负转正；长力股份的经营性资产收益率虽然也有所改善，但固定资产毛利率和产能利用率下降较多。

---

① 因其中有几家公司在 2006 年变为了 ST 公司，因此两年中的公司名称会稍有差异。

② 因要比较排名升降情况，所以只选取了 2005 年、2006 年样本都包括的公司，共 163 家。

表 3.13 排名及财务指标对比

年度	排名	股票代码	股票简称	固定资产保值率	固定资产毛利率	产能利用率	经营资产收益率
2005	128	000680	山推股份	1.000	2.598	1.033	-0.041
2006	45	000680	山推股份	1.000	29.658	1.765	0.124
2005	37	600507	G 长力	0.999	0.336	3.460	0.037
2006	127	600507	长力股份	1.000	0.132	2.065	0.070

山推股份公司的主营业务为以推土机、配件为主的工业产品和以挖掘机为主的商业产品的生产和销售。2006 年公司顺应国际市场上运输机械强劲的需求增长势头，结合自身在该领域已形成的竞争优势，适时制定走出国门的发展战略，从而带来了广阔的市场拓展和利润上升空间。同时在年内对部分已经提足折旧并不再使用的固定资产[①]进行了清理，投资了一些新的固定资产项目。尽管固定资产原值从 67 959.5 万元增加到 89 785.5 万元，但使得固定资产的整体布局进一步与公司的行业定位与发展战略相吻合，进而大幅提高了固定资产的利用效率和盈利能力。另外，公司还坚持走自主创新的发展道路，注重树立自身的品牌形象，从而大大提高了固定资产与其他资产组合的协同性，最终导致固定资产的整体质量得以大幅提升。

而相比之下，尽管长力股份 2006 年新增固定资产净额 22 515 万元，极大地改善了公司未来从事经营活动的技术装备水平，使公司长远发展的后劲得以显著提升，但由于其中汽车板簧生产线技术建设项目 3 169.12 万元，汽车扭杆、稳定杆生产线技术改造项目 8 397.07 万元投资没有达到预计进度，没有产生预计的经济效益，所以导致当年固定资产毛利率和产能利用率大幅下降。当然这种固定资产质量的下降对公司整体质量的长期影响还要进一步通过考察其与公司发展战略的吻合程度，并在此基础上被充分利用的程度、与其他资产相互组合的增值程度等一系列因素而最终作出判断。

3. 结论及局限性

本书在资产质量特征的基础上，构建出固定资产的质量评价体系，提出若干评价指标，并根据主成分分析对各指标赋予科学的权重，得出了 2005 年和 2006 年机械、设备、仪表制造业上市公司固定资产质量的相对排名，最后对排名变化最大的两家公司进行深入分析，从而验证了本书提出的固定资产质量评价体系

① 本书固定资产毛利率和利用率计算都使用固定资产原值平均值，所以已提足折旧的固定资产清理对指标也有影响。

对公司固定资产质量的解释能力。

鉴于对固定资产质量的分析评价在很多方面不能量化,且许多信息从上市公司的年报中无法取得,本书提出的质量评价体系尚存在诸多地方有待进一步完善:

(1) 固定资产通常被认为有较高的专用性,所以固定资产的保值性应结合特定固定资产的技术状况、市场状况和使用目的等因素综合加以确定;

(2) 对于资产质量,要在全面分析各项具体资产质量的基础上,进一步结合公司的经营战略、所处的行业背景、生命周期等因素,从相对整体和宏观的角度进行分析评价;

(3) 固定资产作为公司的一项资本性支出,会在较长的期间内持续发挥其经济效用,因此对固定资产质量的判断应强调其持久性和趋势性,尤其要考察当年的变化对以后年度可能产生的长远影响。

3.4.5 投资性资产的质量评价方法

1. 投资性资产整体质量的评价方法

投资性资产是指资产总额中能够为公司带来投资收益的那部分资产。在新会计准则条件下,资产负债表中的各项投资性资产分项目单独列示,包括交易性金融资产、可供出售金融资产、持有至到期投资以及长期股权投资等项目。投资性资产质量主要通过增值性和获现性来进行分析与评价,应重点关注公允价值计量模式对其质量造成的影响。其中主要涉及的财务指标有投资性资产报酬率和投资性资产获现率,计算公式为:

$$投资性资产报酬率 = 广义投资收益 / 投资性资产平均余额$$

其中,

$$广义投资收益 = 投资收益 - 投资性资产减值损失 + 金融资产的公允价值变动损益$$

$$投资性资产获现率 = 取得投资收益收到的现金 / 投资性资产平均余额$$

除了一般性地比较公司年度间、公司间的投资性资产增值能力以外,还应注意的是:对于投资性资产而言,由于涉及交易性金融资产和非流动资产中的诸多形态的投资性资产,不同形态的投资性资产产生的投资收益在确认和计量方法上存在着较大差异,如金融资产处置收益,长期股权投资转让收益,成本法、权益法确认的投资收益以及利息收益等。因此,应特别关注不同投资性资产在利润确认方面所存在的差异。

2. 长期股权投资的质量评价方法

长期股权投资是公司持有的对其子公司、合营公司及联营公司的权益性投资及公司持有的对被投资单位不具有控制、共同控制或重大影响,并且在活跃市场中没有报价、公允价值不能可靠计量的权益性投资。在分析公司的长期股权投资项目时,应重点从其盈利性和保值性角度进行分析。

(1) 盈利性评价

长期股权投资项目的盈利性呈现出较大的波动性,具体要依据其投资方向、年内所发生的重大变化、投资所运用的资产种类、投资收益确认方法等诸多因素来确定。

① 长期股权投资方向对盈利性的影响

在考察长期股权投资方向时,应该主要考察的是投资方的投资方向或者构成与其核心竞争力之间的关系。

在投资方属于在某个行业有核心竞争能力的条件下,其对外投资如果与其自身的核心竞争能力相一致,则在投资的管理上,除了对被投资方有财务贡献以外,投资方会在技术、管理、市场等方面对被投资方进行实质性贡献。在业绩方面,投资方由于与被投资方所处行业极有可能一致,因此,双方的业绩会经常呈现出同方向变化;反之,如果其对外投资与其自身的核心竞争能力不相一致,则可能是投资方为实现其行业的多元化战略而进行的努力。此时,投资方和被投资方在某些时期的业绩上极有可能出现互补的态势。

② 长期股权投资年度内的重大变化对盈利性的影响

长期股权投资年度内的重大变化,不外乎以下几种情况:第一,收回或者转让某些长期股权投资而导致长期股权投资减少;第二,增加新的长期股权投资而导致长期股权投资增加;第三,因权益法确认投资收益而导致长期股权投资增加。

在第一种情况下,收回或者转让某些长期股权投资而导致长期股权投资减少,或者是公司试图优化自身的投资结构而进行的投资结构调整,或者是公司为了变现而进行的股权投资的出售活动,还有可能是按照某些约定而收回投资;在第二种情况下,增加新的长期股权投资而导致长期股权投资增加,或者是公司继续其对外扩张的态势而进行的扩张努力,或者是为了实现业绩的增长而进行的投资组合调整,也有可能是为了利用表内表外的非货币资源而进行的资产重组活动;在第三种情况下,因权益法确认投资收益而导致长期股权投资增加,一般应该认为这种增加是一种“泡沫”资产的增加,对公司难以产生实质性正面贡献。

③ 长期股权投资所运用资产种类对盈利性的影响

概括来说，就长期股权投资所运用的资产种类而言，公司既可以以货币资金对外投资，也可以以表内的非货币资源对外投资，还可以以表外的无形资产对外投资。

在公司以货币资金对外投资的情况下，由于货币资金具有投资方向不受限制的特点，公司因此而形成的对外投资在方向上应该具有选择性强的特点，因而此类投资可以对投资方向的多元化形成直接贡献；在公司以表内的非货币资源对外投资的情况下，公司有可能是在实施资产重组战略，但其投资方向受原有资产结构和质量影响较大，在投资结构上可能与公司的原有经营活动联系较为紧密；在公司以表外的无形资产对外投资的情况下，这种投资的安排应该被认为是公司表外资源价值实现的一种方式。

④ 长期股权投资收益确认方法对盈利性的影响

长期股权投资收益的确认，因其具有一定的特殊性而对公司长期股权投资的盈利性分析有重要影响。

在成本法下，公司的“长期股权投资”项目通常仅反映投资的初始作价（历史成本）。追加或收回投资应当调整长期股权投资的成本。在投资发生重大持久性不可逆转的贬值时，才对“长期股权投资”项目作减值处理，并确认投资损失。当收到被投资单位分发的股利（或被投资单位宣布发放现金股利）时，在会计上确认投资收益。投资公司确认投资收益，仅限于被投资单位接受投资后产生的累积净利润的分配额，所获得的利润或现金股利超过上述数额的部分作为初始投资成本的收回。也就是说，成本法下的投资收益确认与货币资金的流入有直接关系，即成本法下的投资收益不会带来利润（投资收益）和长期投资的“泡沫”[①]成分。

在权益法下，被投资方被投资以后有利润时，不论被投资方是否分配现金股利，投资方均按照被投资方的新增净利润的持股份额确认投资收益，同时确认长期投资性资产金额的增加。在被投资方分配现金股利时，则相应冲减长期投资的金额。但是，从整体来看，被投资方不可能将其实现的净利润全部作为现金股利分配掉。因此，权益法确认投资收益会不可避免地出现投资收益和长期股权投资的“泡沫”成分。“泡沫”成分的大小，取决于被投资方分派现金股利的

① 这里的“泡沫”是指不能用于支付或者分配的资产和利润。

程度。

⑤ 投资收益确认方法选择偏好对盈利性的影响

在实践中我们看到，在很多情况下，公司在应该采用权益法进行长期股权投资核算、确认投资收益的条件下却采用成本法，或者暂时中断运用权益法、改用成本法进行长期股权投资。此时必须注意的是，公司不用权益法的主要出发点并不是不希望使公司的资产和利润出现“泡沫”成分，而是不希望自己的利润受到被投资者不良业绩的影响。

从个别会计报表来看，新准则对子公司的投资由原来的权益法改按成本法核算，在子公司取得盈利的情况下，母公司的资产和权益与原来采用权益法的情况相比会有所减少，但在一定程度上会减少母公司的利润操纵空间，使得母公司的经营业绩变得更加真实。

（2）保值性评价

对长期股权投资而言，在被投资公司为有限责任公司的情况下，投资方的股权投资一般不能从被投资方撤出。投资方如果期望将手中持有的股权投资变现，就只能转让其股权。而转让投资不仅取决于转出方的意志，还取决于转入方（购买转出方股权投资的公司）的意愿与双方的讨价还价。这就是说，公司的长期股权投资，要么不能收回，要么以不确定的价格转让。这就使得投资方在股权转让中的损益难以预料。因此，该项目的账面金额与其可回收的金额之间有可能出现很大程度的差距，这使得长期股权投资的保值性也有可能会出现较大幅度的波动。值得注意的是，新准则在对该项目的会计处理上充分体现了谨慎性原则，公司今后无法再通过转回资产减值准备来操纵利润，从而至少在这方面使得利润操纵空间变得越来越小，在一定程度上保证了财务报告变得更加真实。

本章小结

基于增长性的公司财务状况质量评价，是预测公司未来财务状况发展趋势的重要依据。本章在对增长概念加以界定的基础上，从增长的经济意义入手，以可持续增长模型为理论依据，以“有质量的适度增长观”为核心，从增长速度和增长的有效性（资产质量）两个角度构建出财务状况的增长性质量评价指标体系。在资产质量评价方面，本章从理论上对资产质量的概念加以界定，对资产质量特征进行分层次构建，并以此为基础，全面构建出公司资产整体质量和个体质量的评价指标体系，同时以我国部分上市公司的财务数据为样本，采用案例分析和实证研究相结合的方法，在一定程度上验证了该指标体系对公司资产质量评价的有效性。

第4章　基于盈利性的财务状况质量评价

基于盈利性的公司财务状况质量评价，应该从盈利数量和盈利质量两个维度加以展开。盈利数量，即所谓的盈利水平或规模，是公司收入规模扩张的财务结果，是显性的盈利因素，它是公司增长的内部源泉和动力；而盈利质量则隐藏于盈利数量之中，是公司盈利水平的内在揭示，是隐性的盈利因素，它是公司"有质量的适度增长"的前提条件。由于盈利水平（如净利润）是绝对值指标，无法单独评价其高低，在公司之间也缺乏可比性。因此，本书将其与相应资产规模进行比较，作为资产盈利性质量的评价标准，而本章只侧重评价公司的盈利质量。

4.1　盈利质量的概念界定

2002年美国会计学会（AAA）举办了一次以"盈余质量①"为主题的研讨会，《会计评论》（Accounting Review）于2002年年末发行了一期关于盈余质量研究主题的增刊，盈余质量由此成为会计学术界的一个研究热点。然而时至今日，盈余质量这一概念尽管已经被广泛使用，但会计学术界和实务界对其理解却不尽相同，因而从各自定义出发所构建的衡量方法和体系也就略有差异。

4.1.1　有关盈利质量概念的主要观点

国内外学术界主要是从以下几个角度对盈利质量的概念加以界定：

1. 从会计信息的质量特征角度加以界定

美国财务会计准则委员会（FASB）在财务会计概念公告（SFAC）第2号中指

① 国内文献中对"盈利质量"概念名称的使用并不一致，同时还存在盈余质量、收益质量、利润质量等类似概念，而在西方文献中这些概念大都使用 Earnings Quality 一词，因此本书对这些概念不加以严格区分，主要采用"盈利质量"这一概念。而在文献引用时则保持了原文的用法，致使书中出现了这些概念混用的情况。

出，会计信息的总体质量特征是决策有用性，而首要特征是相关性和可靠性。其中，信息的相关性包括的要素特征有预测价值、反馈价值和及时性；信息的可靠性包括的要素特征有可验证性、忠实表述和中立性。

Velury(1999)基于上述六大特征，设计了一套度量盈余质量的指标，用Lev & Thiagarajan(1993)所提出的方法计量盈余的预测价值，用股价的变动率与盈余变动率的比值衡量反馈价值，用盈余披露日与年末的时间差异衡量及时性，用审计师意见衡量可验证性，用现金流量的变动率与盈余变动率的比值衡量忠实表述，用盈余管理程度(操纵性应计项目)度量中立性。此外，Leopold A. Bernstein & John J. Wild(1997)认为，盈余质量是指收益和公司业绩之间的相关性。

2. 从现金获取角度加以界定

从这一角度对盈余质量加以界定的学者认为，现金流是未经操纵的高质量的盈余组成部分。Sloan(1996)认为盈余质量的一种关键测度是净利润与经营现金流量之间的差异。Green(1999)把盈余质量定义为盈利能力与产生现金流量能力的关联程度，从盈余与现金流量协同性的角度来评价收益质量。Harris et al. (2000)提出，现金流支持能力最强的盈余其质量最高。根据这一定义，Harris et al. (2000)、Penman(2001)等给出了盈余质量的计量方法，即经营活动产生的现金流量净额与净利润的比值。Mikhail, Walther & Willis(2003)认为，盈余质量反映公司过去的盈余与未来现金流量的关联程度。美国会计学会(AAA,2002)认为，盈余质量是随着时间流逝，由应计制所确认的收益数额与公司流入的现金数额的吻合程度，简单地说，就是会计盈余转化为现金流入能力的高低水平。国内学者储一昀、王安武(2000)认为，盈余质量反映以应计制为基础的盈利是否与现金的流入相伴随，具体表现为以应计制为基础与以现金制为基础计算的有关盈利指标数值的差异程度。秦志敏(2003)认为，甄别盈利质量从财务分析角度讲，基本思路应该是：用记账制度即权责发生制和收付实现制考察盈利指标，如利润和净现金流量进行对比、净利润和经营活动净现金流量进行对比，对二者差异较大的状况作深入分析。

3. 从盈余持续性角度加以界定

盈余持续性是指本期盈余发生额构成长期盈余系列的程度(Lipe,1990)，即盈余在未来各会计期间重复发生的可能性。会计盈余的持续性成为盈余质量的一个关键性指标的理论依据是决策有用观。Lev & Thiagarajan(1993)认为，盈余质量与盈余持续性呈显著的正相关关系。Potter & Rayburn(1993)用盈利持续性和预测价值作为盈利质量的代理变量进行研究。Penman & Zhang(2002)认为，公司披露的非正常项目前的盈余如果能较好地表明未来盈余水平,则该盈余是高质量的。Aloke Ghosh et al.(2005)指出,收益增长、收入增长和收益质量之间存在着一定的关系,收益质量表现在收益的持续性上,收入的增长和收益的增长之间按照系数关系协同增长,就认为盈余质量较高,这也是从盈余的持续性角度来评价盈余质量。余怒涛等(2008)以盈余的持续性作为衡量盈余质量的标准,以沪深两市A股上市公司为研究对象,验证了审计意见和年报披露及时性与盈余质量之间存在显著的正相关关系。此外,国内外大量的实证研究表明,盈利的不同组成部分具有不同的持续性,因而对盈利结构的深入研究将有助于分析盈利的持续性,并进而有助于判断盈利质量。

4. *从资本市场角度加以界定*

所谓从资本市场角度对盈余质量加以界定,就是从盈余为资本市场带来的新增信息作用角度来研究盈余质量。Ball 和 Brown(1968)最早研究证实了会计盈余具有信息含量,提出了盈余反应系数(Earnings Response Coefficient,简称ERC)概念,用来衡量公司股票的超额回报对会计收益中未预期部分的反应程度。研究表明,ERC越高,股价对盈余信息反应得越充分,即盈余质量越高。在此之后,学术领域出现了一系列关于盈余信息含量的实证文献。人们的研究逐渐开始使用盈余回归关系模型,在考察盈余质量时,一般关注于统计模型的整体拟合优度和盈余变量对应的回归系数。按照Lev的统计,在1980年至1988年间,美国会计界用ERC模型研究会计盈余与股票收益的文献不下20篇。研究结果表明,盈余只能解释股票超额收益率中的一小部分。即使模型中包含了各种财务比率和风险因子,对股票收益率的解释也只能解释其中的1/3。可见,从资本市场来讲,盈余信息肯定具有决策相关性,但其显著性可能受到其他信息途径的影响。Holthausen & Verrechia(1988)提出,误差项目的偏差程度决定了,至少是部分决定了信息的潜在有用性。也就是说,噪音程度越高意味着信息的精确度越低。因而他们将盈余质量定义为盈余信息中存在的噪音程度。Collins & Salatka(1993)试图通过分析信息公布时的市场反应来估计盈余信息中所含有的噪音程度,进而度量盈余质量。但总体来说,基于市场角度评价盈余质量往往会受到市场效率的限制,从而受到各种批评(Lee & Cao,2002)。

国内关于会计信息含量的研究近几年才出现。赵宇龙(1998)研究发现,非正常报酬率的符号与未预期收益的符号之间存在统计意义的显著相关,证实了会计盈余具有信息含量的假设。陈晓、陈小悦和刘钊(1999)运用事件研究方法从非正常报酬率和成交量两方面验证了会计收益与股票价格的相关性。程小可、李玲玲(2003)研究发现,非线性盈余—回报模型比线性盈余—回报模型具有更好的拟合优度。柳木华(2005)的研究结果表明,市场反应与基于财务报告基本信号的盈余质量计量正相关,即盈余质量高的样本组的盈余反应系数比盈余质量低的样本组的盈余反应系数大,并且盈余质量对未来一年盈余变化具有显著预测力。

4.1.2 本书对盈利质量的概念界定

纵观上述盈余质量的诸多定义,各自的侧重点有所不同。第一类观点源于FASB概念框架的基本内涵,强调会计盈余作为一种非常重要的会计信息,应具有最为基本的质量特征。第二类观点认为能够带来现金流量的盈余才是高质量的盈余,即所获得的净利润要有足够的现金保证。它实质上汇总了所有会计选择对盈余所造成的影响,是从如实表述角度对盈余质量进行的度量。第三类观点认为盈余质量的高低取决于当期盈余对未来盈余的预测能力。其逻辑是经常性业务带来的盈余具有持续性并对未来盈余有较强的预测价值,而偶发交易和事项带来的盈余则不具有持续性,对公司未来收益也无预测价值。因而它是从预测价值角度对盈余质量进行的度量。[①] 第四类观点认为虽然公司的经济活动和会计处理方法决定了盈余的实际质量,但其最终需要从外在资本市场上得到反映。因而它是从反馈价值角度对盈余质量进行度量。由此可见,对盈余质量内涵的界定是一个由内及外的过程,只有认识到会计盈余质量的多重性进而综合起来加以考虑,才能对盈余质量作出客观全面的评价。

Schipper et al. (2003)在归纳前人研究的基础上对盈余质量的内涵作出了较为全面的界定:第一,盈余质量与盈余的持续性、预测能力和可变性等反映盈余的时间序列特性的指标有关,具体地说,高质量的盈余是可持续的,对未来盈余具有较强的预测能力,在一定环境下盈余是相对稳定的;第二,盈余质量与收入、应计项目以及现金流量之间的相互关系有关;第三,盈余质量是在美国财务会计准则委员会(FASB)的概念性架构下定义的定性概念,该概念性架构用相关性、可靠性和可比性(一致性)等指标衡量财务报告质量,从某种程度上来说,高质量的财务报告意味着财务报告的数字具有相关性、可靠性和可比性;第四,盈余质量与决策者或报表编制人员及审计师有关,决策者出于各式各样的目的进

---

① FASB在SFAC No. 2中将预测价值定义为信息能够提升使用者正确预测过去或现在事项结果的可能性。

行的盈余操纵行为会降低盈余质量。

从公司财务状况的盈利性质量分析角度出发，本书在对盈利质量的内涵加以界定时，为简化起见，并不单独考虑盈余管理、利润操纵等因素，而是假设审计报告已鉴证公司盈利具有可靠性、真实性、及时性等一系列基本质量特征。在此基础上，主要采用我国学者周晓苏(2004)的观点：从一个会计期间看，盈利质量表现为账面会计利润(或盈利)的变现能力；从长远观点看，盈利质量则表现为各期盈利持续发展的稳定程度。因此，本书对公司盈利质量进行评价主要从以下两个方面着手：(1) 评价盈利后果质量——含金量，即由应计制确认的盈利数额与公司流入的现金数额应该尽量吻合，也就是盈利应有相应的现金净流量作为保障；(2) 评价盈利持续性，即从盈利质量决策有用的实质来看，盈利与公司价值之间应该相关，市场能够利用当期盈利对公司未来盈利作出预测，投资者可以据此作出较为正确的决策。这就要求盈利应具有良好的结构，进而才有可能保证盈利具有一定的持续性。

4.2 盈利后果质量评价

根据对盈利质量内涵的界定，现金流量在盈利质量研究中是一项非常重要的因素，它不仅能起到基础变量[①]的作用，而且它的历史滞后值还能起到解释变量的作用(程小可，2006)。由于公认会计原则与实际经济环境之间的滞后性与冲突，公司若仅向市场披露基于权责发生制的盈利性指标与资产负债项目，已经远不能满足日益精明的投资者甄别公司真正业绩的需要。因此，基于收付实现制的现金流量表在这种历史趋势下代替传统的营运资金状况变动表成为一种必然的趋势。在广泛研究和讨论之后，美国财务会计准则委员会 1987 年以第 97 号财务会计准则公告的形式发布了现金流量表会计准则，此后，各国陆续发布了相关的准则。这一变动，打破了在盈利质量研究中基于盈利数据的研究主题一统天下的格局，基于现金流量的盈利质量分析与评价框架也日渐兴盛起来。

① 大量采用以股价为基础的盈利质量研究的前提假定都是股价可以作为未来现金流量的良好替代变量，因此，现金流量是盈利质量研究的基础。

一方面,出现了许多以现金流为基础设计出的财务指标,这些指标被纳入原有的财务指标分析体系,用以度量公司的盈利质量。如用以考察主营业务盈利质量的销售现金比率,考察公司利润变现程度的营运指数,以及考察每股盈利质量的每股经营现金净流量等。另一方面, Bowen et al. (1986)对比了应计制下的盈余与现金流的不同计量形式之间所提供信息质量的关系,研究发现盈余与现金流的不同计量形式之间的相关性是很低的。Finger(1994)的研究发现,历史现金流数据比盈余数据能够更好地预测公司未来现金流。这些结论都推翻了FASB的断言:盈余数据比现金流数据更好地提供了未来现金流的预测。由此可见,盈余数据只有与现金流数据相结合才能有助于投资者更好地评估公司业绩。鉴于此,本书通过考察公司盈利的现金获取状况来评价盈利后果质量。

4.2.1 关于现金流量信息含量的研究综述

现金流量表的诞生不仅为资本市场提供了新的会计信息类型,同时也拓宽了实证会计研究的领域。理论界关于现金流量信息与会计盈余信息究竟何者更为重要的争论由来已久,但迄今为止似乎并无定论。

1. 国外研究综述

在研究会计盈余与现金流量的信息含量方面,Beaver & Dukes(1972)将净利润加折旧、折耗作为现金流量的替代值,结果证明与未预期现金流量相比,未预期盈余与非正常报酬率具有较高相关性。然而,Beaver, Griffin & Landsman (1982)采用横截面数据和时间序列结合的综合回归分析方法,发现现金流量可以在会计盈余的基础上提高对股价的解释力。Judy Rayburn(1986)的研究结论是:对于非正常报酬,营运现金流量及合计应计项目都具有信息含量。Wilson (1986)的研究得出如下结论:对于某一给定盈余数据,现金流越大,市场反应越大。Ohlson & Shroff(1992)认为:当盈余估价结论被限制在暂时性项目时,经营现金流量的披露就会作为一个额外的估价信号而发挥相当大的作用。Stuart Mcleay et al. (1997)提供了现金流中增量信息内容的更多证据,并认为大多数公司应将重点放在对过去现金流量的指数加权平均预测上,而不是对当前值的观察。

为验证现金流量是否比会计盈余具有更高的信息含量,会计界开始转向对盈余中应计项目和现金流的构成比例进行分析,研究比例构成不同是否对会计盈余的质量造成影响。Bernard & Stober(1989)的研究发现,股票价格并未系统地反映利润中应计项目与现金流的构成比例所包含的信息,因此这二者所包含的关于股票收益的信息无系统上的差别。而 Sloan(1996)的研究则表明,虽然当期股价有“功能锁定”于当期利润数值的现象,市场无法完全区分利润中的应计项目与现金流量部分的不同信息,但在下一期财务报表公告时,过去应计项目高的公司产生负的异常报酬,应计项目与现金流所包含的有关股票收益的信息有系统上的差别。总的说来,大多数研究认为,会计盈余中现金流量比应计项目具有更高的信息含量。因此,一些学者建议应考察盈余中应计项目与现金流的构成比例,以判定盈余数字的品质。如 Bernstein(1993)主张以经营性现金流/利润所计算的比率来判断盈余数字的品质,该比率越高表示盈余品质越高。

2. 国内研究综述

由于我国资本市场发展时间较短,公司样本数量、时间长度等都很难满足研究需求,且缺乏会计、资本市场等相关方面的理论支持,因此国内关于资本市场会计盈余和现金流量信息含量的文章也相对较少。

赵宇龙(1998)借鉴 Ball & Brown(1968)的研究方法,证实了我国会计准则下的盈余具有价值相关性。陈建煌(2000)的研究发现:当期经营活动现金流量与未来营业利润的相关性高于当期应计营业利润;现金流量在会计盈余中所占的比重越大,其未来的超额投资收益率越高;与未预期应计利润相比,未预期现金流量与未来的超额投资收益率更具有相关性。吴世农、李常青和陈碧华(2001)采用横截面回归的方法分析会计盈余和现金流量在其信息公布前后的市场反应,并且探讨现金流量是否在会计盈余信息的基础上提供增量信息。研究结果表明:在年度财务报表公布之前,市场对每股收益反映显著;在年度报表公布之后,市场对每股经营性现金流量反映显著;在年度财务报表公布之后,市场对每股经营性现金流量与每股收益的差异反映显著,但对每股经营性现金流量与每股收益之比反映不显著。刘旻(2001)的研究认为,我国的会计盈余和现金流量都具有价值相关性,并且互相具有增量的价值相关性,也是第一次提出了经营性的现金净流量有信息含量。王化成、程小可、刘雪辉(2003)基于扩展后的 DKW 模型,设计出检验历史现金流量预测价值模型,实证结果表明:现金流量信息为中国股市传递了有用的增量信息,即就公司未来现金流预测而言,披露现金流信息相对于投资者而言,具有决策相关性。

然而,陆静、孟卫东和廖刚(2002)采用皮尔逊相关系数和扩展的 Feltham-Ohlson 股票计价模型比较了会计盈余和现金流量对股票价格的影响程度,研究表明,每股收益比现金流量能更精确地解释股票价格;与国外成熟资本市场相比,我国上市公司的现金流量在股票定价中基本上不具备信息含量,特别是经营现金流量,竟然与股价呈相反趋势变化;此外,还发现了我国资本市场存在功能锁定的证据,投资者对上市公司价值的评估往往局限于每股收益,忽视了现金流量等其他财务指标。赵春光(2004)认为我国的现金流量具有价值相关性,但是低于会计盈余的价值相关性;而从长远来看,在2001年之后经营活动现金流量相对于会计盈余而言具有增量的价值相关性,所以,有继续披露现金流量表的必要性。万宇洵、陈波和胡巍(2007)从盈余等于经营现金流量与应计利润之和这一新的视角切入,通过建立股票报酬与应计利润和现金流量的回归方程,利用应计利润回归系数的显著性对会计盈余与现金流量的价值相关性作比较,结果也表明会计盈余的价值相关性要大于现金流量的价值相关性。而张国清(2007)以上市A股公司实际披露的现金流量表为基础获得的经验证据表明,与单独提供会计盈余数字相比,提供现金流量数据能够改进经营活动现金流量的预测;并且我国的现金流量表准则规定同时使用直接法和间接法,这有利于提高利用历史财务数字预测未来经营活动现金流量的能力。该结论与FASB关于会计盈余与现金流量关系的阐述相违背,但却证明我国现金流量表确实有助于预测公司未来现金流量。

整体来看,尽管国内外学者在会计盈余和现金流量的价值相关性问题上尚无定论,但从他们的研究中至少可以得出如下一些基本结论:会计盈余具有信息含量,且会计盈余对证券投资者来说是有用的;现金流量表确实具有增额信息的内涵,其中营业活动及理财活动的现金流量与会计利润具有一定的关联性;现金流量可以在会计盈余的基础上提高对股价变动的解释力;会计盈余的现金流量成分和应计制部分的信息含量不同;现金流量与会计利润之间在财务分析过程中具有相互的支撑作用,利用现金流量的信息可以对会计利润信息起到修正作用;我国上市公司的现金流量与会计利润具有相关性,而且随着会计准则和制度的不断健全,这种相关性在不断加强。但以往的研究成果绝大多数都是对现金流量信息的价值相关性进行验证,尚未系统地阐述如何利用现金流量信息对公司的财务状况作出分析与判断。很显然,后者对于信息使用者的投资决策来说意义更为重大。

4.2.2 会计盈余与现金流量的差异透视

1. 现金流量与会计盈余之间差异的根源

现实的公司作为盈利主体,获利无疑成为其核心目标。但是,许多公司尽管账面上表现出丰厚的盈余,却因无力支付和清偿到期债务而陷入财务困境。相反，有些公司则可能账面盈余表现并不突出，但因其现金流量状况良好，支付能力强，从而获得投资者、债权人的青睐得以发展壮大。而导致两者出现差异的根源在于会计盈余与现金流量所采用的计量标准存在差异。

作为评价公司经营业绩、衡量公司财富增长的一项指标，会计盈余是遵循权责发生制的会计原则，按照一定的会计程序与方法，将公司在一定期间所实现的营业收入及其他收入减去为实现这些收入所发生的成本与费用而得出的。在公司销售商品或提供劳务完全是以现金形式进行交易，且不存在任何资产折旧以及费用摊销的情况下，会计盈余与现金流量是完全相同的，收入的增加引起现金的流入，费用的增加造成现金的流出，这也就体现出会计盈余与现金流量的一致性。然而，上述前提条件只是一种理想的假设，在公司现实经营活动中无法实现，公司会计盈余与现金流量的差异是客观存在的。差异的形成源自多方面因素的影响，例如固定资产折旧、无形资产摊销、资产减值准备、信用政策引起的应收与应付、付现性资本性支出与收益性支出的差异、权益法核算的投资收益，以及预提与待摊费用等等。但究其根本原因，主要来自于会计盈余与现金流量的确认与计量基础的差别，即会计盈余的计算是以权责发生制为基础，而现金流量的计算则是以收付实现制为基础。由于这种差别的存在，在商业信用广泛采用以及固定资产普遍存在的情况下，公司收入的增加并不必然引起现金的流入，同样，费用的增加也并不一定等于现金的流出。

由于商业信用的采用，导致了公司应计项目的产生，在权责发生制下，都计入当期，从而计算出收入、费用和会计盈余。而在收付实现制下，实际收付之前，这些应计项目并未引起实际的现金流入与流出，对公司当期现金流量并未产生任何实质性的影响。同样，公司以现金形式购进资产时，引起了现金流出的增加，但是资产折旧与费用摊销并不引起现金的流出，而当公司采用一定会计政策与方法计提折旧与摊销费用时，却减少了公司的会计盈余。可见，基于确认与计量基础的差别，诸如此类的应计项目就造成了会计盈余与现金流量之间差异的产生。

由以上分析可知，同样作为衡量公司财富增长状况的一项指标，由于确认与计量基础的差别，会计盈余与现金流量既存在着一致性，又存在着差异性。在会计盈余的计算过程中，会计方法选择的差异以及会计估计的应用，也会对其产生不同的影响。例如，对于固定资产折旧的计提，就折旧方法来说，涉及采用直线折旧法还是加速折旧法，而会计估计则涉及折旧年限长短以及预计净残值大小的问题，这种会计方法选择以及会计估计的差异，将会影响公司各期计入折旧费用的金额大小,进而影响公司各期的会计盈余。由此可见,会计盈余仅仅是一个账面数据,易受人为会计政策、会计估计、盈余管理等因素的干扰与操纵。而现金流量则表现为公司实实在在的现金流入与流出,是公司现金流量的真实反映,从而体现出相当的客观性。

2. 经营活动现金流量驱动因素的解析

所谓现金流量驱动因素,是指促使或引起公司现金流转的关键要素,这些要素也是引起会计盈余与现金流量之间差异大小的重要因素。

由于公司经营活动现金流转过程涉及供产销的各个环节[①],公司所处的宏观和微观经济环境都会对其产生影响,因此经营活动现金流量驱动因素可分为宏观驱动因素和微观驱动因素。宏观驱动因素是指公司无法直接控制,但会对公司经营活动现金流量产生影响的外部宏观因素,包括公司所在国家甚至世界范围内的经济周期、通货膨胀状况以及国家的财政税收政策、产业扶持政策等。而微观驱动因素则是指从公司层面对经营活动产生影响的各项因素,包括公司所在行业的行业特点、公司类型、战略方式的选择及所处的生命周期阶段等。而这些宏观和微观驱动因素又会通过公司的各生产经营环节,最终体现为若干具体的公司内部现金流量驱动因素,进而对公司的经营活动现金流量产生不同程度的影响。Mary E. Barth et al.(2001)针对 Dechow et al.(1998)的现金流量预测模型分析得出结论,通过分别考察各应计项目变化来预计未来现金流量能够比利润取得更好的预测效果;通过将应计项目分解为应收账款、应付账款、折旧和存货等项目可在很大程度上提高现金流量的预测能力。因而对公司内部现金流量驱动因素,也可以从销售收现、采购付现、固定资产投资规模以及存货周转率等几个方面来加以解析。

(1) 销售收现的决定因素

公司的销售收现状况是由销售收入及应收账款的回收状况决定的,而应收账款的回收状况又是由公司的信用政策及收账政策决定的。这些因素便成为经营活动现金流入的驱动因素。

对于相当多的公司而言,营销其自身的产品或劳务,不外乎采用预收款(如广告业)、赊销和现销等方式,债权规模与公司经营方式和所处行业有直接联系。例如,处于商业行业的零售公司,相当一部分业务是现金销售业务,因而其

---

① 本书主要以制造业公司为对象进行论述,如果是流通业公司,则其经营活动现金流转主要围绕着公司的供销等环节加以展开。

商业债权较少,一定时期的现金流入量与当期所确认的收入基本相当;而相当一部分制造业公司则往往采用赊销方式,从而形成一定规模的商业债权。现金流入量与当期所确认的收入之间的差异大小,便取决于公司所采取的信用政策与收账政策。公司的信用政策对其商业债权规模有着直接的影响:放宽信用政策,将会刺激销售,增加销售收入和市场占有率,但同时扩大了债权规模;紧缩信用政策,则会相应制约销售,降低销售收入和市场占有率,但同时也缩小了债权规模。通常,公司应收账款规模越大,其发生坏账(不可回收的债权)的可能性也越大,这样可以进一步断定,公司在放宽信用政策达到一定程度之后,销售规模的进一步扩大并不一定能最终带来公司现金流入的增加,由此便会扩大现金流入与收入之间的差异。因此,合理确定信用政策,在刺激销售和减少坏账间寻找最佳状态,是公司营销策略中必须解决的问题。

(2)采购付现的决定因素

从公司的管理实践来看,行业惯例会在很大程度上影响公司在采购过程中的现金支付安排。而同行业中,在采购环节有议价能力的公司预付账款水平会相对较低,应付账款和应付票据水平则相对较高,这样便会在一定程度上降低公司的现金支付压力,部分地抵消赊销对公司现金流入造成的影响。但反过来说,如果一家公司预付账款水平相对较低,应付账款和应付票据水平相对较高,却不一定是因为其较强的议价能力,也有可能是其资金周转不畅,存在流动性危机。因此,需要进一步判断公司所处的情况,将分析延伸到经营活动产生的现金净流量环节。如果公司经营活动产生的现金净流量足够充分,则较高的应付账款和应付票据水平就不太可能是由于流动性问题而产生的。

如果相对于同行业的平均水平,公司的预付账款水平相对较高,或者当期预付账款期末余额与期初相比巨幅增加,虽然经营活动现金流入量很充足,但经营活动现金净流量却很低甚至为负,这就有可能是公司存在大量的关联交易所致,它以预付账款的方式在向关联方提供资金。当然,预付账款规模较高,也可能是在特定的商品购销出现供不应求的市场状态下产生的。因此,对预付账款所包含的管理含义,还应该结合财务报表附注中列示的预付账款的结构和方向作进一步分析,从而判断其金额的合理性。

此外,通过将应付账款和应付票据的相对水平进行比较,还可以反映出公司所处行业的结算惯例和公司的信用状况。由于公司开具银行承兑汇票以后要在银行存有一定数量的保证金,加重了公司的财务负担,因而在同行业的不同公司之间,应付账款和应付票据的相对水平会在一定程度上反映出公司在行业内部的竞争地位和商业信誉。一般情况下,公司的行业竞争地位越强、商业信誉越好,相对于同行业其他公司来说,应付账款所占比例就会越高。

(3) 固定资产投资规模的决定因素

折旧作为一项非付现成本,其规模大小在一定程度上决定了经营现金流量与会计盈余之间差异的大小。而折旧规模又在很大程度上取决于公司固定资产的投资规模。固定资产是公司获取盈利的主要物质基础,在公司的生产经营过程中发挥着重要的作用。它有助于公司提高劳动效率、改善工作条件、扩大生产经营规模、降低生产成本,在很大程度上反映了公司的技术装备水平和竞争实力。固定资产的投资规模必须与公司整体的生产经营水平、发展战略以及所处行业特点相适应,同时也要注意与公司的流动资产规模保持一定的比例关系。如果公司置这些因素于不顾,盲目购置新设备,进而盲目扩大生产规模,就会造成资源的低效利用甚至是浪费,从而导致经营活动所带来的现金流量与所投资的固定资产规模不相匹配。也就是说,公司在承担大量折旧费用的同时并没有产生相应规模的现金流量作为报偿,这样势必会进一步影响公司整体的盈利水平和盈利质量①。

(4) 存货周转率的决定因素

存货周转率作为一个动态的内部管理指标,可以反映出一定时期存货周转的速度和利用效率。从公式上看,它是销售成本和平均存货水平的比值,销售成本决定于公司的采购成本、转换成本、其他成本以及成本的具体计算方法,而平均存货水平则是一系列运营管理的综合结果。因此存货周转率通常是衡量上市公司资产管理能力高低的一个重要指标。通过这个指标,可以反映出公司的产品从购入原材料、投入生产、销售回收等各个环节的管理状况,成为公司资产运作效率的直接体现。提高存货周转率的关键在于减少存货的存量和增大存货的流量。减少存货的存量可以有效减少资金占用和降低经营风险,改善公司的财务状况和提高抵抗风险的能力;增大存货的流量则可以有效提高公司的盈利能力,从而创造更多的价值。无论是减少存货的存量还是增大存货的流量,都会有利于公司的现金流转,进而在一定程度上缩小会计盈余与现金流量之间的差异。

---

① 如果将会计盈余分解为现金流量与应计项目之和,那么对于一定规模的折旧等应计项目来说,所带来的现金流量越大,会计盈余与现金流量之间的差异就会相对越小(指所占比例),盈利质量就会越高。

4.2.3 盈利后果质量评价指标的构建

1. 有关评价指标选取的文献回顾

从长期来看,在公司盈利真实的情况下,会计盈余与现金流量应该是一致的,因此,盈利质量高低的一个重要标准是公司盈利是否伴随现金流入。在盈利质量研究中,一个重要的方法是分析公司会计盈余与现金流量之间的关系。应计项目通常被定义为会计盈余与现金流量之间的差额,国外已有研究文献大多采用该项目作为盈余质量的测度变量。

Sloan(1996)认为会计盈余包括两部分:一部分是提供可靠并且相关的现金流量信息,另一部分则是提供相关但不可靠信息的应计项目,而应计项目部分的持续性则显然要低于现金流量部分。基于这一认识,Sloan(1996)认为应计项目可以作为表征盈余质量的变量,并发现应计项目水平与股票收益之间存在负相关关系,即应计项目水平较高的公司在股价表现上要弱于应计项目较低的公司。Thomas et al. (1999)分析了净利润和经营现金净流量之间的关系,把二者的差额作为财务欺诈的预警信号。

国内一些学者也通过比较应计制与现金制下盈利指标的差异,对我国上市公司的盈利质量进行了评价:储一昀和王安武(2000)从会计收益与经营现金流量关系的角度出发,利用应计制与现金制下的净资产收益率、销售利润率等八个财务指标的对比分析,考察了 1998 年我国上市公司的盈利状况,结果表明上市公司的盈利质量较低;耿建新等(2002)通过实证发现当公司进行盈余操纵时,其净利润与现金流的差异率会显著高于同行业平均水平,因此其差异可以作为分析盈利质量的重要信号。秦志敏(2003)探讨了现金流量提供的信息优势,提出引入现金流量指标,结合其他方法有利于更好地甄别盈利质量。李涛和刘晓彦(2008)通过对上市公司整体情况以及指数股数据的分析,发现现金利润(主要体现为经营净现金流量)与会计利润之间的相关程度从 1998 年开始持续增强,尤其从 2001 年开始出现明显增速;同时,得出如下结论:我国上市公司的现金流量与会计利润具有相关性,随着会计准则和制度的不断健全,这种相关性在不断加强。

2. 盈利后果质量评价指标的构建

本书在评价公司盈利后果质量时,借鉴前人的研究结果和研究方法,主要考察会计盈余与现金流量之间的差异,认为在现金流量大于或等于会计盈余的情况下,公司盈利的现金获取质量较高。而在现金流量小于会计盈余的情况下,两者的差异越大,公司盈利的现金获取质量就越差。由于公司盈利存在着一定的内在结构,不同类型盈利对应着公司不同类型活动产生的现金流量,因而不能混为一谈,而应就盈利的不同组成部分进一步考察各自的现金获取质量。

需要说明的是,在评价盈利的现金获取质量时,绝大多数学者均采用诸如"经营现金净流量/净利润"这样的除法公式(如 Bernstein,1993;等等),因此在分子、分母出现负值,或者公司的净利润出现负值时,该指标便会失效。而实际上,在中国现有的上市公司中,该指标分子、分母出现负值的情况十分常见,因此在实证分析中会出现这类指标显著性很差的情况。为解决这一问题,耿建新等(2002)采用了净利润现金差异率指标,计算公式为:

净利润现金差异率 =(净利润 - 调整后的经营现金净流量)/ 上年总资产

公式中分子采用净利润与现金流量的差额,分母采用上年资产总额,分子出现负值时属于正常情况,而分母基本为正值,因此指标失效的可能性就变得很小。此外,该指标还可以在一定程度上消除公司规模对盈利的现金获取质量评价所造成的影响。本书在设计盈利的现金获取质量评价指标时,在借鉴这一做法的基础上,将分母改为本年平均资产总额,理由是这样可以与净利润、现金流量等这些时期指标相呼应。

(1)公司盈利的整体后果质量(即含金量)评价

很多学者在评价盈利的含金量时,直接将经营活动现金净流量与公司的净利润进行比较,而没有考虑两类指标在计算上存在口径不一致的问题,这样会导致比较结果产生一定的偏差,甚至可能影响到评价效果。

Bodenhorn & Diran(1964)虽然提出了"现金利润"一词,但对现金利润的解释仍然为经营现金净流量的概念;虽然指出了现金流量与会计利润在计量基础等方面的不同,但并未定义现金利润的公式。李涛(2008)对现金利润概念加以严格界定并给出计算公式:

现金利润 = 经营活动产生的现金流量净额 + 分得股利或利润所收到的现金
+ 取得债券利息收入所收到的现金 - 财务费用 - 折旧(及摊销)

耿建新等(2002)考虑到会计报表中的净利润与经营现金净流量的计算口径并不一致,按照下面的公式对经营现金净流量进行了调整:

与净利润计算口径对应的现金净流量(即调整后的经营现金净流量)
= 经营现金净流量 + 取得投资收益所收到的现金净额
+ 处置固定资产、无形资产和其他长期资产而收到的现金净额

饶育蕾等(2008)在对两类盈利指标进行比较时,将经营现金净流量调整为

现金净利润指标：

现金净利润 = 经营活动净现金流 - 当期固定资产折旧
- 当期无形资产摊销 - 当期递延资产摊销
- 支付利息、筹资费用的现金 + 取得投资收益所收到的现金

诸位学者的上述调整会在一定程度上解决两类指标计算口径不一致的问题，使得比较结果更加科学合理，得出的结论更加具有说服力。

本书在前述公式基础上对"调整后的经营现金净流量"进一步加以调整，产生下列公式：

调整后的经营现金净流量（即现金利润）
= 经营现金净流量 + 取得投资收益所收到的现金净额
+ 处置固定资产、无形资产和其他长期资产而收到的现金净额
- 财务费用 - 折旧（及摊销）

（2）核心利润的后果质量（含金量）评价

张新民（2001）在评价利润质量时，将营业利润调整为同口径营业利润，再与公司经营活动现金净流量进行比较。之所以采用调整后的营业利润与经营活动现金净流量进行比较，是因为只有来自公司自身经营活动的营业利润才与经营活动现金净流量有着直接的对应关系，也只有这样才能更为科学地反映出利润质量。

同口径核心利润 = 核心利润 + 固定资产折旧 + 其他长期资产摊销额
+ 财务费用 - 所得税费用

核心利润现金获取差异率
= （经营活动现金净流量 - 同口径核心利润）/ 平均经营性资产总额

一般情况下，当该指标大于或等于 0 时，可以认为公司核心利润的现金获取质量较好；在该指标小于 0 的情况下，越接近于 0，说明两者之间的差距越小，核心利润的现金获取质量相对越好。

（3）投资收益的后果质量（含金量）评价

在年度内有投资转让的情况下，由于投资收益中所包含的金融资产处置收益和长期股权投资转让收益一般最终都会带来现金流入，因此，只需重点考察按成本法和权益法确认的投资收益以及利息收益带来现金流入量的能力即可。具体做法是将扣除金融资产处置收益和长期股权投资转让收益后的投资收益与相应的现金回款金额进行比较。相应的现金回款金额的计算公式为：

相应的现金回款金额 = 取得投资收益收到的现金

+（年末应收股利 + 年末应收利息）
-（年初应收股利 + 年初应收利息）

投资收益现金获取差异率 =（相应的现金回款金额 - 扣除处置收益后的投资收益）/平均投资性资产总额

与核心利润现金获取差异率的评价标准相似，一般情况下可简单地认为，该指标越大，公司投资收益的现金获取质量越好。

值得注意的是，由于新会计准则对子公司的投资由原来的权益法改按成本法核算，也就是说，只有在子公司分派现金股利的情况下，母公司才能将分得的现金股利确认为投资收益，这样一来母公司的"投资收益"产生现金流入量的能力会大大提升，泡沫利润与泡沫资产会在很大程度上得以消除，从而大大地改善了投资收益的含金量。

4.3 盈利结构质量与盈利持续性评价

盈利①持续性是指本期盈利发生额构成长期盈利系列的程度（Lipe，1990）。在实证研究领域，盈利持续性一向是衡量盈利质量的重要手段（Lev & Thiagarajan，1993；Penman，2001；Revsine et al.，2002；等等），它对投资者预测公司未来的盈利能力具有重要意义。而盈利的不同组成成分具有不同的持续性（Ramakrishnan & Thomas，1991），盈利构成项目比总括盈利对股票回报具有更强的解释能力，各盈利项目的未预期数在股票回报的市场反应系数上具有显著的差异（Lipe，1986）。会计实务所规范的盈利分类法增加了披露盈利的预测能力，深入细分盈利项目更加有助于改进对下一年权益报酬率（ROE）的预测水平（Fairfield，Sweeney & Yohn，1996）。因此，分析盈利结构已成为上市公司盈利质量评价与分析的重要范畴与视角之一（程小可，2004）。

鉴于财务报告所处的环境特点，我国的利润表结构基本上是遵循修正的损益满计观设计出来的。尤其是在 2006 年 2 月财政部发布了新会计准则之后，要

① 国内文献中对这一概念名称的使用并不一致，同时还存在盈余、利润、收益等类似概念，而在西方文献中这些概念大都使用 Earnings 一词。因此本书对这些概念不加以严格区分，主要采用"盈利"这一概念；而在文献回顾中，则基本上沿用了原文中的用法。

求披露的盈利项目范围拓宽了，在营业利润中加入了“公允价值变动损益”项目，并将“资产减值损失”从各项费用项目中剥离出来单独列示，而“投资收益”也被纳入营业利润范围。由于将上述“公允价值变动损益”、“资产减值损失”等未实现盈利项目直接纳入利润表的营业利润部分，归入“经常性损益”，使得各会计期间的盈利水平容易产生波动（如整体市场价格的变动而导致的公允价值变动损益），影响上市公司的盈利质量。因而充分理解新准则下“经常性损益”和“非经常性损益”的归类方式，避免对未来“经常性损益”的错误预测就显得非常重要（陆正飞，2006）。

盈利结构①质量较好的公司，应该在相当程度上依靠自身的经营活动获取收益，具有较强的核心盈利能力②，从而表明公司具有较高的行业竞争地位和竞争实力，可以更好地应对宏观经济环境和行业周期带来的冲击，为公司的未来发展奠定良好的基础。因此，对公司盈利结构质量进行评价，是信息使用者预测公司盈利持续性，进而判断盈利质量的一个关键环节。本书以我国新准则环境下的财务信息披露模式为基础，对公司的盈利结构展开深入而系统地分析，构建出一套全面评价盈利结构质量的指标体系，并检验其对公司盈利持续性的预测能力。

4.3.1 文献综述

1. 国外文献综述

关于盈余结构对盈余持续性的影响，国外学者已取得不少的成果。发达国家的资本市场比较成熟、信息有效性较强，学者们在研究盈余结构对盈余持续性影响的同时，往往还考察盈余结构与股票回报的关联性，即价值相关性。

Sloan（1996）用盈余自回归模型考察盈余持续性。他将盈余分为应计盈余和现金流量盈余，而盈余持续性取决于应计盈余和现金流量盈余的相对比例。其研究发现当期会计盈余有“功能锁定”现象，投资者无法完全区分会计盈余中应计项目与现金流量所包含的不同信息，可以通过买入低盈余高现金流量的股票、卖出高盈余低现金流量的股票来获取超额收益。Richardson（2001）等扩展了

① 本书将盈利结构定义为构成盈利的各组成要素相互之间的比例关系或在盈利总额中所占的比重。

② 所谓核心盈利能力，是指公司自身经营活动的盈利能力，主要通过公司自身经营活动的盈利空间、经营性资产的增值能力以及自身经营活动的现金获取能力等三个方面来加以体现。

Sloan(1996)的研究,他们分析了应计总额各组成因素与盈余质量的关系,发现应计总额与盈余质量的关系并不集中于某一特定因素。Xie(2001)也在Sloan的研究基础上,拆解应计利润为可操纵性应计利润与非可操纵性应计利润,将重点放在可操纵性的应计数上,结果发现可操纵性应计利润是当期盈余的三项组成项目(现金流量、非可操纵性应计利润与可操纵性应计利润)中持续性最低的。

Fairfield, Sweeney & Yohn(1996)研究了盈余分解对预测未来ROE(权益回报率)的增量信息含量。研究结果表明:会计实务所规范的盈余分类法增加了披露盈余的预测能力,深入细分盈余项目更加有助于改进对下一年ROE的预测水平。Brown & Alam (2001)在此基础上检验了总括盈余和分解的银行盈余对未来盈余的预测能力。他们将总括盈余具体分解为三项营业收支(利息收入、利息支出和贷款损失准备)、四项其他收支和税金(其他收入、其他支出、所得税费用和少数股东权益)以及特殊项目。研究发现:分解盈余比总括盈余所提供的信息更加有用,所以更应该受到关注。此外,Cheng等(1993)对营业利润、净利润和全面收益在解释证券回报的有用性——相对信息含量和增量信息含量上进行了对比研究,发现在相对信息含量方面,营业利润略优于净利润,营业利润和净利润均优于全面收益。Dhaliwal等(1999)将全面收益定义为净利润和三项其他全面收益(外币换算调整、未实现证券利得、最小养老金负债调整)之和,分别检验了全面收益、净利润和其他全面收益项目与股票回报、价格的相关性及预测未来现金流和收入的能力。研究结果发现:并没有可靠的证据证明全面收益比净利润具有更高的价值相关性及更好的预测能力。

Graham & Dodd(1934)首次提出了反映盈余持续性的两个重要概念:永久性盈余和暂时性盈余。Lipe(1986)的实证分析表明:盈余构成项目比总括盈余对股票回报具有更强的解释能力,从盈余结构角度研究盈余持续性越来越受到实证会计学者的重视。Ashiq Ali & Paul Zarowin(1992)进一步认为,盈余可能包含着一些短暂性的成分,这些成分预期在将来不会再次发生,因而只有非常微弱的价值信息,这些暂时性成分具体包括重构损失、异常项目和会计准则变更带来的收入变化等,并将此类盈余归纳为短暂性盈余;除此之外,其他盈余成分均产生于公司的正常业务利润,将其归纳为永久性盈余。Easton等(2000)对永久性盈余和暂时性盈余进行了重新定义,他们将可预期的盈余归为永久性盈余,不可预期的盈余归为暂时性盈余,并就盈余的持续性水平和会计信息滞后效应与盈余回报之间的关系作了检验。结果表明,盈余持续性水平的不同引起了盈余反应系数在不同年度及不同公司之间的差异。同时，他们还在 Collins 等（1997）的基础上将一次性盈余和损失项目归于暂时性盈余进行分析，发现一次性盈余或损失的比重较高会导致较低的盈余反应系数，证实了总括盈余将掩盖盈余结构对盈余回报的解释力。

2．国内文献综述

国内这方面的研究起步较晚，因此研究成果相对较少。赵宇龙（1998）首次发现非正常报酬率变化的方向与未预期盈余变动的方向显著正相关，找到了会计盈余数据具有信息含量的经验证据。陈晓、陈小悦和刘钊（1999）的研究证实在中国 A 股市场上盈余数字同样有很强的信息含量。赵宇龙和王志台（1999）将公司会计盈余分解为永久盈余（以主营业务利润作为永久盈余的表征变量）和暂时盈余两部分，并证实我国证券市场存在明显的“功能锁定”现象。蒋义宏、魏刚（2001）对我国上市公司利润构成与主营业务利润等情况进行了分析，发现近两年的非经常性损益占净利润的比重较大且与年俱增，因此认为上市公司的盈余质量堪忧。储一昀和王安武（2000）认为只有伴随现金流入的盈余才具有较高质量。

程小可（2005）研究了盈余结构在公司业绩预测中的增量效应，结论表明：在预测公司未来盈余能力和未来现金流方面，盈余结构项目均比总括盈余具有更加显著的预测能力，并且盈余结构在现金流预测方面也具有显著的经济学意义。林翔和陈汉文（2005）对我国上市公司的盈余和现金的持续性进行研究，其研究结果与 Sloan 的研究结果一致，现金的持续性较盈余的持续性强。王庆文（2005）以应计项目作为会计盈余质量标准，研究其对公司下一年度会计盈余及未来两年内股票收益的影响。董红星（2007）对盈余的不同成分与经营现金流的信息含量问题进行了实证分析，结果显示：永久性盈余比暂时性盈余具有更多的信息含量，永久性盈余条件下经营现金流的信息含量增加。在暂时性盈余条件下，经营现金流整体上没有明显的信息增量，投资者并未将注意力重点转移到经营现金流指标上。这同样也证实了现金流量和会计盈余的并存论观点。程小可（2008）基于 2007 年沪市 A 股中报数据，从相对和增量价值相关性两个角度研究了新准则下盈余结构的价值相关性问题，研究发现：除全面收益中部分项目外，各分解项目对股票回报均有显著的增量价值相关性，这表明披露结构性盈余项目有利于投资者判断公司价值。

张新民（2001）提出了财务状况质量分析框架，认为利润结构质量不仅取决于利润自身结构的合理性，还取决于利润结构与资产结构和现金流量结构的匹配性，只有将这些结构横向联系起来加以综合分析，才能深入考察不同类型资产的相对盈利能力，进而才能更加科学、合理地判断公司利润的持续性以及未来的发展潜力。王秀丽、张新民（2005）指出，利润的结构质量应具备以下几个方面的特性：利润结构与公司发展战略的符合性、主营业务的核心性、利润自身结构的协调性、利润结构与资产结构的匹配性、利润结构与对应的现金流量结构的趋同性。钱爱民、张新民（2008）在新准则环境下对上述利润结构质量分析体系进行了重构，通过分析利润结构的内在质量、资产增值质量以及现金获取质量等三个方面来全面评价公司的利润结构质量。

从国内外学者的上述研究中可以得出这样的结论：在盈余的各组成成分中，现金流量盈余比应计盈余的持续性要好，可操纵性应计盈余的持续性最低；正常业务利润构成的永久性盈余的持续性比异常项目形成的暂时性盈余要好，其中主营业务利润占比越大，盈余的持续性越好。由此可见，如果能够准确地选取盈余项目，找到一种较优的盈余分解方式，就能够增加盈余对股价的解释能力（Ramakrishnan & Thomas，1998）。也就是说，一种较优的盈利分解方式，将有助于信息使用者预测公司未来盈利的持续性，同时也有助于股票投资者获得更好的投资回报。然而在实务分析中，对盈利无论是从应计制项目和现金项目角度进行分类，还是从永久性项目和暂时性项目角度进行分类，都难以给出一个较为直观、确切的盈利分类标准，致使投资者仍然无法把握和运用这些盈利结构分析方法去判断公司盈利的持续性。考虑到我国的资本市场属于新兴市场，以个人投资者为主，容易出现非理性行为，投机气氛较浓，影响到股价的有效性，而且前人的研究也表明国内投资者对盈余结构的关注程度并不高，因此本书不以价值相关性为研究重点，而是检验本书所设计出的盈利结构质量评价指标体系对公司盈利持续性的预测能力。

4.3.2 盈利结构质量评价指标体系的构建

新准则环境下，盈利结构质量①可以从以下三个方面加以评价，即盈利结构的内在质量、盈利结构的资产增值质量和盈利结构的现金获取质量（钱爱民、张新民，2008）。

---

① 作者在原文中使用的是"利润结构质量"一词，为与本书其他地方保持一致，此处将其改为"盈利结构质量"。

1. 盈利结构的内在质量评价指标

对公司盈利结构的内在质量进行评价，就是评价盈利自身结构的协调性。主要应从如下几个方面展开：

（1）公司自身经营活动的盈利空间。通常地说，公司的成长性和毛利率的变化在一定程度上可以反映公司所处行业的发展阶段、竞争程度以及该公司在行业内部所处的竞争地位和未来发展潜力。此外，在以产品经营为主的公司，核心利润应成为公司一定时期财务业绩的主体，核心利润率是公司核心盈利能力的综合体现，可以更恰当地分析公司核心盈利能力的发展态势。因此，公司核心盈利能力的一个重要方面——自身经营活动的盈利空间，可以通过营业收入增长率、毛利率以及核心利润率等几个指标来加以评价。具体计算公式为：

$$营业收入增长率(X_1) = (营业收入_t - 营业收入_{t-1}) / 营业收入_{t-1}$$

$$毛利率(X_2) = 毛利 / 营业收入$$

$$核心利润率(X_3) = 核心利润 / 营业收入$$

（2）主营业务的核心性。主导产品或主导业务被认为是集中体现公司核心竞争力的盈利对象，即使是为了分散经营风险或延伸价值链而扩大对外投资的规模，也应该是建立在增强公司核心竞争力的基础之上。因此，分析公司主营业务收入和核心利润是否占有相当比例，有助于信息使用者对公司是否具有核心竞争力进行判断。相关指标及计算公式为：

主营业务收入占比① = 主营业务收入/营业收入

$$核心利润占比(X_4) = 核心利润 / 营业利润$$

（3）销管费用开支的合理性。对于销售费用和管理费用两项期间费用而言，在公司的产品结构、销售规模、营销策略、组织结构、管理风格以及管理手段等方面变化不大的情况下，其发生规模应基本保持稳定。若两项费用在年度间出现巨额变化，则很可能是会计调整或会计操纵的结果。因此可以通过销售费用和管理费用率（简称销管费用率）变动率来初步判断两项费用开支的合理性和有效性。计算公式为：

$$销管费用率变动率(X_5) = (销管费用率_t - 销管费用率_{t-1}) / 销管费用率_{t-1}$$

其中，　　销管费用率 = （销售费用 + 管理费用）/ 营业收入

① 需要说明的是，由于当今市场经济环境下公司经营日益多元化，其主营业务与其他业务很难划分，更难以定义，新准则取消了主营业务与其他业务的划分，将这些业务产生的收入和成本在营业收入和营业成本中统一列示。因此，本书受数据来源所限，在实证分析中没有将该指标纳入分析范围。

(4) 资产管理质量和盈余管理倾向。虽然在经营活动中资产出现减值是很正常的现象,但经常出现大规模资产减值损失的公司,要么正在进行盈余管理的信号[①],要么反映了公司在债权管理、存货管理、固定资产管理和投资管理等方面存在着管理疏漏或者重大决策失误,这些问题均会在一定程度上影响公司未来的正常发展,进而会影响到公司盈利的持续性。本书通过考察“资产减值损失”项目的相对比例来对其加以分析与评价。计算公式为:

资产减值损失绝对值占比(X_6) = 资产减值损失的绝对值[②]/核心利润

资产贬值率(X_7) = 资产减值损失 / 资产平均余额

(5) “公允价值变动损益”引起的公司盈利结构的波动性。由于公允价值变动损益属于未实现的资产持有损益,并不会为公司带来相应的现金流入或流出,因此尽管交易性金融资产等项目采用公允价值计量模式后会大大提高会计信息的相关性,但同时也将导致公司当期业绩会更大程度地受到市价波动的影响,因而盈利的持续性通常会受到一定程度的影响。“公允价值变动损益”的影响大小可以用公允价值变动损益的绝对值占比来加以反映,计算公式为:

公允价值变动损益绝对值占比(X_8) = 公允价值变动损益的绝对值 / 核心利润

(6) “营业外收支净额”对公司盈利结构持续性的影响。新准则下的“营业利润”项目可视为公司从事正常经营活动和投资活动所带来的财务成果,一般应具有较强的持续性[③];而营业外收支净额多数是由诸如非流动资产处置损益以及补贴收入等一些偶尔发生的非正常损益项目引起,通常情况下难以持久。因此,可通过考察营业外收支净额绝对值占比来判断该项目对盈利结构持续性的影响。计算公式为:

营业外收支净额绝对值占比(X_9) = 营业外收支净额的绝对值 / 营业利润

(7) 盈利的实现质量。如上所述,由于未实现损益并不能带来相应的现金流量,如果公司盈利结构中未实现损益所占比重过大,势必会影响到公司盈利获

---

① Xie(2001)认为盈余管理是造成应计项目低持续性的主要原因。当期非正常应计项目无论是正是负都将降低应计项目的持续性。

② 由于公司存在计提资产减值损失和减值损失冲回两种情况,使得“资产减值损失”项目或正或负。为便于考察该项目的相对比例,本书在计算中使用了该项目的绝对值。此外,“公允价值变动损益”、“营业外收支净额”以及“未实现损益”等项目也存在类似情况,对此本书均采用了相同的处理方法。

③ 当然,在营业利润中资产减值损失和公允价值变动损益所占比重过大的情况下,会在一定程度上减弱营业利润的持续性。

取现金的能力，致使公司形成大量的资产泡沫和盈利泡沫，在一定程度上影响公司的盈利质量。因此，通过以下两个指标可以考察公司盈利的实现质量：

$$未实现损益绝对值占比(X_{10}) = 未实现损益的绝对值 / 核心利润$$

其中，

$$未实现损益 = 公允价值变动损益^{①} - 资产减值损失$$

2. 盈利结构的资产增值质量评价指标

公司盈利结构的资产增值质量评价，就是评价盈利结构与资产结构的匹配性。资产负债表观要求关注资产的真实价值，只有在真实价值的前提下净资产得以增加，才能表明公司财富的真实增加，它更加强调公司资产的质量，而不是单纯地强调公司实现利润的多少。按照新准则所确定的利润，应该是建立在资产真实价值基础上的资产利用效果的最终体现，应该更加体现公司资产在价值转移、处置以及持有过程中的增值质量。② 因而，新准则下利润质量与对应的资产质量会更加密切相关，资产增值将成为公司投资人、经营管理者以及其他利益相关人士共同探求的目标，是公司持续发展的必然要求。通过分析盈利结构与资产结构的匹配性，便可以考察公司经营性资产与投资性资产的相对增值质量，从而作为预测公司盈利持续性的重要依据。其中，公司经营性资产的增值能力是体现公司核心盈利能力的另一个重要方面，对预测盈利持续性的意义更为重大，本书主要通过计算经营性资产报酬率来考察公司经营性资产的增值能力。计算公式为：

$$经营性资产报酬率(X_{11}) = 狭义营业利润^{③}/经营性资产平均余额$$

其中，

$$经营性资产 = 资产总额 - 投资性资产$$

$$\begin{aligned}投资性资产 &= 交易性金融资产 + 可供出售金融资产\\&\quad + 持有至到期投资 + 长期股权投资\end{aligned}$$

3. 盈利结构的现金获取质量评价指标

公司盈利结构的现金获取质量评价，就是评价盈利结构与对应的现金流量

① 其中，公允价值变动收益取正值，公允价值变动损失取负值。

② 需要说明的是，新准则中对公允价值的运用还是相当谨慎的，致使大多数资产的计量属性仍以历史成本为主。因此，利润中并未体现这些资产的持有增值情况，而对其计提的减值损失则可视为该项资产在持有过程中产生的负增值。

③ 狭义营业利润是指包含了与经营性资产有关的资产减值损失和公允价值变动损益在内的营业利润部分，它反映了经营性资产整体的增值情况。计算公式为：狭义营业利润 = 核心利润 - 资产减值损失 ± 由经营性资产引起的公允价值变动损益。

结构的趋同性。本书只重点关注核心利润的现金获取能力,[①]这也是考察公司核心盈利能力的一个重要方面。在将"核心利润"进一步调整为"同口径的核心利润"之后,与经营活动产生的现金净流量进行比较,便可以揭示出公司自身经营活动产生的核心利润获取现金的能力。计算公式为:

核心利润现金获取比率(X_{12}) = 经营活动产生的现金净流量 / 同口径核心利润

其中,

同口径核心利润 = 核心利润 + 固定资产折旧 + 其他长期资产摊销额 + 财务费用 - 所得税费用

综上所述,本书构建的盈利结构质量评价指标体系见表4.1。

表4.1 盈利结构质量评价指标体系

盈利结构的内在质量	自身经营活动的盈利空间	营业收入增长率(X_1) = (营业收入$_t$ - 营业收入$_{t-1}$)/营业收入$_{t-1}$
		毛利率(X_2) = 毛利/营业收入
		核心利润率(X_3) = 核心利润/营业收入
	主营业务的核心性	主营业务收入占比 = 主营业务收入/营业收入
		核心利润占比(X_4) = 核心利润/营业利润
	销管费用开支的合理性	销管费用率变动率(X_5) = (销管费用率$_t$ - 销管费用率$_{t-1}$)/销管费用率$_{t-1}$
	资产管理质量和盈余管理倾向	资产减值损失绝对值占比(X_6) = 资产减值损失的绝对值/核心利润
		资产贬值率(X_7) = 资产减值损失/资产平均余额
	"公允价值变动损益"引起的公司盈利结构的波动性	公允价值变动损益绝对值占比(X_8) = 公允价值变动损益的绝对值/核心利润
	"营业外收支净额"对公司盈利结构持续性的影响	营业外收支净额绝对值占比(X_9) = 营业外收支净额的绝对值/营业利润
	盈利的实现质量	未实现损益绝对值占比(X_{10}) = 未实现损益的绝对值/核心利润

① 由于未实现的资产持有损益并不会给公司带来真正的现金流量,因此除"投资收益"项目外,只需考虑核心利润的现金获取能力。

（续表）

盈利结构的资产增值质量	经营性资产的增值能力	经营性资产报酬率（X_{11}）= 狭义营业利润/经营性资产平均余额
盈利结构的现金获取质量	核心利润的现金获取能力	核心利润现金获取比率（X_{12}）= 经营活动产生的现金净流量/同口径核心利润

资料来源：作者自行整理。

按照新准则重新构建的公司利润结构质量分析体系的基本思路以及各主要项目之间的对应关系如图4.1所示：

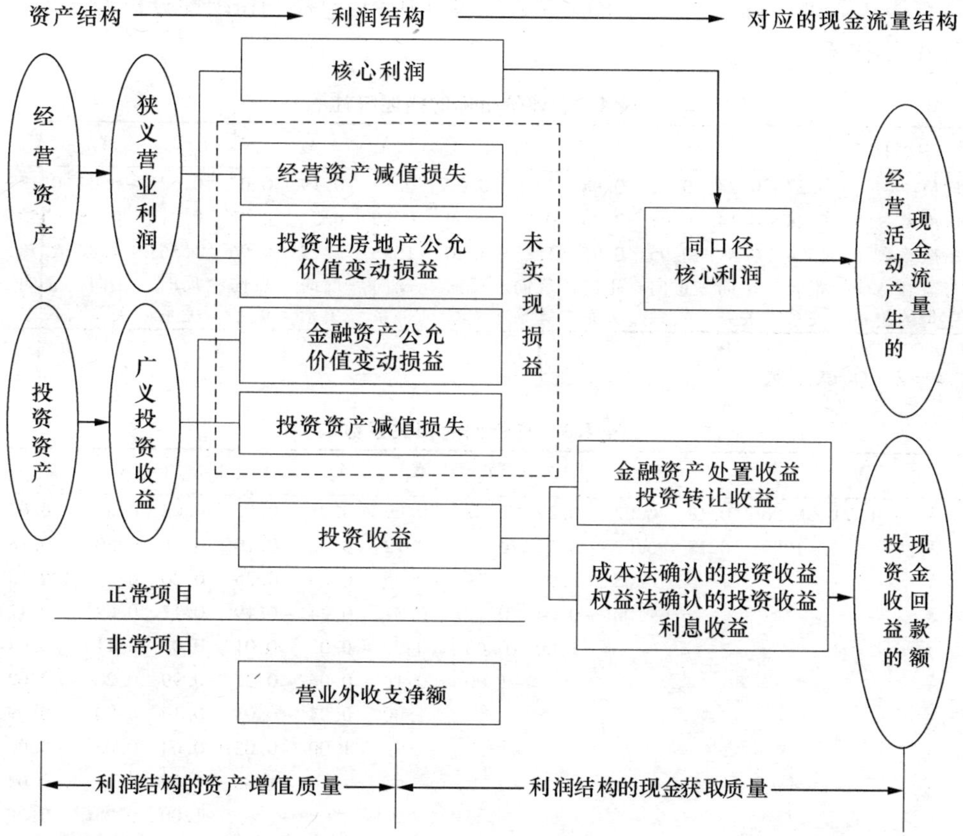

图4.1　利润结构质量分析图

资料来源：作者自行设计。

4.3.3 实证检验与分析

1. 数据筛选

本书以沪深两市的制造业上市公司为研究对象，采用合并报表数据计算各项指标，财务数据来自2006—2008年的新准则财务报表。事先进行了筛选，主要基于如下考虑：(1) 剔除了2006年和2007年财务报告审计意见非标准的样本。(2) 剔除了2007年的营业利润或核心利润为负的样本。(3) 剔除了12个评价指标中出现极端值的样本。最终样本容量为566个。数据处理和分析主要采用Excel和SPSS软件，各指标值的描述统计在表4.2中报告，指标间的相关系数在表4.3中报告，因子分析的结果在表4.4中报告，盈利持续性分析的结果在表4.5中报告。

表4.2 评价指标的描述统计

项目	X_1	X_2	X_3	X_4	X_5	X_6	X_7	X_8	X_9	X_{10}	X_{11}	X_{12}
均值	0.27	0.24	0.09	0.98	0	0.02	0.15	0.19	0.07	0.58	-0.04	0.19
标准差	0.28	0.14	0.08	0.34	0.01	0.09	0.29	0.52	0.07	0.91	0.19	0.53
离散系数	1.04	0.59	0.95	0.35	1.83	5.26	1.88	2.77	0.96	1.56	-4.86	2.78
与盈利结构质量的关系	正向关系	正向关系	正向关系	正向关系	反向关系	反向关系	反向关系	反向关系	反向关系	反向关系	正向关系	正向关系

2. 实证结果

表4.3 指标间的相关系数

	X_1	X_2	X_3	X_4	X_5	X_6	X_7	X_8	X_9	X_{10}	X_{11}	X_{12}
X_1	1.00	0.00	0.18	0.02	0.27	0.09	0.09	0.08	0.07	0.08	0.31	-0.07
X_2		1.00	0.73	0.00	-0.07	0.09	-0.12	-0.02	0.10	0.08	0.50	0.18
X_3			1.00	0.05	0.03	0.21	-0.05	0.03	0.25	0.20	0.81	0.13
X_4				1.00	-0.04	0.17	-0.31	0.24	-0.19	0.17	0.02	-0.12
X_5					1.00	-0.03	0.07	0.03	0.01	-0.03	0.11	-0.04
X_6						1.00	0.16	0.06	0.25	0.99	0.26	0.02
X_7							1.00	0.04	-0.01	0.15	0.04	0.09
X_8								1.00	-0.02	0.04	0.05	-0.06
X_9									1.00	0.25	0.31	0.03
X_{10}										1.00	0.25	0.00
X_{11}											1.00	0.06
X_{12}											1.00	

从表 4.3 中可以看到，核心利润率（X_3）与毛利率（X_2）、核心利润率（X_3）与经营性资产报酬率（X_{11}）、未实现利润绝对值占比（X_{10}）与资产减值损失绝对值占比（X_6）之间存在很高的相关性。考虑到核心利润所包含的信息在其他几个指标中均有所体现，而未实现利润绝对值占比所包含的信息比资产减值损失绝对值占比更为综合，故剔除核心利润率和资产减值损失绝对值占比，用剩下的 10 个指标作因子分析，结果见表 4.4。

表 4.4　因子得分系数表

项目	因子 1	因子 2	因子 3	因子 4	因子 5	因子 6	因子 7	因子 8
营业收入增长率	-0.08	-0.04	-0.08	-0.04	0.98	-0.05	-0.15	0.06
毛利率	0.70	0.01	-0.11	-0.17	-0.21	-0.01	-0.01	-0.03
核心利润占比	-0.04	-0.44	0.42	-0.31	0.05	0.15	0.03	0.05
销管费用率变动率	0.01	-0.03	0.02	-0.01	-0.16	-0.01	1.03	0.02
资产贬值率	0.02	0.78	0.18	-0.21	-0.02	0.11	-0.02	-0.03
公允价值变动损益绝对值占比	0.01	0.08	-0.13	0.10	-0.06	0.96	-0.02	0.02
营业外收支净额绝对值占比	-0.10	-0.13	0.03	0.88	-0.04	0.08	0.00	0.02
未实现利润绝对值占比	-0.05	0.08	0.83	0.04	-0.08	-0.12	0.01	0.01
经营性资产报酬率	0.50	0.05	0.04	0.05	0.16	0.03	0.02	-0.09
核心利润现金获取比率	-0.08	-0.06	0.02	0.00	0.06	0.03	0.01	1.02
方差贡献率（%）	14.79	12.58	11.59	11.42	10.81	10.81	10.10	10.06
因子综合得分权重（%）	16.05	13.65	12.58	12.39	11.73	11.73	10.96	10.91

表 4.4 的 10 个指标中，前 3 个和最后 2 个属于盈利结构质量的正向指标，中间 5 个是盈利结构质量的反向指标，作因子分析前，把中间 5 个指标值取相反数，转换成正向关系。用 SPSS13.0 软件采用主成分法提取因子，并作了方差极大化正交旋转，参考因子分析的结果，前 8 个因子的累积方差贡献率达到 92.15%，涵盖了原始指标的绝大部分信息，因此确定提取的因子数目为 8 个。其中，因子 1 主要反映了毛利率和经营性资产报酬率因素，因子 5 主要反映营业收入增长率因素，因子 8 主要反映核心利润现金获取比率因素，它们全部都是评价公司核心盈利能力的重要方面。除此之外，因子 2 主要反映资产贬值率因素；因子 3 主要反映未实现利润绝对值占比和核心利润占比因素；因子 4 主要反映营业外收支净额绝对值占比因素；因子 6 主要反映公允价值变动损益绝对值占比因素；因子 7 主要反映销管费用率变动率因素。

表 4.4 的最后两行列示了各因子的方差贡献率和在最终的因子综合得分中的权重，得分权重按照各因子的方差贡献率除以前 8 个因子的方差，用各因子得分值乘以得分权重再相加，就得到最终的因子综合得分。

从样本中剔除2005年还未上市的公司、2005年或2008年财务报告的审计意见非标准的公司，剩下516个样本，把样本按照因子综合得分从高到低分成5组，分别记为H组、P_1组、P_2组、P_3组和L组。如果本书的盈利结构质量评价指标是有效的，那么得分高的组的盈利持续性应当比得分低的组的盈利持续性要好。本书从两个方面考察盈利的持续性：一是计算各公司2008年的资产净利率（即净利润与总资产平均余额的比值）与2006年和2007年该指标均值的差值，取绝对值后除以2006年和2007年资产净利率均值的绝对值，得到2008年资产净利率的相对差异率，相对差异率越小，说明盈利的持续性越好；二是计算2006—2008年资产净利率的标准差，然后除以2006—2008年资产净利率均值的绝对值，得到离散系数，离散系数越小，说明盈利的持续性越好。考虑到均值容易受极端值的影响，为保证分析结论的稳健性，本书采用各分组的相对差异率和离散系数计算值的中位数作为盈利持续性的代表。对于初始的评价指标，由于在数据筛选时已经剔除了极端值，所以仍然报告均值。用组间离散系数度量各指标值的组间差异。统计结果如表4.5所示：

表4.5 各指标值分组统计结果

	H组	P_1组	P_2组	P_3组	L组	组间离散系数
营业收入增长率	0.507	0.313	0.215	0.205	0.121	0.542
毛利率	0.327	0.251	0.222	0.195	0.199	0.227
核心利润率	0.170	0.097	0.065	0.057	0.046	0.578
核心利润占比	0.904	0.971	0.956	0.973	1.087	0.068
销管费用率变动率	-0.148	-0.083	-0.059	0.002	0.047	1.574
资产减值损失绝对值占比	0.042	0.048	0.094	0.158	0.576	1.220
资产贬值率	0.002	0.003	0.004	0.006	0.011	0.727
公允价值变动损益绝对值占比	0.007	0.006	0.003	0.012	0.067	1.412
营业外收支净额绝对值占比	0.039	0.072	0.095	0.173	0.395	0.925
未实现损益绝对值占比	0.047	0.051	0.092	0.159	0.570	1.200
经营性资产报酬率	0.146	0.079	0.048	0.042	0.025	0.702
核心利润现金获取比率	1.088	0.705	0.688	0.398	0.160	0.576
综合因子得分	0.445	0.157	0.026	-0.120	-0.501	—
2006年资产净利率	0.089	0.054	0.036	0.039	0.026	—
2007年资产净利率	0.126	0.069	0.047	0.047	0.036	—
2008年资产净利率	0.092	0.045	0.020	0.031	0.002	—

（续表）

	H组	P_1 组	P_2 组	P_3 组	L组	组间离散系数
2008 年利润率与前两年均值的相对差异率(中位数)	0.341	0.419	0.469	0.487	0.693	—
2006—2008 年资产净利率离散系数(中位数)	0.363	0.375	0.439	0.443	0.608	—
2006—2007 年资产净利率离散系数(中位数)	0.470	0.438	0.447	0.478	0.566	—
2007 年资产净利率变化量	0.037	0.015	0.011	0.008	0.010	—
2008 年资产净利率变化量	-0.034	-0.024	-0.026	-0.016	-0.035	—
2007 年资产净利率相对变化率	0.412	0.279	0.292	0.217	0.389	—
2008 年资产净利率相对变化率	-0.266	-0.350	-0.563	-0.341	-0.954	—

表 4.5 反映出如下几个基本特征：

（1）首先，从 2006 年到 2008 年，资产净利率呈现低—高—低的变化，5 个分组都体现出这一特征，因此，资产净利率的这种变化应当是由经济周期因素，而不是公司特有因素所引起。其次，各分组公司 2007 年的资产净利率相对于 2006 年的变化量不如 2008 年相对于 2007 年的变化量那么大，可能的原因是 2008 年的利润受全球金融危机的影响比较大。为保证研究结论的稳健性，引入 2007—2008 年资产净利率的离散系数度量历史资产净利率的稳定性。

（2）从 *H* 组到 *L* 组，2008 年资产净利率与前两年资产净利率均值的相对差异率呈现由低到高的单调变化，并且 2006—2008 年的资产净利率离散系数也呈现由低到高的单调变化，这种规律与设计评价指标时的理论预期一致。在此基础上进一步从评价指标的分组特征来进行分析。

（3）从 *H* 组到 *L* 组，下列指标呈现递减变化：营业收入增长率、毛利率、核心利润率、经营性资产报酬率、核心利润现金获取比率。这些指标侧重于考察公司的核心盈利能力，都是影响盈利持续性的正向指标。这些指标值越高，公司抵御风险、应对不利情况的能力越强，因此越有利于保持盈利的持续性。

（4）从 *H* 组到 *L* 组，下列指标呈现递增变化：核心利润占比、销管费用率变动率、资产减值损失绝对值占比、资产贬值率、营业外收支净额绝对值占比、未实现损益绝对值占比。除核心利润占比之外，其余指标侧重于考察公司盈利结构自身的内在质量，都是影响盈利持续性的反向指标，这些指标值越高，公司的盈利构成越是依赖于非持续性的损益，公司抵御风险、应对不利情况的能力就越差，因此越不利于保持盈利的持续性。尽管核心利润占比是正向因素，但从组间离散系数来看，离散系数仅为 0.068，说明核心利润占比在 5 个组值间的差异是微不足道的，几乎可以忽略，不是影响盈利持续性的主要因素。

(5) *H* 组和 *L* 组的 2006—2007 年资产净利率离散系数和 2007 年资产净利率相对变化率要高于中间 3 个组。本书认为，在没有受到明显的宏观经济冲击干扰时，成长性好的（营业收入增长率高的，如 *H* 组）公司的利润率往往会有较大幅度的增加，因此资产净利率较不稳定；成长性差的公司的初始利润率较低，盈利结构中非持续性的成分又比较多，这类公司可能会由于外部因素和偶发因素的影响而实现较大的利润增长，但资产净利率并不稳定。

(6) 从 2008 年资产净利率相对变化率来看，*H* 组下降得最少，*L* 组下降得最多，这证明了本书的观点：盈利结构质量好、核心盈利能力强的公司应对不利情况的能力远远好于盈利结构质量差、核心盈利能力弱的公司，前者在不利的条件下保持盈利持续性的能力要远远高于后者。

4.3.4 研究结论与局限

本书以我国新准则环境下的财务信息披露模式为基础，对公司的盈利结构展开深入而系统地分析，构建出一整套评价盈利结构质量的指标体系，并基于制造业 A 股上市公司 2006—2008 年的财务数据采用因子分析方法进行了实证研究。研究结果表明：盈利结构质量好、核心盈利能力强的公司，抵御风险、应对不利情况的能力就强，因而更有利于其保持盈利的持续性；而核心盈利能力较弱的公司，其盈利结构中非持续性的盈利项目往往占比过高，这样便导致其盈利的持续性较差。以上事实表明，核心盈利能力和盈利结构质量是影响盈利持续性的重要因素，本书提出的盈利结构质量评价指标体系对公司的盈利持续性具有较好的预测能力，非常有助于信息使用者对公司盈利质量的分析与判断，同时也可以成为价值投资者选择资产组合的一项较为实用的决策工具。

研究局限在于：

(1) 由于新会计准则实施时间尚短，数据积累并不充分，因而本章基于我国 A 股上市公司 2006—2008 年财务数据的实证研究结果，只表明本章设计的指标体系对短时期内的盈利持续性评价较为有效；至于这些指标对长时期内的盈利持续性评价效果如何，需要作出哪些方面的修正，还有待于进一步的研究论证。

(2) 为保证所计算的指标值有意义，实证样本剔除了核心利润或营业利润为负的公司，因此本章对指标的有效性进行实证检验，检验对象实际上仅限于经营情况相对正常的公司，而对于那些核心利润或营业利润为负的公司来说，其盈利持续性如何加以分析与评价，还需要进一步的研究论证。

本章小结

盈利数量，即所谓盈利水平或规模，是公司收入规模扩张的财务结果，是显性的盈利因素，它是公司增长的内部源泉和动力；而盈利质量则隐藏于盈利数量之中，是公司盈利水平的内在揭示，是隐性的盈利因素，它是公司“有质量的可持续增长”的前提条件。本章在对盈利质量的概念加以界定的基础上，分别从盈利后果质量和盈利结构质量两个维度来考察盈利的获现性和持续性，构建出一套完整的公司盈利质量评价指标体系。同时，还以我国制造业 A 股上市公司 2006—2008 年的财务数据为基础，采用因子分析法，对盈利结构质量评价指标体系的有效性进行了实证检验，研究结果表明该指标体系对公司的盈利持续性具有较强的预测能力。

第5章 基于风险性的财务状况质量评价

按照 Rappaport 的价值模型,资本成本是影响公司价值的一大因素,而公司面临的各类风险的大小是决定资本成本高低的关键所在。事实上,公司价值就是价值动因在整个公司风险系统的作用下,对公司价值贡献的结果(张振川,2004)。从财务分析的角度,公司的各种风险都会集中体现为财务风险①,最初的公司风险管理主要就是针对公司的财务风险进行研究,运用相关财务指标模型评价公司目前的风险水平,进而作出相应的风险控制决策。鉴于此,在风险性方面,本书只侧重考察公司融资引起的财务风险,从以下几个方面对公司财务状况质量进行评价:公司财务风险的大小;基于财务风险的资本结构质量评价;公司增长速度、资产质量、盈利质量等重要方面对财务风险产生的影响;等等。

5.1 财务风险评价指标的构建

关于公司财务风险概念的界定,目前学术界尚未完全达成一致。概括来说,财务风险概念有广义和狭义之分。广义的财务风险是指公司财务成果的风险和财务状况的风险(向德伟,1994)。公司财务活动中各种不确定因素的影响,使公司财务结果与预期收益发生偏离,因而造成蒙受损失的机会和可能。广义的财务风险按照财务活动的基本内容来划分,包括筹资风险、投资风险、资金回收风险和收益分配风险四项。而狭义的财务风险仅是指因举债融资而导致公司在未来无法偿还到期债务的可能性。又可以将狭义的财务风险区分为短期财务风险和长期财务风险两类。短期财务风险一般通过公司偿还流动负债的能力来反

① 一般地说,公司经营所面临的风险主要包括经济风险、经营风险与财务风险等三大类。其中,经济风险源于外部经济环境和政治环境等各方面的变化,属于系统风险范畴;而经营风险在相当程度上会受公司所属行业、成长阶段、市场成熟程度等因素的影响。这些风险在财务分析中无法简单定量计量,但最终在很大程度上会对财务风险产生影响。因此,为简化起见,本书主要通过财务风险来反映和衡量公司的风险性水平。

映,要求公司以较快的变现能力——资产的流动性来化解;而长期财务风险则一般通过公司偿还长期负债的能力来反映,要求公司以合理的资本结构、一定的盈利能力来化解。

由于本书主要是针对资产、负债以及所有者权益等财务状况要素,分别从增长、盈利、风险等不同角度对公司的财务状况质量进行评价,因此在风险性质量评价方面,只侧重考察资产负债表右方的各融资项目引起的财务风险,也就是说,本书采用财务风险的狭义概念,强调由于举债经营而导致公司未来无法偿还到期债务本息,甚至陷入财务危机的可能性。

5.1.1 现有财务风险评价指标体系的局限性

现有财务风险评价指标体系主要包括短期偿债能力分析、长期偿债能力分析和盈利能力分析三个方面。短期偿债能力指标主要包括流动比率、速动比率等等,这类指标重在揭示公司流动资产与流动负债的匹配程度,体现公司资产的流动性,即流动资产相对于公司的流动负债来说其变现能力的强弱。长期偿债能力指标主要包括资产负债率、产权比率和利息保障倍数。分析长期偿债能力是为了评价公司偿还其全部债务本金与支付利息的能力。公司盈利能力指标可间接地揭示公司财务风险的大小,一般来讲,公司盈利能力越强,财务风险越小;反之,则财务风险越大。反映公司盈利能力的常用指标有资产报酬率、销售净利润率、权益报酬率以及成本费用利润率等等。现有财务风险评价指标体系对于揭示公司财务风险,无疑起到了一定的积极作用,但其中也存在一些问题,具体表现在以下几个方面:

1. 短期偿债能力分析中存在的问题

短期偿债能力分析中存在的问题主要有:第一,流动比率、速动比率指标是运用资产负债表中的数据计算出来的指标,是从静态角度反映某一时点的流动资产、速动资产存量偿还流动负债的能力,公司很容易通过一些临时性账面处理来形成不反映经营真实情况的比率。即使该比率反映了真实情况,也会由于流动资产质量很差,而高估流动资产的实际变现金额。第二,公司偿还短期债务的流动资产保证程度强,并不等于说公司已有足够的现金或存款用来偿债,且资产转换成现金的时间有可能与负债到期日不匹配。流动比率高也可能是存货积压、应收账款增多且收款期延长所致,而真正可用来偿债的现金和存款却严重短缺。所以,公司应在分析流动比率的基础上,进一步对现金流量加以考察。第三,没有考虑潜在的变现能力因素和潜在的短期债务。计算流动比率和速动比率指标值的数据都来自会计报表，而一些增加公司变现能力和短期债务负担的因素没有在会计报表中反映出来，这些因素会影响公司的短期偿债能力。

2. 长期偿债能力分析中存在的问题

长期偿债能力分析中存在的问题主要有：第一，在公司资产质量较差的情况下，会使得公司资产的实际变现金额被高估，造成资产负债率和产权比率指标不能真实地反映公司实际的偿债能力。第二，在资产的期限结构与负债的期限结构不相匹配的情况下，即资产的变现时间与负债的到期偿付时间并不一致，即使从金额上看资产对负债有保障，公司仍有可能存在财务风险。第三，公司在使用有关会计方法调节利润的时候，会使公司的利润虚增，造成利息保障倍数指标也不能够真实地反映公司的实际偿债能力。另外，从短期来看，公司的固定资产折旧费用、长期待摊费用摊销、无形资产摊销等非付现费用，并不需要公司对其进行支付，而它们却已从公司的当期利润中扣除了，因而，有些公司即使在利息保障倍数低于 1 的情况下，也能够偿还其债务利息。第四，公司偿还借款的本金和利息，不是用利润本身来支付，而是使用流动资产来支付，或者更准确地说，是使用现金进行支付，故使用这些比率进行分析时，还不能了解公司是否有足够多的现金来偿还到期本金和利息。

3. 盈利能力分析中存在的问题

盈利能力分析中存在的问题主要有：第一，常见的盈利能力分析指标基本上都是对以权责发生制为基础的会计数据进行计算和作出评价的，如销售净利润率、资产报酬率、权益报酬率以及成本费用利润率等。这些指标不能反映出公司伴随有现金流入的盈利状况，只能分析公司盈利能力的“量”，不能分析公司盈利能力的“质”。公司现金流量在很大程度上决定着公司的生存和发展的能力，进而影响到公司的盈利能力。显然这类指标在对公司盈利能力的分析上存在着一定的局限性。第二，在通过盈利能力对公司的财务风险进行评价时，往往没有进一步结合公司所面临的经营风险因素展开具体分析。由于公司所处的行业特点、外部经营环境以及自身发展阶段各不相同，因而这样“一刀切”的评价结果容易与事实不符。

5.1.2 财务风险评价的视角与指标构建

评价公司的财务风险可以从不同视角入手，根据影响财务风险的主要因素来选取财务指标。目前较为常见的有两个视角：支付危机与预警视角、流动性与期限结构视角。

1. 支付危机与预警视角

公司财务风险恶化后的一个极端情形就是财务失败或称财务困境(谢玲芳、任荣明,2004)。一般来说,财务失败指一个公司无力偿还到期债务的困难和危机,大体相当于人们常说的资金链条断裂。从资产存量角度看,财务失败表现为公司总资产账面价值低于总负债账面价值,即公司净资产为负数;从现金流量角度看,财务失败表现为公司现金流入小于现金流出,即公司现金净流量为负数。一般来说,公司出现财务失败的可能性可以较好地反映公司财务风险控制的水平(周春生、赵端端,2006)。国际上,一般通过财务失败预警模型来评判公司出现财务失败的可能性。财务失败预警模型是利用及时的数据化管理方式,通过全面分析反映公司内、外部经营情况的各项资料,将公司潜在的财务失败风险预先告知经营者和其他利益相关者的一套工具。

(1) 有关财务预警模型的文献回顾

① 基于传统财务指标[①]的财务预警研究

最早的财务预警研究始于1932年Fitzpatrick的单变量模型,最有影响力的研究是Altman提出的Z模型。Coats和Fant在1993年又根据Altman研究中的5个财务比率建立了人工神经网络模型。中国的财务预警研究起步较晚,陈静(1999)以及吴世农、卢贤义(2001)分别应用Fisher线性判定分析、多元线性回归模型和Logit回归分析三种方法,建立了财务困境预测模型。由于早期财务预警研究将会计利润作为核心指标,未考虑作为债务支付手段的现金的充分性,因而其预警作用并不明显。

② 基于现金流量指标的财务预警研究

William Beaver(1966)采用单变量模型,Ohlson(1980)采用Logit回归模型,分别构建了以现金流量指标为基础的财务预警系统。Aziz, Emanuel & Lawson(1988)比较了多个模型的财务预警准确率,发现现金流量模型的预警效果较好。周首华、杨济华和王平(1996)在Altman的Z模型的基础上,加入现金流量这一预测自变量,建立了F模型。杨淑娥、徐伟刚(2003)运用主成分分析方法,加入经营活动引起的现金流量/总负债比率,建立了Y模型。实践证明,财务预警系统只能选择以现金流量为基础的财务指标作为检测标准或目标(张友棠,2004)。然而,以往研究大多仅强调经营活动产生的现金流量,对于其他形式表示的现金流量尚未给予过多关注。公司为了保持持续发展态势,必然要对产生

① 传统的财务指标以权责发生制为基础的会计利润为核心,不考虑现金流量指标。

现金流量的重要项目(如生产设备的维修更新、新产品的开发等)进行再投入,若不考虑留有足够的现金用于这些资本性支出[①],长此以往必将造成公司竞争实力的下降和偿债能力的最终丧失。而正是在这一方面,自由现金流量指标可以很好地弥补其存在的缺陷。

③ 基于自由现金流量的财务预警研究

沈国骏(2003)对杜邦系统进行改进,以自由现金流量为基础的资产现金回收率、资产净利率、现金债务总比三个指标反映公司的盈利能力、运营能力和偿债能力状况;符蓉、黄激动、干胜道(2006)整理了自由现金流量的研究成果,认为自由现金流量在我国的研究趋势之一是利用自由现金流量进行公司价值评估和绩效考核。应该说,自由现金流量作为财务指标有着强大的功能和特殊作用,在开展财务决策、评价公司业绩、偿债能力、衡量财务风险等方面都具有利润指标无法企及的优势(汤谷良、朱蕾,2002)。吴方卫、张锦华(2005)在农业上市公司持续性经营能力研究中,完全采用基于自由现金流量建立的指标体系,证明了其在预测经营失败时的准确率为 85%,远远大于传统指标的 65%。刘露、蒋志林(2006)也指出,自由现金流量作为一个新兴的财务预警指标,可以更好地弥补传统指标的缺陷。钱爱民、张淑君、程幸(2008)以自由现金流量为基础构建财务预警指标体系,全面评价公司的偿债能力、营运能力、收益质量和财务弹性,并运用主成分分析和逻辑回归方法对中国机械制造业 A 股上市公司 2002 年至 2006 年的数据进行分析,发现不同的 ST 公司和非 ST 公司比例组合成的样本预警效果不同,自由现金流量指标体系可以提前两年对公司财务危机作出较为准确的预警。

(2) 自由现金流量财务指标体系的预警原理分析

① 自由现金流量的界定

自由现金流量自 1986 年由 Jeson 提出后,许多学者对其进行了研究。然而他们对于自由现金流量的含义及表述尚存在一些差异。本书所引用的自由现金流量概念,是指公司生产经营活动所产生的、在满足了再投资需要之后剩余的现金流量(Kenneth Hankel,2001)。这部分现金流量是在不影响公司持续发展的前提下可供分配给公司资本供应者的最大现金额,可以全部用来分配红利或偿还债务而不影响公司的经营。计算公式如下:

① 当然,公司可以通过外源融资来解决投资活动与经营活动之间的资金缺口,但支付本息和股利的最终源泉还是来自于经营活动产生的现金流量。

自由现金流量 = 经营活动现金净流量 - 长期资本性支出所动用的现金

尽管没有一个分析师可以运用现金流量表的数据计算出精确的自由现金流量,而只能大致地预测自由现金流量(Kenneth Hankel,2001),但其仍有可能作为衡量公司财务状况的一项指标。

② 自由现金流量指标对于财务预警的意义

自由现金流量指标有助于衡量公司的偿债能力。目前的偿债能力评价指标大多建立在“清算假设”前提的基础之上,局限性十分明显。而自由现金流量剔除了公司生产设备的更新和改造、管理系统的更新等对于保持公司生存和持续经营能力十分必要的因素,能真正体现出公司持续经营假设前提下的偿债能力。

自由现金流量指标有助于反映公司的营运能力。面对相同的投资机会,自由现金流量与资产总额的比值越大,说明公司资产的运用效率越高。[①] 同时,通过将自由现金流量与公司的股东权益数额进行比较,还可以在一定程度上反映其自有资金的运用效率。自由现金流量也可以作为经营者判断销售收入创现能力的依据。

自由现金流量指标有助于判断公司的收益质量。收益产生现金的能力是收益质量最重要的方面,将自由现金流量与当期实现的净利润进行比较,可以反映公司赚取的收益满足扩张需要后剩余的现金比例,从而反映收益的质量,这一点正是自由现金流量本身的特征所决定的。

自由现金流量指标有助于度量公司的财务弹性。自由现金流量中的“自由”,实际上是一种“剩余”的概念。自由现金流量是除去利息支出和已经决定的投资支出之后,管理者可以“自由”支配的那部分现金流量,用以缓冲和应付可能出现的各种意外和失误,反映公司面对各种生存危机所拥有的财务弹性。

自由现金流量指标有助于揭示公司的成长阶段。一般地说,自由现金流量在公司整个生命周期过程中会出现由负到正,再由正逐步转为负,继而不断萎缩的发展特征。因此,公司所处的成长阶段可以大致通过将自由现金流量分别与筹资活动、经营活动以及投资活动产生的现金净流量加以比较而体现出来。同时,自由现金流量自身的增长率又从另一个侧面反映了公司的成长阶段。

③ 自由现金流量指标体系的预警途径

总体来说,使公司陷入财务危机的诱因包括外部和内部两方面。外部诱因

---

① 当然,公司可以通过压缩资本支出而提高该项指标的数值,但从长期来看,这势必会影响公司的进一步发展,进而制约经营活动产生现金净流量规模的增大,最终将导致该项指标的整体下滑。

包括经济周期的波动、法律政策的变动等；内部诱因包括经营管理不善、投资决策失败等。偿债能力是公司是否会陷入财务危机最直接的度量，但它又取决于公司的营运能力和收益质量，最终还取决于公司的成长性；财务弹性则可以衡量公司对内、外部诱因的缓冲调节能力。而自由现金流量指标将经营活动和投资活动这两个基本方面加以融合，是一项较为综合的财务指标，对上述各方面都会有不同程度地反映。通过自由现金流量进行财务预警的有效途径可通过图5.1加以说明。

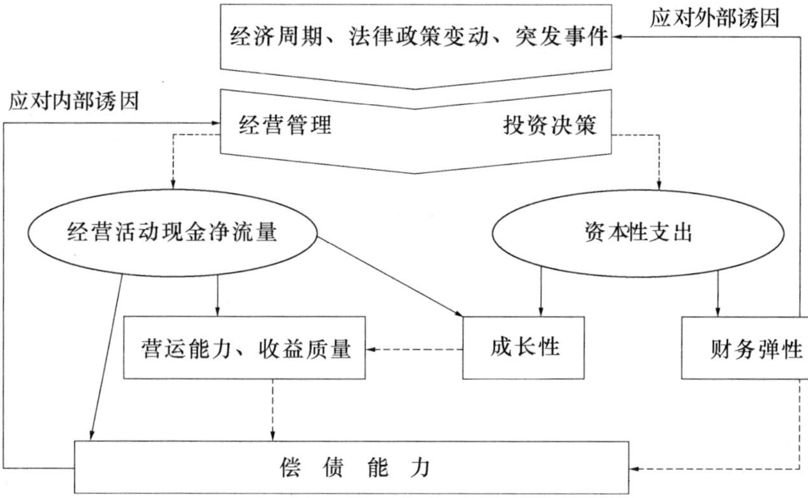

图5.1　自由现金流量的有效预警途径

资料来源：作者自行设计。

④ 基于支付能力的财务风险评价指标的构建

相对于一定规模的债务来说，若公司能产生较为充裕的现金流量，则可认为公司对于债务具有较强的支付能力。而现金流量可以从经营性现金流量和自由现金流量这两个角度进行分析（黄世忠，2007）。

A. 负债现金偿付比率

通过公司经营活动产生的现金净流量（即经营性现金流量）与债务总额的相对比率，可反映公司承担债务的能力。这个比率越高，公司承担债务的能力越强，发生财务危机的概率就越小，反之则增大；假设债务支付现金流量相同，则具有稳定可测的现金流量的公司发生财务危机的可能性，要比具有相当水平经营性现金流量但现金流量波动程度较大的公司小得多。由此可知，现金流量波动较大的公司应比现金流量稳定的公司使用更少的债务，其资本结构的财务弹性相对较小。公司在进行债务规划时，可以试图安排用于债务支付的现金流量与经营活动产生的现金净流量同步增减变动，这样不仅降低了财务危机发生的概率，而且提高了举债能力，同时增强了资本结构的财务弹性。计算公式为：

负债现金偿付比率 = 经营活动产生的现金净流量 / 负债总额

也就是说，经营性现金流量与负债总额比率越高，相对于公司现有的负债规模来说，自身经营活动获取的现金就越充足，应对突发现金需求的能力就越强，越易于避过财务风险，资本结构的财务弹性也会相对较大。

B. 到期债务本息现金偿付比率

到期债务本息现金偿付比率指的是公司的经营活动产生的现金净流量对本期到期债务和利息支出的现金需要的满足程度。计算公式为：

到期债务本息现金偿付比率

= 经营活动产生的现金净流量 /(本期到期债务 + 利息支出)

该比率越大，公司偿付到期债务和支付利息的能力就越强；如果到期债务本息现金偿付比率小于1，则表明公司经营活动产生的现金不足以偿付到期债务本息，公司必须依靠投资活动与筹资活动的现金流入才能偿还债务，这样便会给公司的资本结构造成一定的影响，并相应缩小资本结构的财务弹性。

C. 利息现金保障倍数

公司偿还借款的本金和利息，不是使用利润本身来支付，而是使用流动资产来支付，或者更准确地说，是使用现金进行支付，因此建立在权责发生制基础上的已获利息倍数并不能反映公司是否有足够多的现金来偿还到期本金和利息。而利息现金保障倍数则可以反映公司通过经营活动产生的现金净流量偿还利息的能力，因而比已获利息倍数更加真实、可靠。计算公式为：

利息现金保障倍数 = 经营活动产生的现金净流量 / 利息支出

D. 自由现金利息保障倍数

自由现金流量中的“自由”，实际上是一种“剩余”的概念。自由现金流量因而是除去利息支出和已经决定的投资支出之后，管理者可以“自由”支配的那部分现金流量。它用以缓冲和应付可能出现的各种意外和失误，反映公司面对各种生存危机所拥有的财务弹性。经营性现金流量虽然能够揭示公司“造血功能”的强弱，但即使是正值的经营性现金流量也未必代表公司可将其全部用于还本付息或支付股利。衡量公司还本付息和支付股利能力的最重要指标是自由现金流量（黄世忠，2007）。计算公式为：

自由现金利息保障倍数 = 自由现金流量 / 利息支出

E. 自由现金总负债率

如前所述,衡量公司债务支付能力的传统指标通常是经营性现金流量与负债总额比率。理由是此比例越大,公司越容易满足债务利息的支付要求。然而经营活动产生的现金净流量既可以用于扩大生产经营规模,又可以满足股东和债权人的求偿权需要,用该指标考察支付能力是建立在清算基础上的,将经营活动产生的现金净流量全部用于债务偿付,显然会高估公司的偿债能力。而自由现金流量则体现为管理当局可以在不影响公司持续增长的前提下,自由地向债权人和股权持有者进行分配的"剩余"现金规模。计算公式为:

自由现金总负债率 = 自由现金流量 / 债务总额

除了上述指标之外,还有一些其他因素会对公司的支付能力产生影响,如或有负债、担保责任、租赁活动和可动用的银行贷款额度等等。在评价财务风险时,应结合公司具体情况对这些因素适当予以考虑。

2. 流动性与期限结构视角

(1) 基于流动性的财务风险评价指标的构建

这一财务风险的评价视角是传统的财务分析中被普遍采用的分析视角。主要通过负债与资产相应项目之间的比例关系来衡量财务风险的大小。其中主要采用的财务指标有:资产负债率、流动比率、速动比率以及产权比率等等。

(2) 基于债务期限结构的财务风险评价指标的构建

所谓债务期限结构,通常是指公司长期债务和短期债务的构成及其在总债务中所占的比重。债务期限结构决策是公司资本结构决策的重要内容之一。

① 债务期限结构的影响因素

前人的研究结果发现,公司债务期限结构的影响因素具有不稳定性的特征。在不同的市场环境下,不同经营特点的公司其形成债务期限结构的原因也各不同。债务期限结构在理论上的最优模型基本上是基于公司自身优化选择的结果;而公司实际所能拥有的债务结构是公司内部和外部市场共同选择的结果,是公司内部优化选择和金融市场选择博弈的结果。因此,债务期限结构将带有一定的市场特征(郑建明、谢潇潇,2008)。概括来说,公司债务期限结构有如下几个主要的影响因素:

A. 公司的成长性。当公司拥有有利可图的投资机会和良好的成长性时,公司的违约风险将会降低,一部分利益流向债权人,这将导致这些投资项目对股东的激励作用变小,从而带来投资不足问题(Underinvestment Problem)。公司可以利用债务到期日先于成长性选择权执行时间的债务融资，即用短期债务而不是长期债务融资（Myers，1977；Barnea et al.，1980；等等）来减缓代理问题。简单地说，具有良好成长性的公司应更多地选择短期债务融资。肖作平、李孔（2004）利用我国1995—2000年A股上市公司的财务数据证实了上述观点对于在我国上市的公司同样适用。但Diamond（1990）指出拥有长期成长性的公司更喜欢利用长期负债来规避清算风险。

B. 自由现金流量。Jensen（1986）认为债务能减少自由现金流量的代理成本。当管理者存在利用公司自由现金流收益从事获得非金钱私人利益的过度投资道德风险行为时，短期债务融资有利于削减公司的自由现金流量，并通过破产的可能性，增加管理者的经营激励。Hart & Moore（1995）认为，短期债务融资契约的治理效应主要体现在对公司的清算与约束管理者对自由现金流量的随意决定权方面。因此，具有大量自由现金流量的公司应更多利用短期债务融资。

C. 资产期限。资产期限是指资产产生现金流的期限模式。公司对资产项目的投资必须以一定的资金来源作为支撑，如果债务融资期限与相应资产的寿命期限相匹配，公司将减少债务的代理成本。也就是说，具有寿命更长的当前资产的公司应使用更长期的债务融资；而具有寿命更短的资产的公司应使用较短期的债务融资（Stowe，Watson & Roberson，1980；Van，Auken & Holman，1995）。

D. 公司规模。通常认为，大公司的信息不对称问题与代理问题相对较低，其所拥有的有形资产也较多，因此，大公司较容易进行长期债务融资。另一方面，由于大公司通常需要较多的剩余资金，因此，大公司也倾向于举借长期债务（Fama & Jensen，1983；Jalilvand & Harris，1984）。而对于小公司而言，通常只能发行短期债务，一方面小公司在市场竞争中失败的概率较高；另一方面由于小公司中管理者通常持有较高比例的股份，因此小公司中股东与债权人之间的代理问题（如风险转移、求偿权稀释等）更为严重。为了控制两方面的贷款风险，债权人不得不缩短债务期限（Michaelas et al.，1999；Titman & Wessel，1988）。因此，通常认为，债务期限与公司规模正相关。Barclay & Smith（1995）、Guedes & Opler（1996）、Stohs & Mauer（1996）以及肖作平和李孔（2004）分别证实了上述理论。

此外，公司质量（Flannery，1986；Kale & Noe，1990；等等）、公司信用等级（Flannery，1990；Diamond，1991；等等）、实际税率（Brick & Ravid，1985；Brick & Palmon，1992；等等）、信息不对称性（Flannery，1986；Barclay & Smith，1995；等等）以及所属行业等因素也会对公司的债务期限结构产生一定程度的影响。

② 债务期限结构错配对公司财务风险的影响

近几十年来,国内外一些经济学家围绕着债务期限结构问题从理论上进行了广泛而深入的研究,形成了关于债务期限结构的不同理论,包括契约理论、信息不对称理论、税收理论和期限匹配理论。本书主要从期限匹配角度探讨债务期限与资产期限和财务杠杆的匹配问题,进而探讨债务期限结构错配对公司财务风险所造成的影响。

期限匹配理论认为,公司的债务期限应该与资产期限相匹配,这样才能有效地控制公司的流动性财务风险和财务困境成本。这一理论也被称为免疫假设(Immunization Hypothesis)。Morris(1976)最早提出这一观点,他的研究表明,公司如果将资产期限和债务期限匹配起来,就能够减少由于公司资产产生的现金流可能不足以用来支付债务和投资需求而带来的风险。如果债务期限比资产期限短,则资产可能产生不了足够的现金流来偿还债务;而如果债务期限比资产期限长,则在资产已经停止产生现金流时还要偿还债务。Myers (1977)从克服投资不足问题的角度出发,认为公司应将资产和债务的期限进行合理匹配。在资产寿命终止的时候公司面临着再投资的决策。如果以前发行的债务在此时也刚好到期,就会使得公司在面临新的投资机会时有正常的投资激励。此外,Hart & Moore(1995)通过阐述缓慢的资产折旧意味着更长的债务期限,证实了期限匹配原则。Emery (2001)证明,债务和资产期限的匹配可以避免债务的期限贴水,从而再次表明了这一原则的重要性。Graham & Harvey(2001)通过对美国 392 家公司的调查发现,债务和资产的期限匹配是公司选择发行短期或长期债务决策的重要考虑因素。肖作平(2005)以中国上市公司的数据证实,资产期限与债务期限显著正相关,数据表明具有寿命更长资产的公司使用期限更长的债务以降低债务代理成本,符合资产和债务期限匹配原理。这些研究文献表明,公司债务期限与资产期限正相关,二者的合理匹配能够有效地降低财务风险和债务代理成本。

关于财务杠杆与债务期限的合理匹配问题, Leland & Toft(1996)从理论上阐明,如果公司选择了较高的财务杠杆,则公司应选择较长的债务期限。Morris(1992)的实证研究表明,具有高财务杠杆比率的公司一般倾向于发行长期债务,目的是避免出现破产风险。Morgan(1992)的研究是使用负债率距差(被定义为在一个四年期内公司的最高杠杆率与最低杠杆率之差)来替代债务期限。他选择的样本是 1976—1987 年在美国上市的 814 家公司。他发现债务期限(负债率距差)与杠杆水平对由他的模型所确定的解释变量具有相同的符号。这些研究表明，较高的财务杠杆应该与较长的债务期限相匹配，以降低流动性风险。

上述研究文献表明，从控制财务风险和降低债务代理成本出发，公司应合理匹配债务期限与资产期限和债务期限与财务杠杆，否则就会产生债务期限结构错配问题，容易引发公司的财务危机和增加债务代理成本。

③ 基于债务期限结构的财务风险评价指标的构建

A. 债务期限结构的评价指标构建

现有研究文献对债务期限结构的度量方法有多种，常用的有三种：(1) 债务期限结构为长期债务占总债务的比例（Barclay & Smith，1995；肖作平、李孔，2004；等等）；(2) 公司债务项目的加权平均期限（Kim，Mauer & Stochs，1995；Stohs & Mauer，1996；等等）；(3) 债务工具发行的期限（Mitchell，1993；Guedes & Opler，1996；Elyasiani，Guo & Tang，2002）。正如 Stohs & Mauer（1996）和 Guedes & Opler（1996）所指出，每一种度量方法都有其优点和缺点。前两种度量方法适用于检验债务期限匹配问题，第三种方法适用于检验在信息不对称的情况下，公司债务期限结构的选择是否能向市场传递公司质量的信号问题。限于财务分析中数据的可得性，本书采用长期债务（指偿还期限在一年以上的债务）占总债务的比例度量债务期限结构。计算公式为：

债务期限结构比率 = 长期负债 / 负债总额

B. 资产期限结构的评价指标构建

资产期限结构是指公司资产产生现金流的期限结构。Guedes & Opler（1996）采用固定资产占总资产的比例来度量资产期限结构。但 Myers 的分析表明，公司负债的期限不仅取决于它的有形资产的寿命期限，而且取决于它的无形资产的有效期限。再加上国内有些公司长期股权投资规模较大，因此，本书在固定资产的基础上，将长期股权投资、无形资产等非流动资产项目也列入分析范围，采用非流动资产占总资产的比例来度量资产期限结构。计算公式为：

资产期限结构比率 = 非流动资产 / 资产总额

C. 财务杠杆的评价指标构建

财务杠杆是指由于债务的存在而导致普通股每股利润变动大于息税前利润变动的杠杆效应。财务杠杆给公司权益资本带来额外的收益，但同时也会给公司带来更大的财务风险。在与债务期限结构进行比较时，财务杠杆通常采用资产负债率来加以度量（Morris，1992；Leland & Toft，1996）。计算公式为：

资产负债率 = 总负债 / 总资产

该指标反映了公司总资产来源于债权人所提供资金的比重，以及公司资产对债权人权益的保障程度。在生产经营状况良好的情况下,可以利用财务杠杆的正面作用,得到更多的经营利润。如果公司的经营状况不佳,不仅公司资金实力不能保证偿债的安全,财务杠杆还会发挥负面作用导致财务状况更加恶化。这一比率越小,表明公司利用财务杠杆的程度越小,长期偿债能力越强。

D. 基于债务期限结构的财务风险评价

从我国已发生财务危机的公司集团来分析,债务期限结构错配主要表现在两个方面:一是较短的债务期限与较长的资产期限的错配(即所谓"短贷长投"问题);二是较短的债务期限与较高的财务杠杆的错配。这两方面的错配使公司面临较高的财务风险和较高的债务代理成本。

a. 较短的债务期限与较长的资产期限错配形成的财务风险

债务期限和资产期限的错配会使公司的资金结构非常脆弱,当短期融资达到相当大的规模后,如果公司每年借款收到的现金高于还款支付的现金,还能够使公司利用银行资金正常运转,但一旦还款支付的现金高于借款收到的现金,由任何因素引发的信用危机都将会导致公司资金链的断裂,并进而引发银行等债权人的集体挤兑和集体诉讼,从而导致公司的最终破产。

为考察这种情况下所引发的财务风险的大小,可以将利用上述公式计算的债务期限结构比率与资产期限结构比率进行比较,如果两者相差过于悬殊,则需根据具体情况进一步展开分析:如果前者大大高于后者,表明债务的期限结构中长期负债相对于资产期限结构来说占有较大比重,这种情况相对较为安全,不会引发大的财务风险,资产的流动性相对于债务期限结构来说较强,到期债务的偿还较有保障。但在这种情况下,要注意过高的资本成本对公司盈利能力所造成的影响。如果前者大大低于后者,就会发生较短的债务期限与较长的资产期限错配的现象,即通常所说的"短贷长投",这种情况会给公司带来较大的财务风险,一旦公司由于某种原因发生资金链断裂,便极易陷入财务危机。

b. 较短的债务期限与较高的财务杠杆错配形成的财务风险

如果短期融资达到相当大的规模,公司就会对现金以及变现性很强的其他流动资产的需求加大,这样便会强化资产的流动性与盈利性之间的矛盾。一旦资产结构出现问题,要么会引发资产的流动性下降,无法偿付短期内到期的债务;要么会导致资产的盈利性下降甚至出现亏损。两种情况都会阻碍公司实现现金流在时间和空间上的均衡,加大陷入财务危机的可能性。

为考察这种情况下所引发的财务风险的大小,可以将利用上述公式计算的债务期限结构比率与财务杠杆比率进行比较,如果两者相差过于悬殊,则需根据具体情况进一步展开分析:如果前者大大高于后者,表明公司在负债结构中长期负债占有较大比重,虽然这种情况下公司短期内不会面临较大的到期债务偿付压力,但长期负债较高的资本成本则是公司在提升盈利能力的过程中必须克服的一大障碍。如果前者大大低于后者,就会发生较短的债务期限与较高的财务杠杆错配的现象,这种情况会给公司带来较大的流动性风险,面对短期内较为集中的现金还款压力,公司必须确保资金周转的顺畅,否则极易出现资金链的断裂而陷入财务危机。

当然,在竞争优势极其明显的情况下,公司通过采用预收账款方式销售、赊购存货等方式运营,就会表现出公司负债中流动负债占比过高的态势。在这种情况下,较短的债务期限与较高的财务杠杆错配并不一定意味着公司的偿债能力存在问题,而恰恰是公司竞争优势和商业信誉良好的表现。但这种 OPM 方式的运营管理同样潜藏一定的财务风险,一旦公司的资金链出现问题,仍有可能因发生连锁反应而使公司陷入支付危机。

5.2 基于财务风险的资本结构质量评价指标的构建

公司财务风险管理和控制的一个核心问题就是处理债务资本与权益资本的关系,即资本结构问题。融资结构,尤其是资本结构的异化会放大公司风险(汤谷良、杜菲,2004)。由于我国证券市场融资成本低,上市公司股权融资的比重大,因资本结构所导致的公司财务风险问题已不再明显。但洪乐平(2004)采用六年年报数据对我国上市公司的资本结构形成的原因、现状等方面进行分析后发现,资本结构问题仍然是形成我国上市公司财务风险的重要原因之一。

资本结构是在公司管理、财务管理和财务分析中广泛应用的一个概念。然而,对于资本结构的内涵,却有着各种各样的理解。本书将资本结构界定为一个相对广义的概念,是指公司资产负债表右方"负债与所有者权益"的内在结构:既包括公司负债总规模与所有者权益规模的对比关系,也包括公司各类债务(如短期、长期债务)占总负债的构成比例和所有者权益中各类股东的持股构成比例,还包括所有者权益中各项目的构成比例。[①]

在财务领域中,虽然有大量的文献对资本结构进行研究,但大多仍无法解释管理者是如何在债务与权益融资之间作出选择的(Harris & Raviv,1991)。理论和经验研究表明,资产构成、规模、非债务税盾、成长性、独特性和获利能力等公司特征因素影响资本结构选择(肖作平,2004)。而财务弹性与股权结构对公司的财务风险也具有相当程度的影响。所谓财务弹性,是指公司财务状况能够始终与经营状况相配比,能够随时清欠、退还和转换资金性质的可能性。财务运转具有弹性,可以保障融资的规模、结构及其相应的成本能够随时保持最佳的状态,使融资成本最小、公司价值最大(谢志华,2003)。此外,作为公司治理基础的股权结构也是影响公司财务风险、可能导致公司陷入财务困境的关键因素(钱忠华,2009)。综合上述对财务风险产生影响的各方面因素,资本结构质量评价可以从以下几个方面着手(张新民,2001):公司资本成本的高低与公司资产报酬率的对比关系;公司资金来源的期限构成与公司资产结构的适应性;公司财务杠杆状况与公司财务风险、未来融资、未来发展的适应性;公司所有者权益内部的股东持股构成状况与公司未来发展的适应性。概括来说,这四个方面分别是从公司的盈利能力、资产结构、财务弹性以及股权结构等不同角度对公司的资本结构质量作出整体评价。通过上述方面对公司的资本结构质量进行评价,可以在一定程度上揭示出公司对财务风险的管理和控制水平。

5.2.1 不同资本结构下的资本成本与公司资产报酬率之间的比较分析

一般来说,资本成本是指公司取得和使用资本所付出的代价,主要包括筹资过程中的筹资成本和使用过程中的使用成本。从财务管理的角度来看,除去筹资成本外,公司从债权人处筹集的资金(负债)与从股东处筹集的资金(投入资本),均存在资本成本的问题。公司的资本成本,应该是指公司的负债成本与股东入资成本的加权平均成本。公司选择不同的资本结构,会引起相应的加权平均资本成本发生不同程度的变化。而从成本效益分析的角度来看,只有当公司的资产报酬率(应当为公司的息税前利润与公司总资产之比)大于公司的加权平均资本成本时,公司才能在向资金提供者支付报酬以后使公司的净资产得到

① 因此,本书所指的资本结构,严格意义上说应该是指融资结构。但出于对以往习惯的考虑,仍沿用“资本结构”一词。

增加,公司净资产的规模得以扩大。因此,资本结构只有带来小于资产报酬率的加权平均资本成本,才能满足公司盈利的需要,才能保证公司对资本成本有足够的支付能力,才不会引起公司较大的财务风险。否则,我们便认为公司的资本结构质量较差。

1. 加权平均资本成本的测算

(1) 权益资本成本的测算

自20世纪90年代以来,西方公司财务研究关于资本成本的计量基本上认可了资本资产定价模型(CAPM)在确定经过风险调整之后的所有者权益成本中的主流地位。Lowenstein(1991)指出,根据资本资产定价模型所计算出来的所有者权益成本,代表了调整风险因素之后所有者权益资本的机会成本。因此,本书利用CAPM方法来计算我国上市公司的权益资本成本。其计算公式为:

$$\text{权益资本成本率} = \text{无风险收益率} + \beta \times (\text{市场年收益率} - \text{无风险收益率})$$

其中,各项指标数值的获取可借鉴姜付秀和陆正飞(2006)的做法,无风险收益率为上海证券交易所交易的当年最长期的国债年收益率;β 为上市公司的系统性风险系数;市场年收益率为近三年间考虑现金股利再投资的综合月平均市场收益率乘以12。

(2) 债务资本成本的测算

由于在总负债中有相当一部分的负债并不直接发生利息支出(如应付账款等),而且长期负债与短期负债也存在利率上的差异,因此,在确定公司的负债额时,剔除了不需要计付利息的负债,如应付款项等;同时,也应区分短期负债和长期负债。

(3) 加权平均资本成本的测算

计算公司的加权平均资本成本时,是以权益资本和债务资本在总资本中所占比例为权重,分别乘以按上述方法测算出来的各自的资本成本。

2. 资产报酬率的测算

作为与公司加权平均资本成本进行比较的资产报酬率,应该反映在经营过程中公司全部资源的利用效果,体现管理层利用公司现有资源创造价值的能力。这个比率应该是对公司自身盈利能力的衡量,不应考虑公司的资本结构和税收因素对公司盈利造成的影响,因而分子采用息税前利润指标。具体计算公式为:

$$\text{总资产报酬率} = \text{息税前利润} / \text{总资产平均余额}$$

需要注意的是,在比较公司的资本成本与资产报酬率时,不仅应参考历史数据,更多的还要关注这两项指标未来的动态变动情况,因为公司的资产报酬率和资本成本会随着公司盈利状况和货币市场的供需情况的变化而改变,因此,对公司资本结构合理性的分析,也应该是动态的。当然还应考虑产品乃至行业的周期、行业商业模式等因素对二者所造成的影响。

5.2.2 资本期限结构与资产期限结构之间的比较分析

公司资金来源中的所有者权益部分,在公司制这一现代公司组织形式下,属于永久性资金来源。公司资金来源中的负债部分,则有流动负债与长期负债之分。Jensen & Meckling(1976)指出投资与筹资决策间存在相互影响。也就是说,公司筹集资金的用途应在一定程度上决定筹集资金的类型:公司增加永久性流动资产或增加长期资产,应当通过长期资金来源(包括所有者权益和长期负债)来解决;公司由于季节性、临时性原因造成的流动资产中的波动部分,则应由短期资金来源来解决。但需要注意的是,某些公司因为战略发展的需要,或者出于资本成本和财务弹性的考虑,往往会出现资本期限结构与资产期限结构暂时不相匹配的情况。面对这些特殊情况,应该根据具体情况进行动态的分析,而不应"一刀切"地轻易下结论。

1. 资本期限结构的测算

本书采用长期债务(指偿还期限在一年以上的债务)和永久性资本(指所有者权益)占总资本(指可用资产总额)的比例来度量资本期限结构。计算公式为:

$$资本期限结构比率 = (长期负债 + 所有者权益)/ 资产总额$$

2. 资产期限结构的测算

资产期限结构指公司资产产生现金流的期限结构。Guedes & Opler(1996)采用固定资产占总资产的比例来度量资产期限结构。本书考虑到长期股权投资、无形资产等非流动资产项目也不可忽视,故采用非流动资产占总资产的比例来度量资产期限结构。计算公式为:

$$资产期限结构比率 = 非流动资产 / 资产总额$$

3. 资本期限结构与资产期限结构的比较

所谓公司资本期限结构与资产期限结构相匹配,是指按上述公式测算出来的资本期限结构比率与资产期限结构比率大体相当,否则,便可认为资本结构质量可能存在一定问题。具体可采用资本资产期限结构差异率指标来将两者加以比较,计算公式为:

$$\begin{aligned}&资本资产期限结构差异率\\&= (资本期限结构比率 - 资产期限结构比率)/ 资产期限结构比率\end{aligned}$$

5.2.3 资本结构的财务弹性分析

所谓资本结构的财务弹性分析，就是考察公司在所能承受的财务风险范围内，通过进一步举债等方式来改变现有资本结构以扩充资本规模、解决意外资金需求的可能性和难易程度。考察公司资本结构的财务弹性①，需要对公司目前财务杠杆状况所引起的财务风险进行分析；对公司财务杠杆状况与公司未来融资要求以及未来发展的适应性作出评价。广义的财务杠杆一般可以表现为三种关系：负债与资产的对比关系（即资产负债率）、负债与所有者权益的对比关系（即产权比率）、长期负债与所有者权益的对比关系（即通常意义上的资本结构）。实际上，上述三种关系所表现的实质内容是一致的。财务杠杆比率过高时，公司在财务上将面临双重压力：一是公司将承受过于沉重的支付压力，财务风险加大，以至于有可能无法正常偿还到期债务的本金和利息；二是随着财务风险的加大，危机成本及代理成本会相应增加，从而使债权人因风险加大而在债务契约中加入诸多限制性条款，导致公司在投资、融资及股利分配等财务决策方面丧失部分弹性。而保持适度的财务弹性，是灵活适应资本市场变动的必要条件，是合理运用财务杠杆收益的前提，是调整融资规模、融资结构的基础。

研究公司资本结构的财务弹性，需要结合影响公司未来融资要求以及未来发展的公司战略，对财务杠杆状况与公司未来融资要求以及未来发展的适应性作出评价。如果竞争战略能够引导一个公司的投资决策，投资决策能够影响筹资决策，那么就应该预期不同的资本结构服务于不同的战略（Williamson，1988）。Barton & Gordon（1988）找到更多的证据，证实了不同的战略方向确实会有不同的债务水平。于晓红、王丽南（2008）指出，创新型公司更倾向于通过权益筹资来保持较高的财务弹性，财务弹性对于追求以创新为基础的竞争战略的公司来说是一个关键性因素。因此，资本结构的财务弹性从某种程度上可以理解为：针对公司的战略调整，资本结构作出相应改变以适应公司未来融资要求以及未来发展的程度。

而要得到有关财务弹性方面的信息，既要根据公司的财务报表（主要是资产负债表），又要离开财务报表去了解公司的一些无形资产，如声誉、信用等级

---

① 尽管本书特别强调“资本结构”的财务弹性，与其他学者（如葛家澍、李秉成等）所探讨的财务弹性在内涵上略有不同，但在进行评价时所考虑的因素（诸如现金流量的充实度以及其他表外项目等）却基本相同。

和融资能力（葛家澍、占美松，2008）。也就是说，考察公司资本结构的财务弹性，应该将资本结构与公司的很多相关因素联系起来，而不能单独就资本结构本身作出评价。因而资本结构的财务弹性具有相对性的特征。

1．反映资本结构财务弹性的财务指标

（1）反映公司现实财务杠杆程度的财务指标

① 资产负债率

这个指标是衡量公司财务杠杆程度以及财务风险的主要指标，是对公司负债状况的一个总体反映。计算公式为：

资产负债率 = 负债总额／资产总额

② 产权比率

该指标衡量公司自有资金对借入资金的保障程度。计算公式为：

产权比率 = 负债总额／所有者权益总额

这两个比率应该是多大，通常没有定论。这两个比率的大小除了受公司所在行业、所处经营周期等经营因素的影响，还与公司管理层的经营方针有关系。不过通常认为，产权比率和资产负债比率较低，财务风险会较小，易于被控制在公司所能承受的范围之内，资本结构的财务弹性就相对较大。但是并不是产权比率和资产负债率越低越好，因为公司的目的是股东财富最大化，利用财务杠杆可以利用经营机会，借用债权人的资金为公司赚取更多的利润。所以，对于不同的公司，应根据公司自身的实际情况确定所能承受的最大限度的财务风险，进而采取不同的融资策略。

③ 流动负债占比

Morris（1992）的实证研究表明，具有高财务杠杆比率的公司一般倾向于发行长期债务，目的是避免出现破产风险。即使公司的整体资产负债率水平不高，如果其流动负债过高，同样甚至更加容易诱发公司财务危机（洪乐平，2004）。因此，通过考察流动负债占比，可在一定程度上揭示公司潜在的财务风险，有助于进一步分析公司资本结构的财务弹性。计算公式为：

流动负债占比 = 流动负债总额／负债总额

（2）反映公司资产流动性的财务指标

流动性主要是考察公司一年内可变现的资产和一年内应偿还的负债之间的匹配程度。分析流动性的目的是估计一年内甚至在更短时间内公司可以获得现金的能力。流动性与财务弹性、风险等信息密切相关（葛家澍、占美松，2008）。

① 流动比率

流动比率反映公司运用其流动资产偿还流动负债的能力。计算公式为：

流动比率 = 流动资产 / 流动负债

因为流动负债具有偿还期不确定的特点，流动资产具有容易变现的特点，正好可以满足流动负债的偿还需要，所以流动比率是分析资产流动性的最主要指标。由于在全部流动资产中，各项目在清偿债务时的"可用性"[①]并不相同，因此，流动比率仅是一个较为粗略的评价公司资产流动性的比率。

② 速动比率

为了更精确地评价公司资产的流动性，需要剔除流动资产中"可用性"差的项目，就出现了速动比率，也叫酸性测试比率。

速动比率 = 速动资产 / 流动负债

由于公司资产的实际变现速度受诸多因素的影响而迥然不同，还有必要进一步结合应收账款周转率和存货周转率等指标，以综合判断公司资产真实的流动性。

③ 现金比率

一般认为，资产的现金含量越高，公司的财务弹性就越大，发生潜在财务风险的可能性就越低，因此，资产的现金含量越高，资产质量就越好（黄世忠，2007）。现金比率可以用以衡量资产的流动性，但它是三个流动性比率中最为保守的一个。计算公式为：

现金比率 =（货币资金 + 现金等价物）/ 流动负债

（3）反映公司现金充实度的财务指标

相对于一定规模的债务来说，若公司能产生较为充裕的现金流量，则可认为公司对于债务具有较强的支付能力，面对未来的投资机会和各种意外情况，还会有能力通过举借新债或增发新股等方式筹措新的资金以扩充公司的资本规模。因此，可以认为公司在现金充实度较高的情况下能保持较高的资本结构财务弹性。公司现金充实度可通过将公司现金流量与负债进行比较来衡量。而现金流量可以从经营性现金流量和自由现金流量这两个角度进行分析（黄世忠，2007）。常用的财务指标与基于支付能力的财务风险评价指标基本相同，主要包括：负债现金偿付比率、到期债务本息现金偿付比率、利息现金保障倍数、自由现金利息保障倍数以及自由现金总负债率等等。

① 所谓"可用性"，是指资产及时、不贬值地转变为可以清偿债务的现金、银行存款的能力。

2. 反映资本结构财务弹性的表外因素

公司财务报表附注中往往会涉及一些反映公司资本结构财务弹性的表外因素。具体地说,主要包括如下几个方面:

(1) 未使用的银行贷款额度

尚未使用的银行贷款额度越高,公司就越容易向银行申请贷款,渡过财务危机。

(2) 可能迅速转化为现金的长期资产的有关状况

在不影响公司正常生产经营活动的情况下,可能迅速转化为现金的长期资产的有关状况与公司财务风险同样密切相关,可用非经营性资产(通常情况下为公司的投资性资产)构成比例作为分析参考。如果这一比率较高,说明弹性较强不容易发生财务风险。

非经营性资产比率 = 非经营性资产 / 经营性资产

(3) 公司是否具有较好的长期债务融资能力

如果公司有较好的长期债务融资能力,表明公司具有通过发行债券筹集资金的能力,比较容易应付突发现金需求;相反,公司的长期债务融资能力欠佳,公司通过发行债券来筹集资金就比较困难,资金周转出现问题,容易陷入财务困境。

(4) 或有事项

公司的或有事项对公司财务影响很大,如待决诉讼一旦败诉,公司将要赔偿别人一笔资金,这势必会造成公司应付突发现金需求的困难。另外,公司对外担保也会对公司资本结构财务弹性产生的不利影响,在一定程度上会影响公司再融资的约束性条款和资本成本。一般来说,公司或有事项项目越多,发生财务风险的可能性就越大。但这不是绝对的,具体要视或有事项的性质而定。

5.2.4 股权结构对财务风险的影响分析

股权结构是指公司股权类型及其比例配置的结构,是公司股本各构成部分之间比例关系的体现(赵丽琼、柯大纲,2008)。近年来,一系列知名公司陷入财务困境、轰然倒塌的案例频频发生。究其根源,在于公司治理机制的失效。而作为公司治理基础的股权结构是影响公司财务风险、可能导致公司陷入财务困境的关键因素(钱忠华,2009)。同时,它对陷入困境的公司尽快得以恢复也具有不容忽视的作用(赵丽琼、柯大纲,2008)。姜秀华和孙铮(2001)、姜国华和王汉生(2004)、曹德芳和夏好琴(2006)等通过建立财务预测模型分析上市公司陷入财务困境的原因发现部分股权结构因素对公司财务风险有显著影响。他们的主要结论有:弱化的公司治理容易增加公司财务风险并引发公司的财务困境;第一大股东的持股比例显著地影响公司陷入财务困境的可能性;管理层持股也对公司的财务风险有影响作用等。基于中国特定的制度背景和财务分析数据的可得性,本书从股权集中度和控股股东性质两个方面研究股权结构与公司财务风险之间的关系。

1. 股权集中度对公司财务风险的影响分析

(1) 股权集中度影响公司财务风险的机理分析

股权集中度是分析公司股权结构特征的主要依据。由于控股股东与中小股东的目标函数并不完全一致,控股股东更多地倾向于谋求控制权的自身收益,而非可与中小股东共享的其他利益。特别是,控股股东对中小股东的利益侵占在法律和公司治理机制对中小股东保护不足或低效的新兴市场国家中表现得尤为突出(La Porta,1999)。Johnson 等人(2000)专门提出了"掏空(Tunneling)理论",并对大股东掏空上市公司的行为进行了大量的实证研究。我国上市公司的一个特色就是股权普遍较集中,这使得控股股东会显著地影响上市公司的行为。众多研究发现,控股大股东的存在使得上市公司被"掏空"的现象非常普遍(李增泉等, 2005),而这显然会增加上市公司的财务风险。陈晓和王琨(2005)发现,控股股东之间的制衡能力越强,上市公司和控股股东之间发生关联交易的可能性越低。实证研究表明,股权集中度和公司财务风险之间确实存在显著的正相关关系(于富生等,2008)。

而随着研究的进一步深入,不少学者发现掏空理论的说服力在削弱。Friedman,Johnson & Mitton(2003)提出了与掏空相反的概念——支持(Propping),这是一种输入型利益输送。他们认为,控制性股东不仅会实施掏空行为侵占公司利益,同时还可能在公司处于财务困境的时候,利用私人资源对上市公司提供支持,从而有助于改善公司财务状况,使小股东受惠。当然这种支持行为可能更多的是由于控制性股东希望上市公司继续生存以保留未来实施掏空行为的机会。Riyanto & Toolsema(2008)也认为,由于控制性大股东支持行为的存在,改善了部分公司的财务状况,为小股东的投资提供了激励。也就是说,高集中度的股权反而会降低大股东对中小股东的侵占,控股股东拥有上市公司股份越多,掏空的速度就会越慢(La Porta,2002)。第一大股东持股比例的增高意味着大股东在上市公司中的利益取向更倾向于"协同效应"(江伟、沈艺峰,2005)。也就是说,股权的进一步集中会使得控股股东与中小股东的利益趋同程度提高,从而使利益侵占效应变弱。因而尽管总体上说来,国内的研究普遍认为控股股东会“掏空”上市公司,但是股权的集中又使得控股股东顾及自身利益而弱化其“掏空”的行为,上市公司的财务风险反而变小。钱忠华(2009)利用1999—2006年中国上市公司的数据研究了股权结构和公司财务困境之间的关系。结果表明,股权集中程度越高,公司面临财务风险及陷入财务困境的概率越低。即使公司陷入财务困境,沦为ST公司而“披星戴帽”,第一大股东控股比例较高也有利于公司摘帽(赵丽琼、柯大纲,2008;郑海燕等,2009)。

(2)股权集中度的评价指标构建

目前国内外相关学者普遍采用第一大股东持股比例来度量股权集中度,计算公式为:

第一大股东持股比例 = 第一大股东所持股份 / 总股本(份数)

此外,部分学者还同时采用“前五大股东持股比例之和”来度量股权集中度。

2. 控股股东性质对公司财务风险的影响分析

陈小悦、徐晓东(2001)认为,第一大股东为国家股股东的公司有着更大的规模、更高的财务杠杆比率和更长的上市时间。这一情况表明,这类公司在首次公开发行和获得长期贷款上均得到政府的照顾。这在一定程度上说明,我国上市公司的控股股东性质对其财务风险的形成具有影响作用。近年来国内外涌现了一批文献,研究控股股东的性质对上市公司的影响(刘芍佳,2003;叶勇、胡培、何伟,2005等)。对于控股股东性质的分类多种多样,一种是直接分为国有控制人与民营控制人(刘芍佳,2003);另一种是进一步细分为中央政府控制的上市公司、地方政府控制的上市公司与民营控制人控制的上市公司(曾庆生,2004),并且认为这三类控制人对上市公司的影响是不一致的。

尽管中国改革开放程度和市场化程度在不断提高,但是国有公司与政府的紧密联系仍然存在,因而相对于非国有公司而言,国有公司一般情况下较易获得更多的政策优惠和政府支持。而民营公司虽然大多都有着比较强烈的融资需求,但是出于制度的原因,融资约束问题比较严重。中国民营公司的融资困境源于国有金融体制对国有公司的金融支持和国有公司对这种支持的刚性依赖(张杰,2000)。体现在银行贷款市场上,由于国有公司与国有银行的共同产权导致占商业银行主体地位的国有商业银行的贷款都流向了政府控制的上市公司,而民营公司却很难从银行获得足够的债务资金;体现在股票市场上,不断提高的准入门槛使得大量处于成长期的民营公司无法在股票市场上筹集资金。此外,与国有公司不同,民营控制人有更强烈的盈利倾向,因此民营控制人相对中央和地方政府有着更强烈的“掏空”上市公司的动机,因而民营上市公司发生财务危机的概率较高。钱忠华(2009)的研究发现,国有上市公司面临财务风险和发生财务困境的概率要显著低于非国有上市公司。并且,控股股东为国有性质时摘帽的可能性也较大(赵丽琼、柯大纲,2008)。相关学者在实证研究中通常将控股股东的性质设置为哑变量,如果控股股东性质是国有则为1,否则为0。

5.3 增长速度、资产质量、盈利质量对公司财务风险的影响分析

5.3.1 增长速度对公司财务风险的影响分析

从公司可持续增长的角度来分析,公司的技术、资源条件以及公司与特定环境的交互作用方式决定了公司可持续增长的速度。公司不可能仅通过举债等快速融资方式实现无限快速的增长,最优的增长速度是能够使资源效率最大化的速度(Marris,1963)。Higgins(1977)指出,可持续增长率是指在不需要耗尽财务资源的情况下,公司销售所能增长的最大比率。也就是说,在一定时期公司的理想增长速度在理论上应当有一个设定值,若公司的实际增长速度与这一理论设定值相一致,意味着其实际增长与自身的资源相协调。如果增长速度过快,就会引起公司资源的紧张,给公司带来较大的财务风险,甚至可能招致公司的财务危机或破产。如果增长速度过慢,则会导致公司资源不能有效利用,进而丧失增长能力直至被他人兼并,同样会引起公司的生存危机。

公司的成长发展具有其内在的客观规律性,作为特定行业的公司,依据其内部留存收益的提升及内部积累来获得扩张的空间是有限的,忽视这种客观规律片面追求发展速度和规模扩张,超越了公司内部资源条件的制约,公司就需要严重依赖外部融资。而且,随着公司规模的扩张、公司边界的扩大,占用的资金量大幅增加,管理幅度也大大增加,各种资源的配置、协调和管理难度大大增加,导致盈利能力和周转能力的下降,对外部融资更加依赖。而外部比较便捷的融资手段就是负债,快速扩张使公司的负债率急剧上升,从而使公司因处于风险之中而变得极为脆弱,公司经营中的任何因素,如市场波动、行业或宏观经济的冲击

等,都可能导致公司资金链条断裂,进而酿成重大危机。

对此,Higgins 早在 1977 年就提出警告:从财务角度看,增长并不总是上帝的一种赐福。快速的增长会使一个公司的资源变得相当紧张,因此,除非管理层意识到这一结果并且采取积极的措施加以控制,否则,快速增长可能导致破产。一个公司没有增长,是一种危险,这样会抑制公司价值创造的潜力,但这种风险很容易就能被经营者所意识,并加以防范;而公司增长过快,则容易使经营者们沉醉于高速增长的快感,让速度掩盖了公司内部矛盾混乱的危险(汤谷良,2004)。快速增长的公司因财务压力而衰败的例子比比皆是,如国外的安然公司、世通公司,国内的巨人集团、三株口服液等。这足以证明:公司的超常增长或跳跃式发展,经常不是走向成功而是走向毁灭。

公司在某一时期,其财务资源是有限的,公司增长必须充分考虑并合理解决公司资产结构与资本结构的平衡、盈利性与流动性的平衡等一系列财务问题。由于实物资产的整体性和变现约束性,超速增长会使公司资产结构中非流动资产的比重增长过快,导致有限的财务资源被冻结,从而使公司资金周转产生困难,降低资产整体的流动性。而长、短期负债的资本成本与风险各不相同,这就需要对其资本成本与风险进行权衡,以确定出既能使风险最小,又能使公司盈利能力最大化的债务结构。因此,超速增长使得资产盈利性与流动性之间的矛盾更为突出,而资产结构与资本结构的内在平衡以及相互之间的协调是决定公司增长速度的内在因素。

5.3.2 资产质量对公司财务风险的影响分析

资产是公司进行生产经营活动的必备条件,资产质量是公司管理质量和公司治理质量的集中体现,也是公司盈利能力的基础,资产质量的优劣直接影响和制约着公司经营活动的兴衰和成败。而从财务风险角度,由于资产是公司偿还债务的物资保障,因此公司资产质量的好坏也会在很大程度上影响公司面临财务风险的大小,应成为公司债务融资决策以及资本结构决策的一个重要依据。甘丽凝(2007)就资产质量、债务融资与公司价值之间的关系进行了理论分析和实证检验,发现高资产质量公司,债务融资与公司价值为正相关关系;低资产质量公司,债务融资与公司价值为负相关关系,并且在国有控制公司中表现得尤为明显。公司的资产质量能够影响资本结构的选择,并进而影响到公司资本结构的治理效应,因此资产质量与资本结构的研究能够为投资者提供有用信息,有助于投资者作出正确决策(甘丽凝,2009)。

由于资产质量受众多因素的影响,很难给予定量的评价(宋献中,2001),因此,对资产质量的评价应更多地结合公司外部经济环境和自身经营特点,根据资产的质量特征来进行较为深入、全面的定性分析。前已述及,公司资产质量特征可以从三个层面来把握:资产的总体质量、资产的结构质量以及资产的个体质量。资产的总体质量是指资产作为一个统一的整体,在经营运作过程中所表现出来的增值性和获现性;资产的结构质量是指公司资产结构中所体现出来的各部分资产之间的有机整合性、整体流动性、与资本结构的匹配性和与公司战略的吻合性;资产的个体质量则是强调各项资产单独所具有的盈利性、保值性、周转性和与其他资产组合的协同性。在分析资产质量对公司财务风险的影响时,可以结合资产质量特征分别从资产的盈利性、保值性、整体流动性、获现性以及与资本结构的匹配性等几个方面展开。

1. 资产的盈利性对公司财务风险的影响

根据权衡理论,负债具有缓解代理成本的作用;根据信号理论,负债具有显示公司质量的作用,因此,盈利能力强的公司,债务破产成本相对较小,公司应该利用较大的负债起到信号显示作用。权衡理论放松了 MM 理论关于无破产风险的假设,在考虑负债带来的减税效应的同时,也考虑了财务拮据成本和代理成本对资本结构造成的影响。该理论认为在负债的抵税效应和财务拮据成本之间存在着一种权衡,当两者之间的权衡使总成本最低时,就形成了最优的资本结构。根据权衡理论可知,资产盈利性越大,公司破产风险就越小,财务拮据成本也越小,进而可以使得公司负债的承受力增强,即可以承受更大的资产负债率,于是可以进行下列假设:盈利能力与财务风险应为负相关关系,与负债比率应为正相关关系。而根据 Myers & Majluf(1984)的融资优序理论,公司融资顺序依次为:内部资金、债务资本、权益资本,这意味着只有当公司内部资金不能满足需要时,才会发行债务资本,盈利能力越强,则公司利用内部资金比例就越大,相应地负债比率则越小,由此,盈利能力与负债比率应为负相关关系。Allen(1991),Cassar & Holmes(2003)对澳大利亚公司资本结构的研究结果支持 Myers 的融资优序理论。Kester(1986),Titman & Wessels(1988),Friend & Lang(1988)实证检验两者之间关系为负相关,也有的学者利用不同国家的数据验证其负相关关系(Rajan & Zingales, 1995; Wald, 1999; Booth et al., 2001)。然而 Long & Maltiz(1985)研究发现,盈利能力和负债比率之间的关系为正相关,但是相关关系并不是很显著。在我国上市公司资本结构实证研究中,陆正飞、辛宇(1998)和吕长江、韩慧博(2001)的研究发现,公司的盈利能力与负债率负相关。洪锡熙、沈艺峰(2000)实证研究发现盈利能力与公司负债比例存在正相关关系。可见,在我国资产收益性对负债比率的影响并不存在一致的结果。主要的原因应有如下几点:一是不同的学者采用的样本不同;二是盈利能力对财务杠杆的影响还要受其他因素的作用;三是我国市场经济发展还不成熟,资本市场的发展也在不断完善,特别是债券市场不发达,导致许多公司融资偏向于股权融资。但不管实证研究结果表明盈利能力与资本结构的关系如何,资产的盈利能力与公司财务风险之间的负相关关系应是不争的事实。

2. 资产的保值性对公司财务风险的影响

资产的保值性,又可称为资产的变现性,是指非现金资产通过交换能够直接转换为现金的能力,它强调的是资产作为公司债务的物资保障的这一效用。如果说资产的盈利性关注的是相应资产的增值能力,那么资产的保值性则关注的是相应资产按照账面价值实现其价值的能力。资产保值性越好,则资产售出的价格越接近甚至高于其账面价值,公司面临破产时,其破产成本就越小,公司对负债的偿还能力就越强,财务风险也就越低。由此可以假设:资产保值性与资产负债率是正相关关系,而与公司财务风险则是负相关关系。

Harris & Raviv(1990)的实证研究表明,清算价值和资产负债率是正相关关系。在其模型中,资产负债率可以反映公司的盈利能力,投资者可以利用负债信息对公司经营策略在必要时进行决定,特别是在公司有违约情况时,投资者会权衡违约清算成本和继续经营的潜在收益。随着资产变现性的提高,违约成本在下降,投资者可以利用负债信息来获得公司质量的信息。由此可以看出,资产的保值能力对负债起到了担保作用,即资产变现性和负债比率是正相关关系。此外,由于有形资产相对于无形资产来说具有更强的保值性,因此有形资产在资产中所占的比例应与负债率为正相关关系。Marsh(1982)、Long & Malitz(1985)、Friend & Lang(1988)、Rajan & Zingales(1995)以及 Wald(1999)均先后证实了这一观点。然而 Myers & Rajan (1998)认为,较高的资产变现性可以降低经理人员交易资产和剥夺外部投资者价值的成本,但同时,较高的资产变现性也使得外部投资者较易通过清算获得对公司的控制。这两方面的影响,使经理人员和外部投资者之间的冲突会随着资产变现性的提高而逐步提高。因此在缺乏交易风险时,负债比率与资产的变现性之间为非线性关系,即随着资产变现性的提高,最优负债比率先是提高然后下降。

3. 资产结构的整体流动性对公司财务风险的影响

资产的流动性是指资产的变现速度。资产结构的整体流动性可以通过流动性较强的资产在总资产中所占比例来加以衡量。一般来说,公司资产结构中流动性强的资产所占比例越大,公司资产的整体流动性就越强,相应地,公司偿债能力也就越强,财务风险越小。

虽然资产的整体流动性与财务风险之间的负相关关系较为明确,但与负债比率之间的关系却存在许多争论。Williamson(1988)认为资产流动性的提高,意味着资产很容易被卖掉,对债务融资起着担保作用,因此资产流动性和负债比率之间的关系应为正相关关系。Shleifer & Vishny(1992)认为非流动资产在出售时面临较高的折价,导致较高的破产成本,因此有较多非流动资产的公司(即资产结构的整体流动性较差)为了降低破产成本,会通过降低负债比例来降低违约可能性和破产成本,即资产流动性和负债比率之间的关系也为正相关关系。而 Myers & Rajan(1998)和 Morellec(2001)则认为经理可以通过销售资产来转移债权人的财富,因此资产流动性和负债比率之间的关系不应该是线性关系。其中,Myers & Rajan(1998)预测资产流动性和负债比率之间的关系为倒 U 型关系,即当经理可以处置资产时,随着资产流动性的提高,负债比率先是提高然后下降。Morellec(2001)通过模型预测,如果经理可以处置资产,则高资产流动性可以降低最优负债比率。Valeriy Sibilkov(2006)实证研究发现两者是正相关关系,资产流动性与担保债务之间的关系为正相关关系,而与非担保债务之间的关系为非线性关系。肖作平(2004)利用双向效应动态模型,对 239 家非金融类上市公司 1995—2001 年的数据进行分析,研究结果发现:有形资产比率、公司规模、产品独特性与负债比率正相关;成长性、资产流动性和现金流与负债比率负相关。

4. 资产的获现性对公司财务风险的影响

资产的获现性,是指资产在使用过程中能够为公司创造现金净流量的能力。资产获现性关注公司在获得利润的同时产生相应现金流量的能力,它突出强调的是资产自身的造血功能。在"现金为王"财务管理理念中的"现金"绝不是指公司投资活动或者筹资活动产生的现金,而是指公司经营活动产生的现金。公司的负债无论是本金还是利息,到期时一般都需要采用现金形式进行偿付,公司负债额越大,期限越短,现金的支付量就越大。当公司资产的获现能力较差,即自身的造血功能出现问题,甚至出现现金流出量超过现金流入量的情况时,公司就会产生支付困难,从而引起财务风险的不断加大。从另一个角度来说,资产的获现性越差,公司的现金越是短缺,利用短期负债融资来弥补现金不足的需要就越强烈,进而会在很大程度上加大公司的短期财务风险。目前,我国上市公司普遍存在着有利润无现金的现象,这说明公司在经营上存在着较为严重的问题,并导致公司大量地利用短期负债融资来弥补现金不足,从而使上市公司从账面上看,资产负债率总体达40%以上,这种“被动负债”显然增大了公司的短期财务风险,也在一定程度上遏制了长期债务融资的能力。

权衡理论认为产生内部资源能力与负债比率正相关,因为产生内部资源能力强的公司选择更高的负债比率以获得更多的债务税盾。Jensen(1986)指出负债的好处是“能够提高管理者及其所在组织的效率”,从而起到“控制效应”的作用。因此,拥有大量自由现金流的公司应具有较高的债务,以限制管理层的自由裁量权。而根据Myers & Majluf(1984)的融资优序理论,由于信息不对称的存在,公司遵循融资优序模式:公司偏好于内部资源,如果内部资源被耗尽才发行债务,最后才发行权益。因此,产生内部资源能力与负债比率负相关。对于产生内部资源的能力,在很大程度上应与资产的获现性相关,肖作平(2004)采用总资产现金回收率(经营活动产生现金净流量/总资产)作为代理变量以检验产生内部资源的能力与债务比率之间的相关性。实证结果表明,现金流量与负债比率负相关,表明内部资源比债务融资更具有优越性,而这种偏好主要应源于信息不对称性。

5. *资产结构与资本结构的匹配性对公司财务风险的影响*

资产结构与资本结构的匹配性主要体现在:首先,公司资产报酬率应能补偿公司资本成本;其次,资产结构的长短期构成与资金来源的期限构成相匹配。即公司的流动资产作为公司最有活力的资产,应能为公司偿还短期债务提供可靠保障;同时短期资产由于其收益率较低,所以应主要由资本成本相对较低的短期资金来源提供支持;公司的长期负债由于其资金占用成本较高,因而应与公司的长期资产项目相匹配。资产结构与资本结构的匹配性不好,要么资产报酬率不足以补偿公司资本成本,造成公司对利息的支付能力较差;要么资产结构的期限构成与债务期限构成不匹配,后果最严重的是出现“短贷长投”的局面,这些情况都会在相当程度上加大公司的财务风险。

Morris(1976)最早提出了期限匹配假说。他认为,资产和债务期限匹配能够减少公司现金流不足以支付利息和投资需要所带来的风险;债务和资产匹配能够提高资金的使用效率。另外,期限匹配也能够规避利率变动带来的风险,并在其他债务期限结构理论中也有直接或间接的反应。Myers在研究中还指出,期限匹配确保了负债的按期偿还,从而债权人不必要求公司签订成本高昂的限制性条款来减少彼此冲突,从这个意义上来说,期限匹配事先降低了代理成本。

Stohs & Mauer(1996)将债务到期结构作为公司债务的具体细节信息来检验债务到期结构的决定因素,发现规模较大、拥有较多长期资产的公司使用更多的长期负债。Mery(2001)认为,公司通过匹配债务和资产的期限能够避免条款贴水。

5.3.3 盈利质量对公司财务风险的影响分析

从一个会计期间看,盈利质量表现为账面会计利润(或盈利)的变现能力;从长远观点看,盈利质量则表现为各期盈利持续发展的稳定程度(周晓苏,2004)。公司会计利润的变现能力在很大程度上与资产的获现能力相一致,它们对公司财务风险的影响也大体相似,因此本书不再赘述。而盈利的持续性会对公司的资本成本造成影响。

公司是一个契约集合体,其与债权人的关系也属于这一契约集合体之中的一部分,公司通过定期向债权人偿付本金和利息而解除这种契约关系。不同公司面临着不同的市场风险,当公司所面临的市场风险增加时,债权人将会更加依赖公司所披露的各种信息,并以此来评估其可能的违约风险,从而对公司的债务成本产生一定的影响。债务成本可以分为两个组成部分,其中按相应信用等级确定的利息及相关费用构成了公司的“显性”债务成本,而债权人因信息不对称所要求的风险溢价则构成了公司的“隐性”债务成本。高质量的盈余信息能降低投资者对资产收益或支付分布系数的估计风险(Barry,1985),帮助投资者区分好的投资和坏的投资。也就是说,高质量盈利信息能降低信息风险,减少风险溢价,从而会导致融资的资本成本降低(Handa,1993)。于富生、张敏(2007)以深圳证券市场部分 A 股上市公司为样本,研究了我国上市公司信息披露质量与债务成本之间的关系。研究发现,样本公司的债务成本与信息披露质量之间存在显著的负相关关系,即信息披露质量越高,债务成本越低,而且这一结果是稳健的。此外,公司的市场风险越大,信息披露质量对债务成本的影响程度就越大。而盈余平滑度和披露总体质量是影响公司融资成本的主要信息披露质量特征(曾颖、陆正飞,2006)。虽然盈余平滑度指标是指一定期间内上市公司盈余和现金流的相关程度,即应计项目的变化与相应年份现金流变化的相关系数(Bhattacharya,2003),用以衡量公司盈余管理的程度,但从对债权人评估公司违约风险所提供的信息支持来看,较高盈利持续性与较低盈余管理程度的意义大体相同,于是可以得出这样的结论:公司的盈利持续性越高,其债务成本也相对越低。

进一步还可以推断:在其他条件相同的情况下,公司的盈利质量越高,资本成本越低,公司偿付利息的压力相对就越小,财务风险也会越小。当然,在盈利质量较好的情况下,公司可能更容易取得债务融资,出于增长的需要,公司可以进一步增大负债比率,扩充资金来源,但需要将财务风险控制在它所能承受的范围之内。

本章小结

风险控制作为增长的制衡器,将最终有利于公司的安全运营和健康发展。本章以融资引起的财务风险为考察点,从风险性的角度对公司财务状况质量进行评价。由于公司面临的财务风险大小会受到诸多因素的影响,具有一定的相对性,因此本章分别基于支付危机与预警视角和流动性与期限结构视角构建财务风险评价指标。在此基础上,本章将相关评价指标作进一步整合,构建出基于财务风险的资本结构质量评价指标体系,从而为公司财务状况的风险性质量评价提供重要的参考依据。本章最后研究了公司增长速度、资产质量、盈利质量等重要方面对财务风险产生的影响,得出如下结论:(1) 公司超速增长或增长不足都会不同程度地增大财务风险;(2) 提升资产质量和盈利质量对控制财务风险具有一定的积极作用。这也充分肯定了"有质量的适度增长"对公司可持续发展的重要意义,同时也进一步证实了将"有质量的适度增长"作为公司财务状况质量评价标准的科学性和合理性。

第6章　公司财务状况质量综合评价

公司财务状况是指通过资产状况、债务风险状况、资本投入与积累状况、盈利状况以及现金流转状况等方面所揭示出的公司基本财务状态，它是公司战略实施的财务后果，是公司内在价值的决定因素，是公司持续经营的基本保障。通过对财务状况进行综合的质量评价，可以考察公司经营活动所产生的财务后果与经营战略目标之间的吻合程度、利用现有资源进行价值创造的实力以及可持续发展的潜力。同时，也可以揭示出公司在经营发展过程中存在的种种财务隐患，及时地对财务状况的失衡状态发出警告，从而有助于公司积极采取管理措施，尽早恢复到健康的发展状态。本章以“增长、盈利、风险三维平衡”理论为基础，构建出公司财务状况质量综合评价的指标体系，并以我国A股制造业上市公司为研究样本对该指标体系的有效性进行检验，同时采用聚类的方法对上市公司的财务状况进行分类研究，在质量评价的基础上加以危机预警。

6.1　公司财务状况质量综合评价的理论依据

如果说“价值创造观”是公司财务状况质量评价坚实的理论基石，那么财务报表的平衡机理更是从宏观层面、战略视角为公司财务状况质量评价提供了一个绝好的平台。在此基础上形成的“增长、盈利、风险三维平衡”理论，将成为公司财务状况综合质量评价的依据，为综合质量评价指标体系的构建与检验提供科学的判断标准。该理论强调公司良好的财务状况质量最终体现为资产总规模的不断增长，但这种增长绝不意味着盲目扩张，而是实现“有质量的适度增长”，是在保持适当的负债水平从而控制财务风险基础上的可持续增长。这种增长以公司相应的盈利能力和自我积累实力为基础，更重要的是要以一定的盈利质量和资产质量作为保证。概括来说，公司最为理想的财务状况质量应该是在相关风险得到控制、盈利质量和资产质量得到切实保证的前提下，公司资产总体规模的适度增长。公司财务战略能否顺利实施并最终实现战略目标，在很大程度上取决于公司能否在增长、盈利与风险三者之间保持长久、稳定的平衡关系，能否在健康的财务状况中谋求可持续发展。如果不能及时发现公司财务状况的失衡隐患，并积极采取各种管理措施对其加以修正，使其及早地恢复到平衡发展的健康轨道上来，那么公司最终将有可能陷入财务困境。

在公司财务状况的增长性质量评价方面，“有质量的适度增长”的评价标准具体体现为增长速度和增长有效性两个维度。具体地说，可通过对公司实际增长率与可持续增长率的比较和对资产质量的分析两个方面来评价财务状况的增值性质量，它是预测公司未来财务状况发展趋势的重要依据。由于经营性资产是公司自身经营发展的基石和物资保障，因而经营性资产的质量将在很大程度上决定公司的竞争优势和发展潜力。本书主要通过对经营性资产的质量评价来大体揭示公司对全部资产的质量管理水平。

在公司财务状况的盈利性质量评价方面，应该从盈利数量和盈利质量两个维度加以展开。盈利数量，即所谓盈利水平或规模，是公司收入规模扩张的财务结果，是显性的盈利因素，它是公司增长的内部源泉和动力；而盈利质量则隐藏于盈利数量之中，是公司盈利水平的内在揭示，是隐性的盈利因素，它是公司“有质量的适度增长”的前提条件。由于盈利规模是一个绝对指标，在公司之间进行比较没有意义，因而本书侧重对盈利质量进行评价，分别从盈利后果质量和盈利的结构质量两个维度来考察盈利的获现性和持续性，构建出一套完整的公司盈利质量评价指标体系。

在公司财务状况的风险性质量评价方面，受资料的可得性限制，本书侧重以融资引起的财务风险为考察点，与公司资本结构质量评价相结合，从资本成本、期限结构、财务弹性以及股权结构等多个角度构建了基于财务风险的资本结构质量评价指标体系，用以揭示公司在经营过程中所面临的财务风险，并以此为基础构建财务状况的风险性质量评价指标体系。

6.2 公司财务状况质量评价指标体系的构建

本书遵循重要性、全面性、先行性、可得性原则，在前面几章研究成果的基础上，按照“增长、风险、盈利”三个维度构建了以财务报表分析为基础的公司财务状况质量综合评价的指标体系，如表 6.1 所示。

表 6.1　公司财务状况质量评价指标体系

维度	项目		财务指标及计算公式	与质量的关系
增长	增长速度		可持续增长率 = 销售净利率 × 资产周转率 × 权益乘数 × 收益留存率	
			销售增长率 = (营业收入$_t$ − 营业收入$_{t-1}$) / 营业收入$_{t-1}$	
			偏离可持续增长程度 = |(销售增长率 − 可持续增长率)| / |可持续增长率|	反向
	经营性资产质量	周转性	商业债权周转率 = 赊销营业收入 × (1 + 增值税税率) / (应收票据平均原值 + 应收账款平均原值)	正向
			存货周转率 = 营业成本/存货平均原值	正向
			有效经营性流动资产周转率 = 营业收入/(流动资产平均余额 − 交易性金融资产平均余额 − 其他应收款平均余额 − 其他流动资产平均余额)	正向
			经营性固定资产周转率 = 营业收入/(固定资产平均原值 + 投资性房地产平均原值或平均公允价值)	正向
			经营性资产周转率 = 营业收入/经营性资产平均原值	正向
		增值性	经营性资产报酬率 = 狭义营业利润/经营性资产平均原值	正向
			经营性资产保值率 = 经营性资产平均净值/(经营性资产平均净值 + 经营性资产当期减值损失)	正向
		获现性	经营性资产获现率 = 经营活动现金净流量/经营性资产平均原值	正向
风险	资本结构质量	资本成本	总资产报酬率 > 资本成本 其中:总资产报酬率 = 息税前利润/总资产平均余额	正向
		期限结构	资本资产结构期限差异率 = (资本期限结构比率 − 资产期限结构比率)/资产期限结构比率 其中:资本期限结构比率 = (长期负债 + 所有者权益)/资产总额 资产期限结构比率 = 非流动资产/资产总额	正向
		财务弹性	资产负债率 = 负债总额/资产总额	反向
			流动负债占比 = 流动负债总额/负债总额	反向
			流动比率 = 流动资产/流动负债	正向
			速动比率 = 速动资产/流动负债	正向
			现金比率 = (货币资金 + 现金等价物)/流动负债	正向
			负债现金偿付比率 = 经营活动产生的现金净流量/负债总额	正向
			到期债务本息现金偿付比率 = 经营活动产生的现金净流量/(本期到期债务 + 利息支出)	正向
			利息现金保障倍数 = 经营活动产生的现金净流量/利息支出	正向
			自由现金利息保障倍数 = 自由现金流量/利息支出	正向
			自由现金总负债率 = 自由现金流量/债务总额	正向

（续表）

维度	项目		财务指标及计算公式	与质量的关系
风险	资本结构质量	股权结构	第一大股东持股比例 = 第一大股东所持股份/总股本（份数）	正向
			前五大股东持股比例 = 前五大股东持股比例之和/总股本	正向
			将控股股东的性质设置为哑变量，如果控股股东性质是国有则为1，否则为0	
盈利	盈利质量	盈利后果质量	净利润现金差异率 =（调整后的经营现金净流量 - 净利润）/资产平均余额	正向
			核心利润现金获取差异率 =（经营活动现金净流量 - 同口径核心利润）/平均经营性资产总额	正向
			投资收益现金获取差异率 =（相应的现金回款额 - 扣除处置收益后的投资收益）/平均投资性资产总额	正向
		盈利结构质量	毛利率 = 毛利/营业收入	正向
			核心利润率 = 核心利润/营业收入	正向
			主营业务收入占比 = 主营业务收入/营业收入	正向
			核心利润占比 = 核心利润/营业利润	正向
			销管费用率变动率 =（销管费用率$_t$ - 销管费用率$_{t-1}$）/销管费用率$_{t-1}$	反向
			资产减值损失绝对值占比 = 资产减值损失的绝对值/核心利润	反向
			资产贬值率 = 资产减值损失/资产平均余额	反向
			公允价值变动损益绝对值占比 = 公允价值变动损益的绝对值/核心利润	反向
			营业外收支净额绝对值占比 = 营业外收支净额的绝对值/营业利润	反向
			未实现损益绝对值占比 = 未实现损益的绝对值/核心利润	反向
			核心利润现金获取比率 = 经营活动产生的现金净流量/同口径核心利润	正向

资料来源：作者自行整理。

6.3 检验与分析

6.3.1 数据筛选

本章以沪深两市的制造业上市公司为研究对象,采用合并报表数据计算各项指标,财务数据来自 2006—2008 年的新准则年度财务报告,以及 2005 年按新准则调整后的年度财务报告。主要基于如下考虑进行筛选:(1) 剔除财务报告审计意见非标准的样本。(2) 剔除营业利润或核心利润为负的样本。(3) 剔除评价指标中出现极端值的样本。(4) 剔除数据不全的样本。最终样本容量为 397 个。数据主要来自于锐思金融研究数据库,数据处理和分析主要采用 Excel 和 SPSS 软件。

6.3.2 研究设计

这里所研究的"高增长"或"低增长"并不是绝对的概念,而是相对的,即实际的增长率相对于可持续增长率而言是高了还是低了。因此,本书参照崔学刚等(2007)的做法,设计了偏离可持续增长程度指标,计算公式为:

偏离可持续增长程度指标 =|(销售增长率 - 可持续增长率)|/| 可持续增长率|

该指标的绝对值越大说明实际增长率偏离可持续增长率的程度越高。根据该指标的大小排序把样本划分为"超速增长"、"适度增长"和"低速增长"三个类别,分别记为 H 组、M 组、L 组,样本容量分别为 132、133、132。本书首先比较各组样本在增长速度、资产质量、风险、盈利质量四个方面的指标值的平均水平;其次通过 t 检验找出均值水平差异显著的指标;最后对资产质量、风险、盈利质量指标分别作因子分析,利用因子得分计算资产质量、风险、盈利质量的综合评分,分别考察三类公司的增长—资产质量、增长—风险、增长—盈利质量等方面所表现出来的特征。

需要说明的是,由于数据可获得性的限制,综合评价指标体系中的个别指标难以计算,或者数据缺失值过多,本书在实证研究中放弃了这样的指标,具体包括:(1) 行业平均增长率;(2) 投资收益现金获取差异率(计算该指标要用到投资收益附注数据,截至本书完成日锐思数据库的该项目只更新到 2007 年 6 月 30

日,不满足计算要求);(3) 控股股东的性质(数据缺失太多,不满足研究要求);(4) 资本成本(在指标体系的设计中资本成本用于和总资产报酬率作对比,从而判断公司的风险。目前没有可靠的计算资本成本的方法,尽管如此,资本成本是个客观存在的量,总资产报酬率越高,意味着公司的收益率能够达到投资者要求的报酬率的可能性越高,公司风险就越小。因此本书暂不考察资本成本,而是把重点放在对总资产报酬率的分析上)。

6.3.3 检验结果

1. 指标值的描述统计

计算出 2006—2008 年的各指标值后,进一步计算各指标的三年平均值。考虑到偏离可持续增长程度指标是进行样本分组的关键,均值容易受极端值影响,而中位数比较稳健,本着谨慎性原则,这里以偏离可持续增长程度的中位数为依据,把样本划分为 *H*、*M*、*L* 三个组,各分组以及全部样本的所有指标的三年平均值的统计结果列示在表 6.2 中。

从表 6.2 可以看到,适度增长组(*M* 组)的可持续增长率、经营性资产报酬率、经营性资产获现率以及总资产报酬率均高于 *H* 组和 *L* 组,说明其资产的整体质量较好;到期债务本息现金偿付比率和利息现金保障倍数高于 *H* 组和 *L* 组,说明其经营活动产生的现金流量较为充沛,具有较好的现金偿付能力,财务风险较低;毛利率、核心利润率高于 *H* 组和 *L* 组,销管费用率变动率、资产减值损失绝对值占比、营业外收支净额绝对值占比和未实现利润绝对值占比均低于 *H* 组和 *L* 组,体现出较好的盈利结构质量和较高的盈利持续性,因而盈利质量较好。

表 6.2A 各指标三年平均值的描述统计——增长速度和资产质量

组别	可持续增长率	销售增长率	偏离可持续增长程度	商业债权周转率	存货周转率	有效经营性流动资产周转率	经营性固定资产周转率	经营性资产周转率	经营性资产报酬率	经营性资产保值率	经营性资产获现率
L	0.08	0.10	0.90	8.15	4.21	1.69	1.79	0.69	0.06	0.98	0.06
M	0.09	0.23	1.68	7.43	4.89	1.80	1.58	0.70	0.07	0.99	0.07
H	0.04	0.27	5.32	7.76	5.21	1.73	1.59	0.71	0.04	0.99	0.05
全部	0.06	0.22	2.13	7.75	4.65	1.73	1.68	0.69	0.05	0.99	0.06

表 6.2B 各指标三年平均值的描述统计——风险

组别	总资产报酬率	资本资产结构期限差异率	资产负债率	流动负债占比	流动比率	速动比率	现金比率	负债现金偿付比率	到期债务本息现金偿付比率	利息现金保障倍数	自由现金利息保障倍数	自由现金总负债率	第一大股东持股占比	前五大股东持股占比
L	0.08	0.38	0.47	0.94	1.38	0.94	0.39	0.15	0.25	5.02	0.78	0.03	0.35	0.51
M	0.09	0.20	0.51	0.89	1.25	0.82	0.32	0.15	0.29	5.09	0.39	0.01	0.33	0.52
H	0.06	0.17	0.52	0.92	1.18	0.74	0.30	0.12	0.25	3.61	-0.88	-0.01	0.39	0.53
全部	0.08	0.23	0.50	0.91	1.26	0.81	0.33	0.14	0.27	4.51	-0.01	0.01	0.36	0.52

表 6.2C 各指标三年平均值的描述统计——盈利质量

组别	净利润现金差异率	核心利润现金获取差异率	营业收入增长率	毛利率	核心利润率	核心利润占比	销管费用率变动率	资产减值损失绝对值占比	资产贬值率	公允价值变动损益绝对值占比	营业外收支净额绝对值占比	未实现利润绝对值占比	核心利润现金获取比率
L	0.02	-0.02	0.10	0.22	0.07	1.00	0.08	0.11	0.00	0.00	0.06	0.12	0.77
M	0.02	-0.02	0.23	0.22	0.09	1.03	0.01	0.09	0.00	0.00	0.05	0.10	0.79
H	0.01	-0.02	0.27	0.18	0.05	1.05	0.03	0.13	0.00	0.00	0.07	0.13	0.82
全部	0.02	-0.02	0.22	0.21	0.06	1.02	0.04	0.11	0.00	0.00	0.06	0.12	0.79

注:表中的数值是各分组的中位数。

2. 各分组指标均值差异比较

表 6.3A 均值差异比较——增长速度和资产质量

财务指标	$t(M-L)$	$t(M-H)$	财务指标	$t(M-L)$	$t(M-H)$
可持续增长率	-0.75	7.42***	有效经营性流动资产周转率	1.45	-0.53
销售增长率	6.53***	-2.25**	经营性固定资产周转率	-0.56	0.85
偏离可持续增长程度	10.13***	-11.02***	经营性资产周转率	-0.51	-0.84
商业债权周转率	-0.52	0.88	经营性资产报酬率	-0.31	4.02***
存货周转率	-0.26	-1.83**	经营性资产保值率	2.37**	0.8
经营性资产获现率	0.93	2.52***			

注:① $t(M-L)$表示 *M* 组均值与 *L* 组均值差异的 *t* 检验值;$t(M-H)$表示 *M* 组均值与 *H* 组均值差异的 *t* 检验值;*t* 值大于零表示均值的差异为正,*t* 值小于零表示均值的差异为负。

② * 表示在 10% 的水平下显著,** 表示在 5% 的水平下显著,*** 表示在 1% 的水平下显著。

表 6.3B 均值差异比较——风险

财务指标	t(M-L)	t(M-H)	财务指标	t(M-L)	t(M-H)
总资产报酬率	-0.31	4.45***	到期债务本息现金偿付比率	-0.98	-1.15
资产负债率	1.51	-0.39	利息现金保障倍数	-0.8	-0.4
流动负债占比	-2.30**	-0.93	自由现金利息保障倍数	-1.49	-0.55
流动比率	-0.98	0.69	自由现金总负债率	-0.28	2.09**
速动比率	-0.94	0.71	第一大股东持股占比	-0.49	-2.03**
现金比率	-0.99	0.55	前五大股东持股占比	0.63	0.85
负债现金偿付比率	0.59	2.09**	资本资产结构期限差异率	-1.7	1.15

表 6.3C 均值差异比较——盈利质量

财务指标	t(M-L)	t(M-H)	财务指标	t(M-L)	t(M-H)
营业收入增长率	6.53***	-2.25**	资产贬值率	-0.51	1.37
毛利率	-0.97	2.74**	公允价值变动损益绝对值占比	-1.05	-0.21
核心利润率	0.4	3.64***	营业外收支净额绝对值占比	-0.61	-1.62
核心利润占比	2.60**	-1.07	未实现利润绝对值占比	-0.66	-2.16***
销管费用率变动率	-2.03	-0.05	核心利润现金获取比率	0.24	-0.17
资产减值损失绝对值占比	-0.52	-2.29***			

从表 6.3 中可看到：

(1) 在增长速度方面

适度增长组的销售增长率显著高于 *L* 组，显著低于 *H* 组；适度增长组的可持续增长率显著高于 *H* 组，但低于 *L* 组。这说明适度的扩张速度以及合理的可持续增长率对于公司的平衡健康发展来说至关重要。

(2) 在资产质量方面

适度增长组的经营性资产获现率和经营性资产报酬率显著高于 *H* 组，而存货周转率显著低于 *L* 组。适度增长组的经营性资产保值率显著高于 *L* 组。尽管 *M* 组在资产质量的其他方面与 *L* 组并无统计意义上的显著差异，但由于经营性资产获现率和经营性资产报酬率是反映资产质量的主要指标，因此这在一定程度上表明了公司在适度增长的情况下更容易保持较好的资产质量。

(3) 在风险方面

适度增长组的总资产报酬率[①]显著高于 *H* 组，第一大股东持股占比显著低

① 由于难以获取公司的资本成本，为简便起见，用总资产报酬率的高低代表资本成本与资产报酬率的比较结果，即总资产报酬率越高，意味着公司的收益率能够达到投资者要求的报酬率的可能性越高，公司财务风险就越小。

于 *H* 组。适度增长组的负债现金偿付比率和自由现金总负债率高于 *H* 组，说明其经营现金流和自由现金流相对于负债总额的充足性要比 *H* 组好，体现出较好的稳健性，相比之下，超速增长组的现金流增长落后于总债务的扩张，所以这两个指标比适度增长组低。从流动负债占比来看，*M* 组显著低于 *L* 组，说明适度增长组面临的短期偿债压力比 *L* 组小，从而短期财务风险小。除上述指标外，*M* 组与其他两组差异并不显著。以上事实说明，公司在适度增长的情况下更容易保持较好的资本结构质量，从而将财务风险控制在其所能承受的范围之内。

（4）在盈利质量方面

适度增长组的毛利率、核心利润率显著高于 *H* 组，营业收入增长率、资产减值损失绝对值占比和未实现利润绝对值占比显著低于 *H* 组，这说明尽管 *H* 组有较高的销售增长率，但较高的销售增长率并未带来较高的毛利率和核心利润率，而是伴随着较高的资产减值损失占比和较高的未实现利润占比，超速增长反而引起盈利质量的下降。而适度增长组的营业收入增长率和核心利润占比显著高于 *L* 组，在这两方面体现出比 *L* 组高的盈利质量。除上述指标外，*M* 组与其他两组差异并不显著。上述结果说明，适度增长更有利于公司取得好的盈利质量。

3. 因子分析

这里采用方差极大化旋转法分别对资产质量、风险和盈利质量指标进行因子分析，根据累积方差贡献率达到 90% 以上选择因子个数。结果列示在表 6.4 中，其中最后两行列示各因子的方差贡献率和在最终的因子综合得分中的权重，得分权重是用各因子的方差贡献率除以所选择的所有因子的方差贡献率之和得出的，用各因子得分值乘以得分权重再相加，就得到最终的综合得分。

表 6.4A　因子得分和权重矩阵——资产质量

财务指标	因子 1	因子 2	因子 3	因子 4	因子 5	因子 6
商业债权周转率	-0.08	0.08	-0.09	1.01	-0.02	-0.02
存货周转率	0.04	-0.26	0.02	-0.01	1.11	-0.05
有效经营性流动资产周转率	-0.06	0.78	-0.24	0.11	-0.18	0.00
经营性固定资产周转率	-0.02	-0.19	0.72	-0.03	0.03	0.01
经营性资产周转率	0.00	0.42	0.31	-0.10	-0.15	0.00
经营性资产报酬率	0.57	-0.24	0.24	-0.05	0.10	-0.05
经营性资产保值率	-0.06	0.00	0.01	-0.02	-0.06	1.01
经营性资产获现率	0.56	0.15	-0.24	-0.07	-0.04	-0.03
方差贡献率(%)	20.32	18.99	18.29	12.71	12.55	12.51
综合得分权重(%)	21.31	19.91	19.18	13.33	13.16	13.11

表 6.4B　因子得分和权重矩阵——风险

财务指标	因子 1	因子 2	因子 3	因子 4	因子 5	因子 6	因子 7	因子 8
总资产报酬率	-0.10	-0.06	-0.15	-0.04	-0.01	1.12	0.04	-0.02
资产负债率	-0.02	0.00	-0.19	0.03	-0.12	0.06	-0.02	0.95
流动负债占比	0.07	0.05	-0.05	-0.03	0.90	0.01	-0.05	-0.07
流动比率	0.29	0.00	-0.05	0.02	0.03	-0.07	-0.01	0.01
速动比率	0.28	-0.06	0.03	-0.02	0.12	-0.15	0.08	0.02
现金比率	0.30	-0.03	0.17	0.00	0.21	-0.29	0.07	-0.11
负债现金偿付比率	-0.08	-0.04	0.43	0.00	0.08	-0.05	-0.02	0.30
到期债务本息现金偿付比率	0.00	-0.22	0.04	-0.01	-0.03	0.02	1.19	0.01
利息现金保障倍数	-0.02	0.63	-0.14	0.00	0.03	-0.05	-0.36	0.08
自由现金利息保障倍数	-0.01	0.56	-0.08	-0.02	0.03	-0.01	-0.20	-0.09
自由现金总负债率	0.01	-0.12	0.74	0.03	-0.12	-0.23	0.09	-0.45
第一大股东持股占比	0.00	-0.09	0.11	0.56	-0.05	-0.21	0.11	0.07
前五大股东持股占比	0.02	0.07	-0.05	0.53	-0.02	0.10	-0.13	-0.01
资本资产结构期限差异率	0.32	0.04	-0.18	0.03	-0.24	0.26	-0.13	-0.59
方差贡献率(%)	25.83	14.95	13.07	12.37	7.87	6.81	6.29	6.06
综合得分权重(%)	27.70	16.03	14.02	13.26	8.44	7.30	6.74	6.50

表 6.4C　因子得分和权重矩阵——盈利质量

财务指标	因子 1	因子 2	因子 3	因子 4	因子 5	因子 6	因子 7	因子 8
净利润现金差异率	0.39	0.01	-0.01	0.16	-0.05	-0.01	0.08	-0.01
核心利润现金获取差异率	0.40	0.06	0.02	-0.03	-0.05	-0.08	0.02	0.02
营业收入增长率	0.07	-0.03	-0.03	0.01	0.97	-0.06	-0.03	-0.05
毛利率	0.01	-0.03	0.57	-0.04	-0.13	-0.15	0.00	0.00
核心利润率	0.01	-0.04	0.51	-0.01	0.08	0.02	0.04	-0.02
核心利润占比	0.01	0.11	-0.06	0.75	0.01	-0.12	-0.05	0.02
销管费用率变动率	-0.03	-0.06	-0.02	-0.02	-0.05	0.03	0.01	1.00
资产减值损失绝对值占比	0.02	0.44	-0.01	0.09	-0.02	0.00	-0.09	-0.06
资产贬值率	-0.02	0.29	-0.10	-0.46	-0.02	-0.17	0.06	0.10
公允价值变动损益绝对值占比	-0.01	-0.03	0.02	-0.07	-0.03	-0.01	0.99	0.01
营业外收支净额绝对值占比	-0.01	-0.05	-0.08	-0.07	-0.06	0.98	-0.01	0.04

（续表）

财务指标	因子1	因子2	因子3	因子4	因子5	因子6	因子7	因子8
未实现利润绝对值占比	0.02	0.43	-0.01	0.09	-0.02	-0.01	0.02	-0.07
核心利润现金获取比率	0.36	-0.03	0.01	-0.09	0.25	0.07	-0.12	-0.09
方差贡献率(%)	17.96	17.40	13.75	9.47	8.03	7.95	7.86	7.75
综合得分权重(%)	19.92	19.30	15.25	10.50	8.90	8.82	8.71	8.59

4. 综合得分分析

（1）描述统计

根据表6.4列示的得分权重分别计算出所有样本公司的资产质量得分、风险得分和盈利质量得分，由于在作因子分析前已经将反向指标取相反数，转换成了正向指标，因此得分值越高说明资产质量、盈利质量或风险状况越好。描述统计如表6.5所示：

表6.5 分组综合得分情况统计

组别	资产质量得分	风险得分	盈利质量得分
L	-0.129	-0.041	-0.051
M	0.012	-0.051	0.086
H	-0.110	-0.132	0.056
全部样本	-0.058	-0.070	0.034

注：表中的值是各组得分值的中位数。

从表6.5中可以看到，*M*组的公司的资产质量和盈利质量综合状况均好于其他两组，而风险比*L*组高、比*H*组低。*M*组的公司整体上呈现出适度增长、高资产质量、高盈利质量、中等风险的特征。*L*组的公司整体上呈现出低增长、低资产质量、低盈利质量、低风险的特征。*H*组的公司整体上呈现出高增长、高风险、中等的资产质量和盈利质量的特征。

（2）二维分类结果

以增长速度为第一维度，资产质量、风险、盈利质量其中之一为第二维度，每个维度都分为高、中、低三个级别，将全部样本分成九类。以资产质量为例，将资产质量得分进行排序，排序后位于前1/3位置的公司定义为高资产质量公司，位于后1/3位置的公司定义为低资产质量公司，余下的公司定义为中等资产质量公司。对风险得分和盈利质量得分进行类似处理，划分出高风险、中风险、低风险公司，以及高盈利质量、中盈利质量和低盈利质量公司。分别统计*L*、*M*、*H*组中各类公司所占的比重，结果见表6.6。

表 6.6 增长速度——第二维度因素组合结果

增长特征	资产质量	样本个数	占比	风险	样本个数	占比	盈利质量	样本个数	占比
低速增长	高	44	33.3%	高	36	30.5%	高	32	24.2%
	中	40	30.3%	中	40	33.9%	中	38	28.8%
	低	48	36.4%	低	42	35.6%	低	62	47.0%
适度增长	高	47	35.3%	高	34	28.1%	高	55	41.4%
	中	55	41.4%	中	45	37.2%	中	48	36.1%
	低	31	23.3%	低	42	34.7%	低	30	22.6%
超速增长	高	41	31.1%	高	51	43.2%	高	45	34.1%
	中	38	28.8%	中	36	30.5%	中	47	35.6%
	低	53	40.2%	低	36	30.5%	低	40	30.3%

从表 6.6 中可以看到:

① 增长速度—资产质量二维特征。在低速增长组中最多的是低资产质量的公司,次多的是高资产质量的公司;在适度增长组中最多的是中等资产质量的公司,次多的是高资产质量的公司;而在超速增长组中最多的是低资产质量的公司,次多的是高资产质量的公司。这说明大部分适度增长的公司有较高的资产质量,而低速增长或超速增长的公司其资产质量差异较大,有很大一部分公司的资产质量比较差,当然也有不少的公司资产质量较好。

② 增长速度—风险二维特征。在低速增长组中最多的是低风险的公司,次多的是中等风险的公司;在适度增长组中最多的是中等风险的公司,次多的是低风险的公司;而在超速增长组中最多的是高风险的公司,次多的是中低风险的公司。这说明公司在追求高速增长的同时,更有可能给公司带来较大的风险,随着增长速度的提高,风险程度也在上升。

③ 增长速度—盈利质量二维特征。在低速增长组中最多的是低盈利质量的公司,次多的是中等盈利质量的公司;在适度增长组中最多的是高盈利质量的公司,次多的是中等盈利质量的公司;而在超速增长组中最多的是中等盈利质量的公司,次多的是高盈利质量的公司。这说明适度增长的公司更容易获取较高的盈利质量,同时,较高的盈利质量也为公司的快速增长提供了良好的基础和保障。

④ 从绝对数来看,高资产质量的公司在适度增长组中最多,在其他两组中略少;低资产质量的公司在超速增长组中最多,在适度增长组中最少。高风险的公司在超速增长组中最多,明显多于其他两组;低风险的公司则集中在低速增长组和适度增长组中。低盈利质量的公司集中在低速增长组中,明显多于其他两

组;高盈利质量的公司集中在适度增长组中,明显多于其他两组。

综合上述四个特征可以得出这样的结论:无论是在资产质量、盈利质量方面,还是在风险方面,适度增长组均优于超速增长组和低速增长组。这充分证实了本书的主要观点:超速增长和低速增长均无益于公司的可持续发展,公司良好的财务状况质量应表现为"有质量的适度增长",即实现在控制财务风险、保证盈利质量和资产质量基础上的可持续增长。

(3) 四维分类结果

以增长速度为第一维度,资产质量、风险、盈利质量为第二、第三、第四维度,第一维度分为高、中、低三个级别,第二至第四维度分为高、低两个级别,将全部样本分成二十四个小类。每个小类用四个字母表示,以低速增长组为例,可进一步划分为八个小类:LHHH、LLLL、LHHL、LHLL、LHHL、LLHH、LHLH 和 LLHL。其中,第一个字母代表增长速度特征,第二个代表资产质量特征,第三个代表风险特征,第四个代表盈利质量特征;L 表示"低",H 表示"高",M 表示"中等"。分类结果见表 6.7。

表 6.7　四维分类结果

		其余三个因素组合特征								
		HLH	HHH	HLL	LLH	HHL	LHH	LLL	LHL	合计
增长特征	L	15	7	21	6	7	13	20	29	118
	占比	12.7%	5.9%	17.8%	5.1%	5.9%	11.0%	16.9%	24.6%	
	M	31	17	14	12	11	13	6	17	121
	占比	25.6%	14.0%	11.6%	9.9%	9.1%	10.7%	5.0%	14.0%	
	H	21	12	7	14	14	16	14	25	123
	占比	17.1%	9.8%	5.7%	11.4%	11.4%	13.0%	11.4%	20.3%	
	各小类公司数占总样本数的比例	18.5%	9.9%	11.6%	8.8%	8.8%	11.6%	11.0%	19.6%	362

从表 6.7 中可以看出,HLH 列是资产质量、风险、盈利质量三个因素的最佳组合,即"高资产质量—低风险—高盈利质量"的公司;LHL 列是三个因素的最差组合,即"低资产质量—高风险—低盈利质量"的公司;HHH、HLL 和 LLH 这三列是三个因素中有两个较好、一个较差的组合,状况尚可;余下的三列(HHL、LHH、LLL)是三个因素中有两个较差、一个较好的组合,状况较差。

从表 6.7 中可以看出:

① 低速增长组的公司集中于 LHL、LLL 和 HLL 三个小类，除 HLL 类的状况尚可之外，其余两类属于状况最差和较差的公司，该类中财务状况质量不佳的公司占主导，后四类公司数占该组的比例合计为 58.5%。

② 适度增长组的公司集中于 HLH、HHH 和 LHL 三个小类，HLH、HHH 是综合状况最好和较好的公司，LHL 类是状况最差的公司。该类中财务状况质量最好和较好的公司占主导，前四类公司数占该组的比例合计为 61.2%。

③ 超速增长组的公司集中于 HLH、LHH、LHL 三个小类，HLH 类是综合状况最好的公司，其余两类是综合状况最差和较差的公司。该类中财务状况质量不佳的公司占比也较大，后四类公司数占该组的比例合计为 56.1%，与低速增长公司差异不大。

④ 表 6.7 的最后一行是各小类公司数占总样本数的比例。可以看到样本上市公司分布于两端，最多的是 LHL 类，次多的是 HLH 类，这两类各占样本公司总数的近两成，这说明我国上市公司的财务状况质量两极分化比较严重，而且有相当部分的公司财务状况质量很差。

⑤ 从各小类分布的绝对数来看，财务状况质量最好的 HLH 类集中在适度增长组，该组有 31 家 HLH 类公司，超速增长组有 21 家，低速增长组最少，仅有 15 家。财务状况质量次好的三个小类也集中在适度增长组，共有 43 家，其他两组分别为 34 家、33 家。财务状况质量较差的三个小类集中在超速增长组和低速增长组，分别为 44 家、40 家。财务状况质量最差的 LHL 类集中在低速增长组和超速增长组，分别为 29 家、25 家，适度增长组仅有 17 家。

综上所述，四维分类最终得出与二维分类基本一致的结论：适度增长组的财务状况质量优于超速增长组，超速增长组优于低速增长组。

6.4 公司财务状况质量与价值创造之间关系的实证检验

6.4.1 价值创造的衡量指标选取

在研究我国上市公司所创造的价值时，托宾 Q 值被认为是一个重要的评估指标（如 Bai 等，2002；苏启林、朱文，2003；汪辉，2003；夏立军、方铁强，2005；等等)。托宾 Q 值指的是一家公司资产的市场价值(通过其已经公开发行的股票和债务来衡量)与这家公司资产重置成本的比率(Tobin,1969),也就是等于公司股权市场价值与债务账面价值之和除以资本存量。然而,由于我国"股权分置"现象仍普遍存在,使得非流通股市场价值的计算难以把握,如果计算托宾 Q 值时非流通股采用市值,那将会导致非流通股多的公司托宾 Q 值被高估。金晓斌、陈代云、路颖、联蒙珂(2002)在采用 Berger & Ofek(1995)的方法计算公司超额价值时,采用非流通股总数与每股净资产的乘积来计算非流通股部分的价值;童盼、陆正飞(2005),徐晓东、陈小悦(2003),苏启林、朱文(2003),汪辉(2003),谷祺、邓德强、路倩(2006)等在计算托宾 Q 值中的非流通股市值时,也都用每股净资产作为近似替代。参考已有研究文献,本书在研究中也采用了托宾 Q 值来反映公司价值,定义上市公司的 Q 值如下:

Q 值 =(流通股价格 × 流通股股数 + 每股净资产 × 非流通股股份 + 总负债)/总资产

6.4.2 研究设计

本书采用 Q 值来研究上市公司的价值创造状况,从理论上说,财务状况好的公司应当有更强的价值创造能力,即资产市值相对于资产账面价值有更高的溢价,因此财务状况与 Q 值应当是同向变化的:在一个理想的资本市场上,投资者对财务质量好的公司的估值高于其账面价值,从而 Q 值大于1;投资者对财务质量差的公司的估值低于其账面价值,从而 Q 值小于1。在现实中 Q 值的大小不仅受公司财务质量的影响,还受到市场趋势和投资者情绪的影响:在牛市中 Q 值往往会被高估,在熊市中 Q 值往往会被低估。为了尽可能减少股市周期性波动对 Q 值的影响,本书分别计算了样本公司2005—2008年这四年的 Q 值,取其平均值作为代表,研究不同的财务状况与价值创造之间的关系。

这里采用均值差异的 t 检验来研究不同组别公司的 Q 值的平均水平有无显著差异,为保证 t 检验的有效性,首先剔除了 Q 值异常的样本。其次,考虑到样本容量的限制,本书选择样本公司数较多的类别进行比较,而不是对24个分组都进行比较。最后,在选择具体的组别时,兼顾典型性与代表性,按照最好、一般、最差的顺序选取。

本书控制增长速度这一因素,考察其他三个因素的影响,即在同一增长类型里比较资产质量—风险—盈利质量组合状况最好、一般、最差的公司的 Q 值,其中,最好的选 HLH 组,最差的选 LHL 组,一般组则在除最好、最差外的其余 6 个分组中挑选公司数最多的作为代表。挑选出的 9 个组分别以 H1、H2、H3,M1、M2、M3,L1、L2、L3 表示;1 代表最好组,2 代表一般组,3 代表最差组。各指标值的描述统计结果见表 6.8,比较的结果见表 6.9。

3. 研究结果与分析

表 6.8 典型组的 Q 值描述统计

增长速度	组别	均值	标准差	离散系数	样本个数
H	H1	2.239	1.521	0.679	21
	H2	1.387	0.340	0.245	16
	H3	1.550	0.393	0.254	25
M	M1	2.092	1.329	0.635	31
	M2	1.721	0.681	0.396	17
	M3	1.671	0.660	0.395	16
L	L1	3.150	1.496	0.475	13
	L2	2.213	1.421	0.642	21
	L3	1.733	0.617	0.356	28
	全部样本	1.940	1.112	0.573	188

从表 6.8 中可以看到,首先,所有类别公司的 Q 值的平均水平都大于 1,甚至低增长—低资产质量—高风险—低盈利质量的公司也如此,笔者认为这不表示财务状况最差的公司也有正的价值创造,而是因为我国的资本市场不成熟,投机气氛较浓,因此绩差公司往往被高估,Q 值对评价此类公司的价值创造并不适用,Q 值并不具有普遍和绝对意义上的合理性。其次,在增长速度相近的公司中,资产质量—风险—盈利质量组合状况最好的公司的 Q 值要比综合状况一般和最差的公司高,无论是 H、M 组还是 L 组都体现出这一特征。这说明在增长速度相近的公司中,财务质量高的公司价值创造较高,体现出相对合理的特征。从表 6.8 可以看到,市场对不同增长类型的公司的估值方式是不同的,Q 值不具有跨类的可比性,因此本书侧重于分析相同增长类型下的组间差异,结果见表 6.9。

表 6.9　组间均值差异的 t 检验结果

比较对象	t 值	显著水平
H1-H2	2.49	0.04
H1-H3	2.02	0.03
H2-H3	-1.41	0.18
M1-M2	1.07	0.29
M1-M3	1.19	0.24
M2-M3	0.21	0.83
L1-L2	1.83	0.08
L1-L3	3.29	0.00
L2-L3	1.45	0.12

在表 6.9 中，t 值大于零则说明前一组的 Q 值均值大于后一组的均值，t 值小于零则相反；显著性水平的值越小，说明差异越显著。

从表 6.9 中可以得出如下结论：

(1) 除 H2-H3 之外，其余比较的 t 值都大于零，这说明在增长速度相近的公司中，财务状况质量对 Q 值有正向影响，基本符合理论预期，即基于"增长、盈利、风险三维平衡"视角构建的财务状况质量评价指标体系较为科学，所得出的财务状况质量评价结果能够基本反映出公司的价值创造能力。

(2) H2 组的 Q 值反而不如 H3 组高，说明市场对资产质量不好，但销售收入增长较快的公司估值过高，不过这种偏差在统计上并不显著。

(3) 从显著性水平来看，高速增长组和低速增长组的组内差异比较明显，而适度增长组的组内差异不明显，可能的原因是高速增长组和低速增长组的财务状况或多或少都存在着某些失衡隐患，未来发展趋势存在不确定性，从而导致市场对其估值差异较大；而适度增长型公司的整体财务状况质量较好，发展趋势较为明朗，因而市场估值差异并不明显。

6.5　典型类型上市公司的财务状况质量综合评价与预警

本书在上述三组增长速度的公司中各选出三个公司数最多的小类，得到的九个小类恰好是二十四个小类中公司数最多的九类。这九类公司数为 197 个，占总样本数的过半数,具有代表性和典型性(公司名单见附表)。现将每一类公司的财务状况质量综合评价以及预警结果汇总在表6.10中。

表6.10　公司财务状况质量综合评价与失衡预警

组别	财务状况特征	占比	质量评价	失衡预警
LHLL	低增长 高资产质量 低风险 低盈利质量	5.8%	该类公司的财务状况质量较差。尽管采取了较为保守的经营战略,资产质量也较高,但从长期来看,由于盈利的获现性较低或者盈利的持续性较低,有可能导致资产质量下降,公司的财务状况进一步恶化。公司应通过重组、兼并等方式积极寻求新的利润增长点。	尽管公司短期内不一定会陷入财务危机,但由于资产质量尚好,极易成为被收购对象,因而危机四伏。
LLLL	低增长 低资产质量 低风险 低盈利质量	5.5%	该类公司的财务状况质量较差。尽管采取了较为保守的经营战略,但由于资产质量和盈利质量均较差,极有可能最终陷入财务危机。公司应积极采取措施进行战略转移,寻找新的发展契机。	较低的资产质量和盈利质量难以维持公司的正常发展,在外部经营环境进一步恶化的背景下很可能陷入财务危机。
LLHL	低增长 低资产质量 高风险 低盈利质量	8.0%	该类公司的财务状况质量是最差的。较低的资产质量和盈利质量难以维持公司的持续发展,也难以保证公司具有一定的偿付能力。在承受较高财务风险的情况下,公司若不积极采取措施改善财务状况,将难以摆脱财务危机。	该类公司已陷入财务危机,应及早采取债务重组、公司重组等手段进行自救,否则很可能走向灭亡。
MHHH	中增长 高资产质量 高风险 高盈利质量	4.7%	该类公司的财务状况质量较好,能够保持适度的增长速度;资产质量较好,这为公司的发展奠定了良好的基础;较高的盈利质量也为公司的持续发展提供了保证。但在发展中较多地依赖外部债务融资,使得资本结构质量受到一定程度的影响。	控制风险是公司可持续发展的关键。应积极拓宽融资渠道,改善资本结构质量,降低财务风险。否则,有可能导致财务状况质量的下降。
MHLH	中增长 高资产质量 低风险 高盈利质量	8.6%	该类公司的财务状况质量是最好的,在保持"有质量的适度增长"的同时,还能够较好地控制财务风险,从而为公司的可持续发展创造良好的内部条件。	财务战略稍显保守,公司应积极地通过债务融资等方式进一步扩大经营规模,夯实在行业中的竞争优势。

（续表）

组别	财务状况特征	占比	质量评价	失衡预警
MLHL	中增长 低资产质量 高风险 低盈利质量	4.7%	该类公司在控制增长速度的同时并没有注重增长的质量。也就是说，尽管公司保持了适度的增长速度，但由于资产质量和盈利质量均较差，再加上较高的财务风险，将有可能导致财务状况质量的进一步恶化，长此以往，难以维持健康的可持续增长。	该类公司提升资产质量和盈利质量是关键。只有在较高的资产质量和盈利质量条件下，公司的内源资金供给才会充足，对外部融资的依赖性才能有所降低，财务风险才有可能得以控制。
HLLH	高增长 低资产质量 低风险 高盈利质量	4.4%	该类公司的财务状况存在一定的变数，由于盈利质量较高、风险控制得较好，因而短期内并不一定会出现问题。但若不努力提高资产的利用效率，提升资产的增值能力，这种快速扩张型的经营战略有可能进一步增大对债务融资的依赖，加大财务风险，从而增大出现财务危机的可能性。	该类公司具有一定的"自我修复"能力，提升资产质量是关键，同时还应尽可能降低增长速度，使得财务状况重新恢复健康状态。倘若置资产质量于不顾，一味追求高速发展，将有可能导致财务状况的进一步恶化。
HLHL	高增长 低资产质量 高风险 低盈利质量	6.9%	该类公司属于典型的"不顾质量的盲目增长"型。增长所需资金主要依靠债务等外源融资，导致公司背负较大的偿付压力，承担较高的财务风险。由于增长所带来的资产质量、盈利质量均较差，因而长此以往，极有可能导致财务状况质量的一步步恶化，最终陷入财务困境。	该类公司采取了一种很危险的发展战略，盲目追求扩张速度，忽视内在质量的提升。德隆系、巨人集团等诸多著名公司相继倒闭的事实已经证实：超速发展等于加速灭亡。因此，该类公司应及时降低发展速度、控制风险，同时努力提升资产和盈利质量，否则终将难逃财务困境。
HHLH	高增长 高资产质量 低风险 高盈利质量	5.8%	该类公司的财务状况质量尚好，尽管采取了积极扩张的经营战略，但在追求高速增长的同时，注重提升资产质量和盈利质量，这样对外部融资的依赖性并不很大，因而能够将风险控制在所能承受的范围之内。	高速增长的公司对资金的需求明显增大，由于外部经营环境变幻莫测，若盈利质量出现下降的情况，就会增加公司对外源融资的依赖性，从而在一定程度上会加大财务风险，也有可能出现连锁反应，导致财务状况质量的一步步恶化。

资料来源：作者自行整理。

从表6.10中可以看出，在九类上市公司中，只有MHLH类体现出“有质量的适度增长”特征，同时也能很好地控制在增长过程中所面临的财务风险，因而在一般情况下该类上市公司具有最强的可持续发展能力和价值创造能力。而其他各类上市公司在发展过程中，均未能在“增长、盈利、风险”三方面保持平衡发展的状态，或多或少地都存在着某种失衡隐患，若不积极采取措施加以修复，及时地恢复到平衡发展的健康轨道上来，财务状况将有可能一步步恶化，甚至最终可能陷入财务困境。

6.6 研究结论与局限

综上所述，本章实证研究的结论如下：

(1) 增长速度—资产质量—风险—盈利质量四个要素之间存在着权衡关系：超速增长和低速增长均无益于公司的可持续发展，公司良好的财务状况质量应表现为“有质量的适度增长”，即实现在控制财务风险、保证盈利质量和资产质量基础上的可持续增长。

(2) 研究发现，在我国的上市公司中，保持了适度增长速度的公司的整体财务状况是最好的，大部分适度增长的公司的资产质量—风险—盈利质量特征组合比较理想，体现出可持续均衡发展的特点，具有较强的价值创造能力。大部分低速增长和超速增长的公司的财务状况比较失衡，存在发展隐患，甚至有为数不少的低资产质量—高风险—低盈利质量的公司，财务状况不容乐观，这些公司的管理者应当高度重视，采取有效的措施尽快摆脱不利的局面。

不足之处在于：

(1) 由于新会计准则实施时间尚短，数据积累并不充分，因而本章基于我国A股上市公司2006—2008年财务数据的实证研究只检验了我国上市公司近期的财务状况；至于长时期的财务状况如何评价，需要作哪些方面的调整，还有待于进一步的研究。

(2) 为保证所计算的指标值有意义，本章的实证样本剔除了核心利润或营业利润为负的公司，因此本章中对指标的有效性进行实证检验，检验对象实际上仅限于经营情况相对正常的公司，而对于那些核心利润或营业利润为负的公司来说，其财务状况质量如何加以分析与评价，还需要进一步的研究论证。

(3) 从实践经验来说,本书设计的一些指标,比如周转率在不同的行业间不具有可比性,即使同属于制造业的公司,不同的细分行业间差异也较大,因此理想的研究方法是对制造业公司进行行业细分,然后分行业研究,但由于样本容量有限,本章并未对样本进行进一步的行业细分,因而未能反映细分行业的特征。

(4) 本书所构建的很多指标要用到财务报表附注的数据,而大部分公司2007年并未披露母公司财务报表附注的数据,因此本书只能退而求其次,用合并报表数据进行计算。如果母公司和子公司所处的行业同属于制造业,那么所计算出的指标的可比性就比较好;而如果上市公司实施了跨行业大类的多元化经营,母公司和子公司所处的行业大类不同,那么根据合并报表数据计算出的指标就不一定有制造业公司应有的特征,可比性就比较差,对实证结果可能产生一定程度的影响。

本 章 小 结

本章以"增长、盈利、风险三维平衡"理论为基础,构建出公司财务状况综合质量评价的指标体系,并以我国A股制造业上市公司为研究样本对该指标体系的有效性进行了实证检验。实证研究表明:(1)"有质量的适度增长"可以成为公司财务状况质量的评价标准,书中所构建的财务状况综合评价质量指标体系较为有效;(2) 公司保持适度的增长速度,有利于资产质量和盈利质量的提升、财务风险的控制,有利于公司在健康的财务状况中实现可持续发展;(3) 公司在"增长、盈利、风险"三者失衡的状态下从事经营活动,都会不同程度地存在财务隐患,通过"增长、盈利、风险"三维平衡视角对公司财务状况质量进行评价与分析,可以提供较为有用的危机预警信息。

第7章 研究结论与局限

7.1 研究结论

1. 公司财务状况质量评价理论分析框架的建立

本书在对公司财务状况和财务状况质量等重要概念加以重新界定的基础上，从价值创造视角和经营战略高度拓展了传统的以杜邦财务分析体系为核心的、静态的财务报表分析视角，在财务报表构成要素中寻找公司价值的驱动因素，提出"增长、盈利、风险三维平衡"理论分析框架，动态地、综合地对公司财务状况质量进行分析与评价。

本书认为，公司良好的财务状况质量应体现为资产总体规模的不断增长，但这种增长绝不意味着盲目扩张，而是实现"有质量的适度增长"，是在保持适当的负债水平从而控制财务风险基础上的可持续增长。这种增长必须以公司相应的盈利能力和自我积累实力为基础，更重要的是要以一定的盈利质量和资产质量作为保证。概括来说，公司最为理想的财务状况质量应该是在相关风险得到控制、盈利质量和资产质量得到切实保证的前提下，公司资产总体规模的可持续增长。

公司财务战略能否顺利实施并最终实现价值最大化目标，在很大程度上取决于公司能否在增长、盈利与风险三者之间保持长久、稳定的平衡关系，能否在健康的财务状况中谋求可持续发展。如果不能及时发现公司财务状况的失衡隐患，并积极采取各种管理措施对其加以修正，使其及时地恢复到平衡发展的健康轨道上来，那么公司的财务状况就有可能进一步恶化，甚至最终陷入财务困境。

2. 公司财务状况质量综合评价指标体系的构建

本书在"增长、盈利、风险三维平衡"理论分析框架的基础上，按照增长性、盈利性和风险性三个方面分别设计财务指标，进而构建出一套较为完整的评价指标体系，用于对公司财务状况质量的综合评价，同时还可以发现各类公司在长期发展过程中存在的财务隐患，及时提供预警信息。

（1）在财务状况的增长性质量评价方面，以可持续增长模型为理论依据，以"有质量的适度增长"观为核心，从增长速度和增长的有效性（资产质量）两个角度构建出质量评价指标体系。在增长速度评价中，将公司实际增长率与可持续增长率的长期偏离程度作为是否保持适度增长的评价依据；在增长的有效性评价方面，则以资产质量评价为考察点，在分层次构建资产质量特征的基础上，全面构建出公司资产整体质量和个体质量的评价指标体系，同时还以我国 A 股制造业上市公司的财务数据为样本，采用案例分析和实证研究相结合的方法，验证了该指标体系对公司资产质量评价的有效性。

（2）在财务状况的盈利性质量评价方面，分别从盈利的后果质量和盈利的结构质量两个维度来考察盈利的获现性和持续性，构建出一套完整的公司盈利质量评价指标体系。同时，还以我国制造业 A 股上市公司 2006—2008 年的财务数据为样本，采用因子分析法，对盈利结构质量评价指标体系的有效性进行了实证检验，研究结果表明该指标体系对公司的盈利持续性具有较好的预测能力。

（3）在财务状况的风险性质量评价方面，以融资引起的财务风险为考察点，在对财务风险评价指标作进一步整合的基础上，从资本成本、期限结构、财务弹性以及股权结构等四个方面构建出基于财务风险的资本结构质量评价指标体系，作为公司财务状况的风险性质量评价的基础。

3. 公司财务状况质量综合评价体系有效性的检验

本书以我国 A 股制造业上市公司 2006—2008 年的财务数据为研究样本，采用因子分析和聚类分析的方法，对上市公司的财务状况质量进行了分类研究。研究结果表明：

（1）适度的增长速度以及合理的可持续增长率对于公司的持续健康发展来说至关重要。公司保持适度的增长速度，有利于资产质量和盈利质量的提升、财务风险的控制，有利于公司在健康的财务状况中实现可持续发展。

（2）"有质量的适度增长"型上市公司的资产市值相对于资产账面价值有更高的溢价，因而具有较强的价值创造能力和可持续发展能力。

（3）高速增长型和低速增长型上市公司的财务状况由于或多或少地都存在着某些失衡隐患，未来发展趋势存在不确定性，因而导致市场对其估值差异较大；相比之下，适度增长型公司的整体财务状况质量较好，发展趋势较为明朗，因而市场估值差异并不明显。

（4）样本上市公司两极分化较为严重，有相当部分公司的财务状况质量很差,发展前景不容乐观,这些公司的管理者应当高度重视,采取有效的措施尽快摆脱不利局面。

4. 本书的最终研究结论

综上所述,本书的研究结论最终可以概括为:

(1) 超速增长和低速增长均无益于公司的可持续发展,公司良好的财务状况质量应表现为“有质量的适度增长”,即实现在控制财务风险、保证盈利质量和资产质量基础上的可持续增长。本书所构建的指标体系对公司财务状况质量的综合评价较为科学和有效。

(2) 公司在“增长、盈利、风险”三者失衡的状态下从事经营活动,都会不同程度地存在财务隐患,通过“增长、盈利、风险三维平衡”视角对公司财务状况质量进行评价与分析,可以提供较为有用的危机预警信息。

7.2 研究的局限性

1. 公司财务状况质量综合评价指标体系的构建

(1) 公司财务状况质量应该体现在诸多方面,“增长”、“盈利”和“风险”只是其中最为重要和核心的三个方面,是否还要在此基础上考虑其他方面,如何构建更为全面、综合的评价指标体系,则有待于作进一步的研究论证。

(2) “增长、盈利、风险三维平衡”理论仅仅给出一个财务状况质量的基本分析框架,意在强调增长、盈利与风险之间的平衡关系,但并不意味着这三者要同等看待,也就是说,这三者之间仅仅是简单、固化的三角关系,而不是等边三角的关系。在具体进行财务状况质量的综合评价时如何更为恰当地处理三者之间的平衡关系,如何结合公司所处的外部和内部环境因素相应地作出调整,则需要作进一步的深入研究。

(3) 由于会受到宏观经济周期、产业结构、行业特点等外部环境因素的影响,加上公司自身所处发展阶段、经营战略、公司治理等内部因素迥然各异,使得公司财务状况质量评价呈现出异质性、相对性的特征,因此不应一概而论。此外,公司财务状况质量评价中需要考虑的诸多因素难以量化,更难以在财务报表中通过财务指标得以反映,这便使得本书从财务报表分析的角度所构建的财务状况质量评价指标体系在某些方面难免出现以偏概全的情况。

2. 公司财务状况质量综合评价体系有效性的检验

(1) 由于新会计准则实施时间尚短,数据积累并不充分,因而本书基于我国A股上市公司2006—2008年财务数据的实证研究只检验了我国上市公司近期的财务状况;至于长时期的财务状况如何评价,需要作哪些方面的调整,还有待于进一步的研究。

(2) 从实践经验来说,本书设计的一些指标(比如周转率)在不同的行业间不具有可比性,即使同属于制造业的公司,不同的细分行业间差异也较大,因此理想的研究方法是对制造业公司进行行业细分,然后分行业研究,但由于样本容量有限,本书并未对样本作进一步的行业细分,因而未能反映细分行业的基本特征。

(3) 本书所构建的很多指标要用到财务报表附注的数据,而大部分公司2007年并未披露母公司财务报表附注的数据,因此本书只能退而求其次,用合并报表数据进行计算。如果母公司和子公司所处的行业同属于制造业,那么所计算出的指标的可比性就比较好;而如果上市公司实施了跨行业大类的多元化经营,母公司和子公司所处的行业大类不同,那么根据合并报表数据计算出的指标就不一定有制造业公司应有的特征,可比性就比较差,对实证结果可能产生一定程度的影响。

附　　录

典型类型 A 股制造业上市公司名单

类别	公司代码	股票代码	最新公司全称
	C600300	600300	维维食品饮料股份有限公司
	C600480	600480	凌云工业股份有限公司
	C600572	600572	浙江康恩贝制药股份有限公司
	C000619	000619	芜湖海螺型材科技股份有限公司
	C600202	600202	哈尔滨空调股份有限公司
	C000708	000708	大冶特殊钢股份有限公司
	C000951	000951	中国重汽集团济南卡车股份有限公司
	C001696	001696	重庆宗申动力机械股份有限公司
	C600966	600966	山东博汇纸业股份有限公司
	C600060	600060	青岛海信电器股份有限公司
LHLL	C600626	600626	上海申达股份有限公司
	C600582	600582	天地科技股份有限公司
	C600062	600062	北京双鹤药业股份有限公司
	C002010	002010	浙江传化股份有限公司
	C002047	002047	深圳成霖洁具股份有限公司
	C600231	600231	凌源钢铁股份有限公司
	C000819	000819	岳阳兴长石化股份有限公司
	C002044	002044	江苏三友集团股份有限公司
	C600420	600420	上海现代制药股份有限公司
	C000572	000572	海马投资集团股份有限公司
	C600276	600276	江苏恒瑞医药股份有限公司

（续表）

类别	公司代码	股票代码	最新公司全称
LLLL	C000818	000818	锦化化工集团氯碱股份有限公司
	C600550	600550	保定天威保变电气股份有限公司
	C600328	600328	内蒙古兰太实业股份有限公司
	C600363	600363	江西联创光电科技股份有限公司
	C000611	000611	内蒙古时代科技股份有限公司
	C600055	600055	北京万东医疗装备股份有限公司
	C600038	600038	哈飞航空工业股份有限公司
	C000617	000617	济南柴油机股份有限公司
	C600232	600232	浙江金鹰股份有限公司
	C000045	000045	深圳市纺织(集团)股份有限公司
	C600400	600400	江苏红豆实业股份有限公司
	C000513	000513	丽珠医药集团股份有限公司
	C600196	600196	上海复星医药(集团)股份有限公司
	C000623	000623	吉林敖东药业集团股份有限公司
	C600664	600664	哈药集团股份有限公司
	C000903	000903	昆明云内动力股份有限公司
	C002036	002036	宁波宜科科技实业股份有限公司
	C002030	002030	中山大学达安基因股份有限公司
	C000813	000813	新疆天山毛纺织股份有限公司
	C600456	600456	宝鸡钛业股份有限公司
LLHL	C000510	000510	四川金路集团股份有限公司
	C000976	000976	广东开平春晖股份有限公司
	C000677	000677	山东海龙股份有限公司
	C000016	000016	康佳集团股份有限公司
	C600667	600667	无锡市太极实业股份有限公司
	C000522	000522	广州白云山制药股份有限公司
	C600339	600339	新疆独山子天利高新技术股份有限公司
	C600781	600781	上海辅仁实业(集团)股份有限公司
	C000831	000831	山西关铝股份有限公司
	C600238	600238	海南椰岛(集团)股份有限公司
	C600737	600737	中粮新疆屯河股份有限公司
	C600526	600526	浙江菲达环保科技股份有限公司

（续表）

类别	公司代码	股票代码	最新公司全称
LLHL	C600067	600067	冠城大通股份有限公司
	C600285	600285	河南羚锐制药股份有限公司
	C002072	002072	山东德棉股份有限公司
	C600566	600566	湖北洪城通用机械股份有限公司
	C600869	600869	三普药业股份有限公司
	C600228	600228	江西昌九生物化工股份有限公司
	C000639	000639	湖南金德发展股份有限公司
	C000551	000551	创元科技股份有限公司
	C000615	000615	湖北金环股份有限公司
	C600475	600475	无锡华光锅炉股份有限公司
	C000301	000301	吴江丝绸股份有限公司
	C600305	600305	江苏恒顺醋业股份有限公司
	C600220	600220	江苏阳光股份有限公司
	C000530	000530	大连冷冻机股份有限公司
	C600199	600199	安徽金种子酒业股份有限公司
	C000850	000850	安徽华茂纺织股份有限公司
	C000786	000786	北新集团建材股份有限公司
MHHH	C000635	000635	宁夏英力特化工股份有限公司
	C600584	600584	江苏长电科技股份有限公司
	C002015	002015	江苏霞客环保色纺股份有限公司
	C002018	002018	安徽华星化工股份有限公司
	C600303	600303	辽宁曙光汽车集团股份有限公司
	C600301	600301	南宁化工股份有限公司
	C000833	000833	广西贵糖(集团)股份有限公司
	C600595	600595	河南中孚实业股份有限公司
	C600351	600351	山西亚宝药业集团股份有限公司
	C000698	000698	沈阳化工股份有限公司
	C600089	600089	特变电工股份有限公司
	C000932	000932	湖南华菱管线股份有限公司
	C600801	600801	华新水泥股份有限公司
	C000835	000835	四川圣达实业股份有限公司
	C600352	600352	浙江龙盛集团股份有限公司
	C002019	002019	浙江杭州鑫富药业股份有限公司
	C000910	000910	大亚科技股份有限公司

（续表）

类别	公司代码	股票代码	最新公司全称
MLHL	C000599	000599	青岛双星股份有限公司
	C000407	000407	山东胜利股份有限公司
	C000410	000410	沈阳机床股份有限公司
	C000815	000815	中冶美利纸业股份有限公司
	C600619	600619	上海海立(集团)股份有限公司
	C600129	600129	重庆太极实业(集团)股份有限公司
	C600894	600894	广州钢铁股份有限公司
	C000953	000953	广西河池化工股份有限公司
	C600312	600312	河南平高电气股份有限公司
	C600433	600433	广东冠豪高新技术股份有限公司
	C000488	000488	山东晨鸣纸业集团股份有限公司
	C600879	600879	长征火箭技术股份有限公司
	C002008	002008	深圳大族激光科技股份有限公司
	C000400	000400	许继电气股份有限公司
	C600360	600360	吉林华微电子股份有限公司
	C600176	600176	中国玻纤股份有限公司
	C600267	600267	浙江海正药业股份有限公司
MHLH	C600499	600499	广东科达机电股份有限公司
	C600409	600409	唐山三友化工股份有限公司
	C600141	600141	湖北兴发化工集团股份有限公司
	C600660	600660	福耀玻璃工业集团股份有限公司
	C600750	600750	江西江中药业股份有限公司
	C000731	000731	四川美丰化工股份有限公司
	C000709	000709	唐山钢铁股份有限公司
	C600001	600001	邯郸钢铁股份有限公司
	C000553	000553	湖北沙隆达股份有限公司
	C600486	600486	江苏扬农化工股份有限公司
	C000651	000651	珠海格力电器股份有限公司
	C002064	002064	浙江华峰氨纶股份有限公司
	C600521	600521	浙江华海药业股份有限公司
	C000825	000825	山西太钢不锈钢股份有限公司
	C600071	600071	凤凰光学股份有限公司

（续表）

类别	公司代码	股票代码	最新公司全称
MHLH	C002028	002028	思源电气股份有限公司
	C600019	600019	宝山钢铁股份有限公司
	C000952	000952	湖北广济药业股份有限公司
	C600005	600005	武汉钢铁股份有限公司
	C600230	600230	河北沧州大化股份有限公司
	C600096	600096	云南云天化股份有限公司
	C600607	600607	上海实业医药投资股份有限公司
	C600585	600585	安徽海螺水泥股份有限公司
	C600517	600517	上海置信电气股份有限公司
	C600426	600426	山东华鲁恒升化工股份有限公司
	C600987	600987	浙江航民股份有限公司
	C600362	600362	江西铜业股份有限公司
	C600161	600161	北京天坛生物制品股份有限公司
	C600573	600573	福建燕京惠泉啤酒股份有限公司
	C600993	600993	马应龙药业集团股份有限公司
	C000950	000950	重庆建峰化工股份有限公司
HLHH	C600873	600873	五洲明珠股份有限公司
	C000782	000782	广东新会美达锦纶股份有限公司
	C600882	600882	山东大成农药股份有限公司
	C000883	000883	湖北三环股份有限公司
	C000422	000422	湖北宜化化工股份有限公司
	C002009	002009	江苏天奇物流系统工程股份有限公司
	C600229	600229	青岛碱业股份有限公司
	C600346	600346	大连橡胶塑料机械股份有限公司
	C600078	600078	江苏澄星磷化工股份有限公司
	C000404	000404	华意压缩机股份有限公司
	C600281	600281	太原化工股份有限公司
	C000659	000659	珠海中富实业股份有限公司
	C000661	000661	长春高新技术产业（集团）股份有限公司
	C600295	600295	内蒙古鄂尔多斯羊绒制品股份有限公司
	C600399	600399	抚顺特殊钢股份有限公司
	C600243	600243	青海华鼎实业股份有限公司

（续表）

类别	公司代码	股票代码	最新公司全称
	C002006	002006	浙江精工科技股份有限公司
	C000420	000420	吉林化纤股份有限公司
	C600321	600321	四川国栋建设股份有限公司
	C600405	600405	北京动力源科技股份有限公司
	C000678	000678	襄阳汽车轴承股份有限公司
	C600532	600532	山东华阳科技股份有限公司
	C600482	600482	风帆股份有限公司
	C000153	000153	安徽丰原药业股份有限公司
	C600884	600884	宁波杉杉股份有限公司
	C600783	600783	山东鲁信高新技术产业股份有限公司
	C600839	600839	四川长虹电器股份有限公司
	C000026	000026	深圳飞亚达(集团)股份有限公司
HLHL	C600501	600501	航天晨光股份有限公司
	C600117	600117	西宁特殊钢股份有限公司
	C600235	600235	民丰特种纸股份有限公司
	C600260	600260	湖北凯乐科技股份有限公司
	C000606	000606	青海明胶股份有限公司
	C600963	600963	岳阳纸业股份有限公司
	C000923	000923	河北宣化工程机械股份有限公司
	C600343	600343	陕西航天动力高科技股份有限公司
	C600262	600262	内蒙古北方重型汽车股份有限公司
	C600222	600222	河南太龙药业股份有限公司
	C000893	000893	广州冷机股份有限公司
	C600218	600218	安徽全柴动力股份有限公司
	C600960	600960	山东滨州渤海活塞股份有限公司

（续表）

类别	公司代码	股票代码	最新公司全称
	C600725	600725	云南云维股份有限公司
	C000778	000778	新兴铸管股份有限公司
	C600495	600495	晋西车轴股份有限公司
	C600481	600481	江苏双良空调设备股份有限公司
	C000861	000861	广东海印永业(集团)股份有限公司
	C600126	600126	杭州钢铁股份有限公司
	C600676	600676	上海交运股份有限公司
	C600580	600580	卧龙电气集团股份有限公司
	C600673	600673	广东东阳光铝业股份有限公司
	C000830	000830	山东鲁西化工股份有限公司
HHLH	C600535	600535	天津天士力制药股份有限公司
	C002037	002037	贵州久联民爆器材发展股份有限公司
	C600219	600219	山东南山铝业股份有限公司
	C600808	600808	马鞍山钢铁股份有限公司
	C600690	600690	青岛海尔股份有限公司
	C000959	000959	北京首钢股份有限公司
	C002014	002014	黄山永新股份有限公司
	C000568	000568	泸州老窖股份有限公司
	C000792	000792	青海盐湖钾肥股份有限公司
	C600066	600066	郑州宇通客车股份有限公司
	C000895	000895	河南双汇投资发展股份有限公司

参 考 文 献

[1] 蔡红艳、韩立岩,上市公司财务状况判定模型研究,《审计研究》,2003 年 1 月,第 62—64 页。

[2] 曹德芳、夏好琴,股权结构变量对企业财务危机影响的实证研究,《东北大学学报》(社会科学版),2006 年 1 月,第 31—34 页。

[3] 曹强,论多维度盈利质量评价,《首都经济贸易大学学报》,2005 年 4 月,第 86—89 页。

[4] 曹玉珊、张天西,可持续增长率的价值相关性及其财务战略研究,中国会计学会年会论文,2005 年。

[5] 曹玉珊、张天西,企业可持续增长的财务战略研究——来自中国上市公司的证据,《经济管理》(新管理),2006 年 4 月,第 73—79 页。

[6] 曹玉珊,企业增长速度的评价与中国上市公司的证据,《经济管理》(新管理),2005 年 12 月,第 58—62 页。

[7] 曹玉珊,企业增长速度的成因与中国上市公司的证据,《当代财经》,2007 年 4 月,第 124—128 页。

[8] 陈建煌,现金流量的经验性评估——来自沪深股市的实证证据,厦门大学博士论文,2000 年。

[9] 陈静,上市公司财务恶化预测的实证分析,《会计研究》,1999 年 4 月,第 31—38 页。

[10] 陈文浩、朱吉琪,增发新股对公司可持续增长力的影响分析,《上海财经大学学报》,2004 年 12 月,第 39—45 页。

[11] 陈小悦、徐晓东,股权结构、企业绩效与投资者利益保护,《经济研究》,2001 年 11 月,第 3—11 页。

[12] 陈晓、陈小悦、刘钊,A 股盈余报告的有用性研究,《经济研究》,1999 年 6 月,第 21—28 页。

[13] 陈晓、单鑫,债务融资是否会增加上市企业的融资成本?《经济研究》,1999 年 9 月,第 39—46 页。

[14] 陈晓、王琨,关联交易、公司治理与国有股改革——来自我国资本市场的实证证据,《经济研究》,2005 年 4 月,第 77—86 页。

[15] 陈兴述、陈煦江,上市公司盈利质量与可持续发展能力研究,《经济问题》,2007 年 10 月,第 56—58 页。

[16] 程淮中,企业财务战略若干问题的再认识,《财会通讯》(学术版),2007 年 9 月,第 35—37 页。

[17] 程小可、龚秀丽,新企业会计准则下盈余结构的价值相关性——来自沪市A股的经验证据,《上海立信会计学院学报》,2008年4月,第36—46页。

[18] 程小可、李玲玲,会计盈余与股票市场回报非线性关系研究——与线性关系的对比及来自沪市的证据,《中国软科学》,2004年2月,第37—43页。

[19] 程小可,中国上市公司盈余结构的业绩预测能力,《经济科学》,2005年4月,第109—116页。

[20] 程小可,《上市公司盈余质量分析与评价研究——基于中国资本市场环境的研究构架与经验证据》,东北财经大学出版社,2006年。

[21] 储一昀、王安武,上市公司盈利质量分析,《会计研究》,2000年9月,第31—36页。

[22] 崔学刚、王立彦、许红,企业增长与财务危机关系研究——基于电信与计算机行业上市公司的实证证据,《会计研究》,2007年12月,第55—62页。

[23] 崔学刚,企业增长、盈利与价值创造——基于电信与计算机行业上市公司的实证证据,《当代财经》,2008年8月,第125—129页。

[24] 董红星,永久性盈余、暂时性盈余与经营现金流的信息含量,《经济问题探索》,2007年4月,第166 —172页。

[25] 樊行健、郭晓燚,企业可持续增长模型的重构研究及启示,《会计研究》,2007年5月,第39—45页。

[26] 费明群、干胜道,资产质量分析——基于我国上市公司的数据,《财会通讯》(综合版),2004年10月,第10—12页。

[27] 符刚、蒋忆明、唐滔智,基本财务信息、盈利质量与可持续发展能力,《财会月刊》(综合版),2006年12月,第55—56页。

[28] 符蓉、黄激动、干胜道,自由现金流理论研究综述:发展与应用,《经济与管理研究》,2006年12月,第5—10页。

[29] 干胜道、王生兵,试论企业资产质量优化与评价,《四川大学学报》,2000年5月,第49—52页。

[30] 甘丽凝、王妍玲,资产质量与资本结构研究综述,《商场现代化》,2009年4月,第175—176页。

[31] 甘丽凝,资产质量、资本结构与企业价值——来自中国A股上市公司的经验证据,上海财经大学博士论文,2007年。

[32] 甘丽凝,资产质量对融资结构影响的理论分析,《经济师》,2007年11月,第43—46页。

[33] 高建、汪剑飞、陈强,重视基于现金流的财务指标,《财会通讯》,2004年7月,第46—48页。

[34] 葛家澍、占美松,企业财务报告分析必须着重关注的几个财务信息——流动性、财务适应性、预期现金净流入、盈利能力和市场风险,《会计研究》,2008年5月,第3—9页。

[35] 耿建新、肖泽忠、续芹,报表收益与现金流量数据之间关系的实证分析——信息不实公

司的预警信号,《会计研究》,2002 年 12 月,第 28—34 页。
[36] 顾倍蓁,企业财务状况的模糊聚类分析,《经济论坛》,2008 年第 16 期,第 77—78 页。
[37] 顾德夫,企业资产质量小议,《上海会计》,2001 年 4 月,第 57—58 页。
[38] 谷祺、邓德强、路倩,现金流权与控制权分离下的公司价值,《会计研究》,2006 年 4 月,第 30—36 页。
[39] 郭存芝,股票投资价值的熵权系数评价方法研究,《南开经济研究》,2001 年 5 月,第 65—67 页。
[40] 郭鹏飞,中国上市公司增长的行业特征,《数量统计与管理》(增刊),2003 年 10 月,第 74—78 页。
[41] 郭泽光、郭冰,企业增长财务问题探讨——股票发行、企业负债与企业增长的关联分析,《会计研究》,2002 年 7 月,第 11—15 页。
[42] 国务院国有资产监督管理委员会,《中央企业综合绩效评价实施细则》,2006 年。
[43] 罕尼·梵·格鲁宁,沈朝卿译,《国际会计准则实用指南》,中国财政经济出版社,2001 年。
[44] 何琪、杜晗晗,我国上市公司资本成本影响因素的实证分析,《商场现代化》,2006 年 6 月,第 99 页。
[45] 贺武、刘平,基于盈利能力的沪市上市公司资产质量实证研究,《财会月刊》(综合版),2006 年 2 月,第 19—20 页。
[46] 洪乐平,对我国上市公司资本结构与财务风险的反思——来自沪、深两市的经验数据,《当代财经》,2004 年 4 月,第 39—41 页。
[47] 洪锡熙、沈艺峰,我国上市公司资本结构影响因素的实证分析,《厦门大学学报》(哲学社会科学版),2000 年 3 月,第 114—120 页。
[48] 侯晓红、史敏娜,财务报表分析新探,《财会月刊》,2006 年 12 月,第 15—16 页。
[49] 胡杨、周晓华,债务期限结构影响因素研究综述,《财会通讯》(综合版),2009 年 4 月,第 55—57 页。
[50] 黄世忠,《财务报表分析:理论、框架、方法与案例》,中国财政经济出版社,2007 年。
[51] 黄体鸿、张阿艳,企业价值的内涵及管理体系,《武汉理工大学学报》(信息与管理工程版),2008 年 6 月,第 453—456 页。
[52] 黄旭、程林林,西方资源基础理论评析,《财经科学》,2005 年 3 月,第 94—99 页。
[53] 霍远、王惠,关于上市公司财务状况的聚类分析,《统计与决策》,2007 年 9 月,第 156—157 页。
[54] 江伟、沈艺峰,大股东控制、资产替代与债权人保护,《财经研究》,2005 年 12 月,第 95—106 页。
[55] 姜付秀、陆正飞,多元化与资本成本的关系——来自中国股票市场的证据,《会计研究》,2006 年 6 月,第 48—55 页。

[56] 姜国华、王汉生,财务报表分析与上市公司 ST 预测的研究,《审计研究》,2004 年 6 月,第 60—63 页。

[57] 姜国华,《财务报表分析与证券投资》,北京大学出版社,2008 年。

[58] 蒋义宏、魏刚,主营业务利润、核心盈利能力和公司价值,《证券市场导报》,2001 年 4 月,第 25—30 页。

[59] 焦小静、郭江波,财务报表分析局限性及研究新视角,《财会通讯》(理财版),2008 年 10 月,第 79—80 页。

[60] 金晓斌、陈代云、路颖、联蒙珂,公司特质、市场激励与上市公司多元化经营,《经济研究》,2002 年 9 月,第 67—73 页。

[61] 康晓玲、张懿,企业财务预警模型研究——基于中报数据与可持续增长模型的重构,《科研管理》,2009 年 1 月,第 45—55 页。

[62] 拉姆·查兰、诺埃尔·M. 提切,鲁刚伟译,《持续增长》,中国社会科学出版社,2005 年。

[63] 李秉成、田笑丰、曹芳,现金流量表分析指标体系研究,《会计研究》,2003 年 10 月,第 25—29 页。

[64] 李从珠、单梅秀、李祥君,证券市场上市公司财务比率的统计分析,《数理统计与管理》,2000 年 9 月,第 50—56 页。

[65] 李捷,从战略管理的视角看企业财务分析,《煤炭经济研究》,2006 年 11 月,第 64—66 页。

[66] 李树华、陈征宇,《证券市场会计问题的实证研究》,上海财经大学出版社, 2000 年。

[67] 李涛、刘晓彦,上市公司现金流量与会计利润相关性的实证研究,《财会通讯》(学术版),2008 年 1 月,第 100—102 页。

[68] 李心合、蔡蕾,公司财务分析:框架与超越,《财经问题研究》,2006 年 10 月,第 67—73 页。

[69] 李勇、左连凯、刘亭立,资产负债观与收入费用观比较研究:美国的经验与启示,《会计研究》,2005 年 12 月,第 83—87 页。

[70] 李勇,《资产负债观与收入费用观比较研究:兼论我国会计准则制定理念选择》,中国财政经济出版社,2006 年。

[71] 李增泉、余谦、王晓坤,掏空、支持与并购重组——来自我国上市公司的经验证据,《经济研究》,2005 年 1 月,第 95—105 页。

[72] 梁杰、高蕾、刘英男、段家菊,新会计准则对上市公司综合财务状况的影响分析——基于深沪 A 股上市公司的实证研究,《财会通讯》(学术版),2008 年 3 月,第 47—49 页。

[73] 林翔、陈汉文,增长、盈余管理和应计持续性,《中国会计评论》,2005 年 6 月,第 117—141 页。

[74] 刘斌、刘星、黄永红,中国上市公司可持续增长的主因素分析,《重庆大学学报》,2003 年 12 月,第 111—115 页。

[75] 刘露、蒋志林,试析财务预警的新兴指标,《财会月刊》,2006年11月,第38—39页。
[76] 刘庆华、吴彧,现金流量与企业财务预警系统探析,《集团经济研究》,2005年8月,第169页。
[77] 刘芍佳、孙霈、刘乃全,终极产权论、股权结构及公司绩效,《经济研究》,2003年4月,第51—62页。
[78] 柳木华,盈余质量的市场反应,《中国会计评论》,2003年7月,第193—213页。
[79] 陆静、孟卫东、廖刚,上市公司会计盈利、现金流量与股票价格的实证研究,《经济科学》,2002年5月,第34—42页。
[80] 陆正飞、宋小华,财务指标在股票投资决策中的有用性:基于中国证券市场的实证研究,《南开管理评论》,2006年6月,第31—38页。
[81] 陆正飞、辛宇,上市公司资本结构主要影响因素之实证研究,《会计研究》,1998年8月,第34—37页。
[82] 陆正飞,《财务报表分析》,中信出版社,2006年。
[83] 陆正飞、姜国华、张然,《财务会计与资本市场实证研究》,中国人民大学出版社,2009年。
[84] 吕长江、韩慧博,上市公司资本结构特点的实证分析,《南开管理评论》,2001年5月,第26—29页。
[85] 吕长江、赵岩,上市公司财务状况分类研究,《会计研究》,2004年11月,第53—61页。
[86] 罗伯特·C.希金斯,沈艺峰译,《财务管理分析》,北京大学出版社,1998年。
[87] 罗伯特·S.卡普兰、安东尼·A.阿特金森,吕长江译,《高级管理会计》,东北财经大学出版社,1999年。
[88] 骆珣、孙俊芳,杜邦系统在评价企业财务状况中的应用,《北京理工大学学报》(社会科学版),2004年10月,第73—75页。
[89] 潘琰、程小可,上市公司经营业绩的主成分评价方法,《会计研究》,2000年1月,第31—35页。
[90] 钱爱民、吴革,《财务会计报告分析》,中国金融出版社,2003年。
[91] 钱爱民、张新民,新准则下利润结构质量分析体系的重构,《会计研究》,2008年6月,第31—38页。
[92] 钱爱民、张淑君、程幸,基于自由现金流量的财务预警指标体系的构建与检验——来自中国机械制造业A股上市公司的经验证据,《中国软科学》,2008年9月,第148—155页。
[93] 钱爱民、张淑君,固定资产质量评价体系的构建与运用,《财会通讯》(学术版),2008年10月,第79—82页。
[94] 钱爱民、张新民,经营性资产:概念界定与质量评价,《会计研究》,2009年8月,第54—59页。

[95] 钱爱民、张新民、周子元,盈利结构质量、核心盈利能力与盈利持续性——来自我国A股制造业上市公司的经验证据,《中国软科学》,2009年8月,第108—118页。
[96] 钱爱民、周子元,经营性资产质量评价指标体系的构建与检验——来自我国化工行业A股上市公司的经验证据,《管理评论》,2009年10月,第109—115页。
[97] 钱爱民、张新民,资产质量:概念界定与特征构建,《财经问题研究》,2009年12月,第99—104页。
[98] 钱忠华,公司治理与企业财务困境——基于股权结构角度的实证分析,《经济与管理研究》,2009年5月,第80—86页。
[99] 秦志敏,上市公司盈利质量透视策略,《会计研究》,2003年7月,第53—54页。
[100] 饶育蕾、蒋波,基于现金流盈利指标的上市公司盈利质量评价研究,《第三届(2008)中国管理学年会论文集》,第1744—1753页。
[101] 沈国骏,自由现金流量在企业财务分析中的运用——对杜邦分析法剖析,《上海会计》,2003年9月,第48—50页。
[102] 施徐红,面向战略的财务分析,《当代经理人》,2006年1月,第98页。
[103] 宋常、郭天明,公司价值创造驱动因素研究,《生产力研究》,2007年4月,第111—113页。
[104] 宋献中、高志文,资产质量反映盈利能力的实证分析,《中国工业经济》,2001年4月,第78—81页。
[105] 粟国敏,在现代企业财务分析评价中应用层次分析法,《技术经济》,1999年9月,第51—54页。
[106] 苏启林、朱文,上市公司家族控制与企业价值,《经济研究》,2003年8月,第36—45页。
[107] 汤谷良、杜菲,试论企业增长、盈利、风险三维平衡战略管理,《会计研究》,2004年11月,第31—37页。
[108] 汤谷良、游尤,可持续增长模型的比较分析与案例验证,《会计研究》,2005年8月,第50—55页。
[109] 汤谷良、朱蕾,自由现金流量与财务运行体系,《会计研究》,2002年4月,第32—37页。
[110] 汤谷良,《VBM框架下财务管理理论体系重构》,中国财政经济出版社,2007年。
[111] 汤谷良,会计谜团:"利润至上"还是"现金至尊"?《上海立信会计学院学报》,2008年5月,第15—18页。
[112] 汤姆·科普兰等,郝绍伦等译,《价值评估——公司价值的衡量与管理》,电子工业出版社,2002年。
[113] 童盼、陆正飞,负债融资、负债来源与企业投资行为——来自中国上市公司的经验证据,《经济研究》,2005年5月,第75—84页。
[114] 万宇洵、陈波、胡巍,会计盈余、现金流量的价值相关性实证研究——基于沪深股市的实证证据,《财经理论与实践》,2007年5月,第57—62页。

[115] 王斌、梁欣欣,公司治理、财务状况与信息披露质量——来自深交所的经验证据,《会计研究》,2008 年 3 月,第 31—38 页。

[116] 王兵,盈余质量与资本成本——来自中国上市公司的经验证据,《管理科学》,2008 年 6 月,第 67—73 页。

[117] 王丹丹,改进现行财务分析指标体系的几点建议,《财会月刊》(综合版),2006 年 3 月,第 76—77 页。

[118] 王方,我国上市公司财务会计信息分析方法研究,《山西财经大学学报》,1999 年 11 月,第 73—74 页。

[119] 王广辉,构建会计报表分析方法体系的构想,《财会通讯》(学术版),2005 年 9 月,第 31—33 页。

[120] 王海珍、郭慧敏,利用层次分析法综合评价企业财务状况,《财会月刊》(综合版),2006 年 3 月,第 48—49 页。

[121] 王化成、程小可、刘雪辉,中国资本市场披露现金流量信息的有用性,《经济理论与经济管理》,2003 年 10 月,第 29—35 页。

[122] 王化成,《财务报表分析》,北京大学出版社,2007 年。

[123] 王化成等,《中国上市公司盈余质量研究》,中国人民大学出版社,2008 年。

[124] 王敬、李华一,上市公司财务状况评价研究,《价值工程》,2006 年 7 月,第 150—152 页。

[125] 王静静,企业财务状况的模糊综合评价,《审计与经济研究》,2008 年 7 月,第 65—68 页。

[126] 王娟、杨凤林,中国上市公司资本结构影响因素的最新研究,《国际金融研究》,2002 年 8 月,第 45—52 页。

[127] 王雷、胡维华,多因素层次模糊综合评价在上市公司赢利能力分析中的应用研究,《数量经济技术经济研究》,2000 年 1 月,第 59—61 页。

[128] 王庆芳,价值管理时代的核心财务指标特征解析,《财会通讯》,2004 年 9 月,第 12—14 页。

[129] 王庆文,会计盈余质量对未来会计盈余及股票收益的影响——基于中国股票市场的实证研究,《金融研究》,2005 年 10 月,第 141—152 页。

[130] 王生兵、谢静,浅析资产质量,《软科学》,2000 年 4 月,第 17—19 页。

[131] 王秀丽、张新民,企业利润结构的特征与质量分析,《会计研究》,2005 年 9 月,第 63—68 页。

[132] 王治安、向显湖,试论企业财务报表分析的表外信息,《财会月刊》,1999 年 6 月,第 5—6 页。

[133] 汪辉,上市公司债务融资、公司治理与市场价值,《经济研究》,2003 年 8 月,第 28—35 页。

[134] 魏明海等,《财务战略:着重周期性因素影响的分析》,中国财政经济出版社,2001 年。

[135] 魏世振、杨磊、陈传明,上市公司财务状况判别分析算法的实证研究,《系统工程》,2005年1月,第107—110页。
[136] 翁洪波、吴世农,我国上市公司价值创造与价值损害的判定分析,《经济管理》(新管理),2006年8月,第32—41页。
[137] 吴超鹏、吴世农,基于价值创造和公司治理的财务状态分析与预测模型研究,《经济研究》,2005年11月,第99—110页。
[138] 吴冬梅,财务报表分析指标体系的构建,《商场现代化》,2006年10月,第338—339页。
[139] 吴方卫、张锦华,农业上市公司的持续经营能力分析——基于自由现金流量的理论与实证研究,《农业技术经济》,2003年3月,第5—9页。
[140] 吴世农、李常青、陈碧华,我国上市公司现金流量的市场反应和信息含量分析,《首都经济贸易大学学报》,2001年5月,第5—12页。
[141] 吴世农、卢贤义,我国上市公司财务困境的预测模型研究,《经济研究》,2001年6月,第46—55页。
[142] 吴世农、吴育辉,《CEO财务分析与决策》,北京大学出版社,2008年。
[143] 夏立军、方轶强,政府控制、治理环境与公司价值——来自中国证券市场的经验证据,《经济研究》,2005年5月,第40—51页。
[144] 夏雪花,论传统财务分析体系的改进及应用,《财会月刊》(理论版),2008年5月,第52—53页。
[145] 向德伟,论财务风险,《会计研究》,1994年4月,第21—25页。
[146] 肖尧春,财务报表分析的新思路、新方法——评张新民《企业财务分析》,《江西社会科学》,2001年9月,第222—224页。
[147] 肖作平、李孔,债务到期结构的影响因素——理论和证据,《证券市场导报》,2004年3月,第24—29页。
[148] 肖作平,股权结构对资本结构选择的影响——来自中国上市公司的经验证据,《当代经济科学》,2004年1月,第1—7页。
[149] 肖作平,资本结构影响因素和双向效应动态模型——来自中国上市公司面板数据的证据,《会计研究》,2004年2月,第36—41页。
[150] 肖作平,中国上市公司债务期限结构特征的实证检验,《证券市场导报》,2006年2月,第51—57页。
[151] 谢玲芳、任荣明,民营控股多家上市公司的财务风险研究,《管理评论》,2004年9月,第29—34页。
[152] 谢永垵,资产质量与财务困境,《财会月刊》(理论版),2007年12月,第23—25页。
[153] 谢志华、王仲兵,《财务分析》,高等教育出版社,2003年。
[154] 谢志华、曾心,论资产负债观在新会计准则中的运用与思考——历史演进、表征与思考,《北京工商大学学报》,2008年1月,第69—74页。

[155] 熊楚熊,市场经济条件下财务报表分析重心及其相应体系,《深圳大学学报》,1999 年 2 月,第 11—15 页。

[156] 徐国祥、檀向球、胡穗华,上市公司经营业绩综合评价及其实证研究,《统计研究》,2000 年 9 月,第 44—51 页。

[157] 徐荔、崔学军,新时期企业财务分析新思维,《工业技术经济》,2006 年 7 月,第 160—161 页。

[158] 徐文学,企业资产质量特征的理论探讨,《江苏商论》,2007 年 6 月,第 160—162 页。

[159] 徐晓东、陈小悦,第一大股东对公司治理、企业业绩的影响分析,《经济研究》,2003 年 2 月,第 64—74 页。

[160] 杨杜,《企业成长论》,中国人民大学出版社,1996 年。

[161] 杨磊、何跃、贺昌政,企业财务状况分析预警系统的设计及实证研究,《华东经济管理》,2004 年 10 月,第 179—181 页。

[162] 杨淑娥、徐伟刚,上市公司财务预警模型——Y 分数模型的实证研究,《中国软科学》,2003 年 1 月,第 56—60 页。

[163] 杨小舟,管理视角下的企业财务报表分析框架——兼论杜邦分析法的缺陷与改进,《财会通讯》(综合版),2006 年 10 月,第 78—79 页。

[164] 杨轶、张友棠,企业财务预警国内外研究述评,《财会月刊》(理论版),2008 年 7 月,第 66—68 页。

[165] 杨忠莲,财务报表分析应注意的问题,《财会月刊》,2002 年 12 月,第 40—41 页。

[166] 姚正海,试论现金流量表分析指标体系的构建,《财会通讯》(学术版),2004 年 3 月,第 77—79 页。

[167] 叶勇、胡培、何伟,上市公司终极控制权、股权结构及公司绩效,《管理科学》,2005 年 4 月,第 58—64 页。

[168] 易跃明,企业财务状况预测的神经网络模型,《统计与决策》,2007 年 2 月,第 145—147 页。

[169] 于富生、张敏、姜付秀、任梦杰,公司治理影响公司财务风险吗?《会计研究》,2008 年 10 月,第 52—58 页。

[170] 于富生、张敏,信息披露质量与债务成本——来自中国证券市场的经验证据,《审计与经济研究》,2007 年 5 月,第 93—96 页。

[171] 于晓红、王丽南,企业战略与资本结构研究综述,《经济纵横》,2008 年 3 月,第 125—127 页。

[172] 余妙志、孔庆洋,上市公司财务状况非线性评价模型及应用,《统计与信息论坛》,2004 年 1 月,第 48—50 页。

[173] 余怒涛、沈中华、黄登仕,审计意见和年报披露会影响盈余质量吗?《审计研究》,2008 年 3 月,第 55—63 页。

[174] 余新培,资产质量和收益质量及其分析,《当代财经》,2003 年 2 月,第 119—121 页。
[175] 曾庆生,政府治理与公司治理:基于洞庭水殖捆绑上市与 MBO 的案例研究,《管理世界》,2004 年 3 月,第 124—130 页。
[176] 曾秋根,企业债务期限结构错配的风险及对策困境分析——以华源集团为例,《审计与经济研究》,2006 年 9 月,第 86—90 页。
[177] 曾颖、陆正飞,信息披露质量与股权融资成本,《经济研究》,2006 年 2 月,第 69—79 页。
[178] 张春景、徐文学,我国上市公司资产质量评价的实证分析,《财会月刊》(理论版),2006 年 7 月,第 19—21 页。
[179] 张国清,经营活动现金流量预测实证研究,《当代财经》,2007 年 1 月,第 104—112 页。
[180] 张杰,民营经济的金融困境与融资次序,《经济研究》,2000 年 4 月,第 3—10 页。
[181] 张鹏飞,财务质量分析评价框架,《会计之友》,2006 年 9 月,第 36—37 页。
[182] 张韬、智勇,基于灰色关联度模型的综合财务评价方法,《技术经济与管理研究》,2000 年 4 月,第 54—55 页。
[183] 张维、李洪良、熊熊,上市公司财务状况评价的统计和神经网络方法,《天津理工学院学报》,2004 年 12 月,第 33—36 页。
[184] 张先治,现代财务分析程序与方法体系重构,《求是学刊》,2002 年 7 月,第 53—56 页。
[185] 张先治,财务分析理论发展与定位研究,《财经问题研究》,2007 年 4 月,第 81—86 页。
[186] 张先治,基于管理者决策与控制的财务分析——企业内部报告的财务分析应用,《财会月刊》,2008 年 3 月,第 13—14 页。
[187] 张新民、钱爱民,《财务报表分析案例评析》,北京大学出版社,2007 年。
[188] 张新民、钱爱民,《企业财务报表分析》,北京大学出版社,2008 年。
[189] 张新民、王秀丽,企业财务状况的质量特征,《会计研究》,2003 年 9 月,第 35—38 页。
[190] 张新民、朱爽,关于资产负债表的经济学思考,《中国工业经济》,2007 年 11 月,第 88—95 页。
[191] 张新民,《企业财务状况质量分析理论研究》,对外经济贸易大学出版社,2001 年。
[192] 张新民、钱爱民,《企业财务质量与管理质量关系研究》,对外经济贸易大学出版社,2009 年。
[193] 张毅、沈荣芳,数据包络分析评价上市公司投资价值实证研究,《同济大学学报》(自然科学版),2004 年 7 月,第 961—965 页。
[194] 张友棠、冯自钦、杨轶,三维财务风险预警理论模式及其指数预警矩阵新论——基于现金流量的财务风险三维分析模型及其预警指数体系研究,《财会通讯》(综合版),2008 年 2 月,第 25—29 页。
[195] 张振川,现代企业风险价值管理问题探讨,《会计研究》,2004 年 3 月,第 55—58 页。
[196] 赵春光,现金流量价值相关性的实证研究——兼评现金流量表准则的实施效果,《会计研究》,2004 年 2 月,第 29—35 页。

[197] 赵晋贤,财务分析的战略性思考,《当代经理人》,2006 年 7 月,第 41 页。

[198] 赵丽琼、柯大纲,我国财务困境公司恢复过程预测研究,《统计与决策》,2008 年 7 月,第 139—142 页。

[199] 赵宇龙、王志台,我国证券市场"功能锁定"现象的实证研究,《经济研究》,1999 年 9 月,第 56—64 页。

[200] 赵宇龙,会计盈余披露的信息含量——来自上海股市的经验证据,《经济研究》,1998 年 7 月,第 41—49 页。

[201] 郑海燕、徐明、刘中刚,股权结构与财务困境变化趋势关系分析——来自制造行业上市公司的实证研究,《经济经纬》,2009 年 3 月,第 145—148 页。

[202] 郑建明、谢潇潇,我国上市公司债务期限结构的决定因素——来自三大行业 120 家企业的证据,《当代财经》,2008 年 2 月,第 55—59 页。

[203] 中国注册会计师协会,《财务成本管理》,经济科学出版社,2008 年。

[204] 周春生、赵端端,中国民营企业的财务风险实证研究,《中国软科学》,2006 年 4 月,第 130—135 页。

[205] 周守华、杨继华、王平,论财务危机的预警分析——F 分数模式,《会计研究》,1996 年 8 月,第 8—11 页。

[206] 周晓苏,基于关联规则分析的微利企业利润质量评价研究,《会计研究》,2004 年 2 月,第 52—57 页。

[207] 朱开悉,论企业可持续盈利成长能力及其重要性,《经济师》,2002 年 5 月,第 146—147 页。

[208] 朱顺泉、张尧庭,上市公司财务状况理想点评价模型的构建与实证研究,《河北经贸大学学报》,2004 年 1 月,第 38—42 页。

[209] Alfred Rappoport, Creating Shareholder Value: The New Standard for Business Performance, The Free Press, pp. 135—147, 1986.

[210] Ali, Ashiq, Paul Zarowin, The Role of Earnings Levels in Annual Earnings-Returns Studies, Journal of Accounting Research, Vol. 30, pp. 286—296, 1992.

[211] Allen, D. E., The Determinants of Capital Structure of Listed Australian Companies: The Financial Manager's Perspective, Australian Journal of Management, Vol. 16(2), pp. 103—28, 1991.

[212] Aloke Ghosh, Zhaoyang Gu, Prem C. Jain, Sustained Earnings and Revenue Growth, Earnings Quality, and Earnings Response Coefficients, Review of Accounting Studies, Vol. Jan., pp. 33—57, 2005.

[213] Andrei Shleifer, Robert W. Vishny, Liquidation Values and Debt Capacity: A Market Equilibrium Approach, Journal of Finance, American Finance Association, Vol. 47, April, pp. 1343—1366, 1992.

[214] Ashiq Ali, Paul Zarowin, The Role of Earnings Levels in Annual Earnings-Returns Studies, Journal of Accounting Research, Vol. 30, pp. 286—296, 1992.

[215] Ashiq Ali, Peter F. Pope, The Incremental Information Content of Earnings, Funds Flow and Cash Flow: The U. K. Evidence, Journal of Business Finance & Accounting, Vol. 22, January, pp. 19—34, 1995.

[216] Bai, C. E., Liu, Q., Lu, J., Song, F. M., Zhang, J. X., Corporate Governance and Firm Valuations in China, The University of Hong Kong, Working Paper, November, 2002.

[217] Ball, R., Brown, P., An Empirical Evaluation of Accounting Income Numbers, Journal of Accounting Research, June, pp. 159—178, 1968.

[218] Barclay, M., Smith, C. Jr., The Maturity Structure of Corporate Debt, Journal of Finance, Vol. 50, pp. 609—631, 1995.

[219] Barnea, A., Hauge, R., Senbe, L., A Rationale for Debt Maturity Structure and Call Provisions in the Agency Theoretic Framework, Journal of Finance, Vol. 35, pp. 1223—1234, 1980.

[220] Barry, C., Brown, S., Differential Information and Security Market Equilibrium, Journal of Financial and Quantitative Analysis, Vol. 20, April, pp. 407—422, 1985.

[221] Beaver, W., Dukes, P., Interperiod Tax Allocation, Earnings Expectations, and the Behavior of Security Prices, The Accounting Review, April, pp. 320—332, 1972.

[222] Beaver, W., Griffin, P., Landsman W., The Incremental Information Content of Replacement Cost Earnings, Journal of Accounting and Economics, July, pp. 15—39, 1982.

[223] Beaver, W. H., The Information Content of Annual Earnings Announcements, Journal of Accounting Research 6, pp. 67—92, 1968.

[224] Benjamin Graham, David Dodd, Security Analysis: Principles and Technique, 1e, New York and London: McGraw-Hill Book Company, Inc., 1934.

[225] Bernstein, L., Financial Statement Analysis, 5th ed, Homewood, IL, Irwin, 1993.

[226] Bhattacharya U., Daouk H., Welker M., The World Price of Earnings Opacity, The Accounting Review, Vol. 78, pp. 641—678, 2003.

[227] Bodenhorn, Diran, A Cash Concept of Profit, The Journal of Finance, March, pp. 16—31, 1964.

[228] Bowen, R. M., Burgstahler, D., Daley L. A., Evidence on the Elationships between Earnings and Various Measures of Cash Flow, The Accounting Review, October, pp. 713—725, 1986.

[229] Brown Paul R., A Model for Effective Financial Analysis, Journal of Financial Statement Analysis, 1998.

[230] Brown, C. A., Alam, P. A., The Forecast Accuracy Improvement from Earnings Disaggregation: A Case of the Banking Industry, Working Paper, Kent State University, 2001.

[231] Cheng, A. ,Cheung, J. K. ,Gopalakrishnan, V. ,On the Usefulness of Operating Income, Net Income and Comprehensive Income in Explaining Security Returns,Accounting and Business Research,Vol. 23,pp. 195—203,1993.

[232] Clyde P. Stickney,Financial Statement Analysis: A Strategic Perspective, Thomson Learning Inc. ,1990.

[233] Coats,P. ,Fant,L. ,Recognizing Financial Distress Patterns Using a Neural Network Tool, Financial Management,Vol. 22,pp. 142—155,1993.

[234] Collins,D. ,Salatka,W. ,Noisy Accounting Earnings Signals and Earnings Response Coefficients: The Case of Foreign Currency Accounting, Contemporary Accounting Research, Vol. 10,Jan. ,pp. 119—59,1993.

[235] Cyrus A. Ramezani,Luc Soenen,Alan Jung,Growth, Corporate Profitability, and Value Creation,Financial Analysts Journal,November/December,pp. 56—67,2002.

[236] David Bernstein,Asset Quality and Scale Economies in Banking,Journal of Economics and Business,Vol. 48(2),pp. 157—166,1996.

[237] Dechow,P. M. ,Kothari, S. P. ,Watts, R. L. ,The Relation between Earnings and Cash Flows,Journal of Accounting and Economics,Vol. 25,pp. 133—168,1998.

[238] Dhaliwal, D. ,Subramanyam, K. R. ,Trezevant, R. ,Is Comprehensive Income Superior to Net Income as a Measure of Firm Performance? Journal of Accounting and Economics,Vol. 26,pp. 43—67,1999.

[239] Diamond,D. W. ,Debt Maturity Structure and Liquidity Risk,Quarterly Journal of Economics,Vol. 106,pp. 709—737,1991.

[240] Donna M. Costello,A Cross-Country, Cross-Industry Comparison of Productivity Growth, Journal of Political Economy,Vol. 101,Feb. ,pp. 207—223,1993.

[241] Easton, P. ,Shroff,P. , Taylor,G. ,Permanent and Transitory Earnings, Accounting, Recording Lag and the Earnings Coefficient,Review of Accounting Studies,May 5,pp. 281—300,2000.

[242] Edward I. Altman,Prediction of Corporate Bankruptcy: A Discriminate Analysis,The Journal of Finance,Vol. 23,No. 1,Mar. ,pp. 193—194,1968.

[243] Emery, G. W. ,Cyclical Demand and the Choice of Debt Maturity, Journal of Business,Vol. 74,pp. 557—590,2001.

[244] Eric Friedman,Simon Johnson,Todd Mitton,Propping and Tunneling, Journal of Comparative Economics,Elsevier,Vol. 31,April,pp. 732—750,2003.

[245] Erich A. Helfert. , Financial Analysis: Tools and Techniques—A Guide for Managers, McGraw-Hill Inc. ,2001.

[246] Erwan Morellec, Asset Liquidity, Capital Structure, and Secured Debt,Journal of Financial

Economics, Vol. 61(2), August, pp. 173—206, 2001.

[247] Fairfield P. M., R. J. Sweeney, T. L. Yohn, Accounting Classification and the Predictive Content of Earnings, The Accounting Review, Vol. 71, pp. 337—355, 1996.

[248] Fama E., Michael J., Separation of Ownership and Control, Journal of Law and Economics, Vol. 26, pp. 301—325, 1983.

[249] Finger C., The Ability of Earnings to Predict Future Earnings and Cash Flow, Journal of Accounting Research, Autumn, pp. 210—233, 1994.

[250] Friedman E., Simon J., Todd M., Propping and Tunneling, Journal of Comparative Economics, Vol. 31(4), pp. 732—750, 2003.

[251] G. Feltham, J. Ohlson, Valuation and Clean Surplus Accounting for Operating and Financial Activities, Contemporary Accounting Research, Spring, pp. 689—731, 1995.

[252] Gavin Cassar, Scott Holmes, Capital Structure and Financing of SMEs: Australian Evidence, Accounting and Finance, Accounting and Finance Association of Australia and New Zealand, Vol. 43(2), pp. 123—147, 2003.

[253] Graham J. R., Harvey C. R., The Theory Practice of Corporate Finance: Evidence from the Field, Journal of Financial Economics, Vol. 60, pp. 187—243, 2001.

[254] Green J. P., The Impact of the Quality of Earnings on the Valuation Relevance of Cash Flow Disclosures, British Accounting Review, Vol. 31, pp. 387—413, 1999.

[255] Guedes J., Opler T., The Determinants of the Maturity of Corporate Debt Issues, Journal of Finance, Vol. 51, pp. 1809—1833, 1996.

[256] Gutierrez Isabel, Carmona Salvador, A Fuzzy Set Approach to Financial Ratio Analysis, European Journal of Operational Research, Vol. 36, pp. 78—84, 1988.

[257] Handa P, Linn S., Arbitrage Pricing with Estimation Risk, The Journal of Financial and Quantitative Analysis, Vol. 28(1), pp. 81—100, 1993.

[258] Harris T., E. Huh, P. Fairfield, Gauging Profitability on the Road to Valuation, Strategy Report, Global Valuation and Accounting, Morgan Stanley Dean Witter, 2000.

[259] Hart O., Moore J., A Theory of Debt Based on the Inalienability of Human Capital, Quarterly Journal of Economics, Vol. 109, pp. 841—879, 1994.

[260] Holthausen R., R. Verrecchia, The Effects of Sequential Information Releases on the Variance of Price Changes in an Intertemporal Multi-asset Market, Journal of Accounting Research, Vol. 26, pp. 82—106, 1988.

[261] Horst Thomas, Comparable Profit Method Analyzed. Tax Notes International, June, pp. 1443—1458, 1993.

[262] Hyun-Han Shin, René M. Stulz, Firm Value, Risk, and Growth Opportunities, Working Paper, 2000.

[263] J. David Cabedo, José Miguel Tirado, The Disclosure of Risk in Financial Statements, Accounting Forum, Vol. 28(2), pp. 181—200, 2004.

[264] Jalilvand A., R. S. Harris, Corporate Behaviour in Adjusting to Capital Structure and Dividend Targets: An Econometric Study, Journal of Finance, Vol. 39, pp. 127—145, 1984.

[265] James A. Ohlson., Financial Ratios and the Probabilistic Prediction of Bankruptcy, Journal of Accounting Research, Vol. 18(1), Spring, pp. 109—131, 1980.

[266] Jensen M. C., Agency Costs of Free Cash Flow, Corporate Finance and Takeovers, American Economic Review, Vol. 76, pp. 323—339, 1986.

[267] Jensen M. C., W. H. Meckling, Theory of the Firm: Managerial Behavior, Agency Costs and Ownership Structure, Journal of Financial Economics, Vol. 3, pp. 305—360, 1976.

[268] John J. Wild, Financial Statement Analysis, McGraw-Hill Inc., 2007.

[269] John L Colley, Jacqueline L Doyle, Robert D Hardie, Corporate Strategy, Mgraw Hill, 2002.

[270] John R. Mills, Jeanne H. Yamamura, The Power of Cash Flow Ratios, Journal of Accountancy, Vol. 186, pp. 53—61, 1998.

[271] Johnson S., La Porta R., Lopez-de-Silanes F., Shleifer A., Tunnelling, American Economic Review, Vol. 90, pp. 22—27, 2000.

[272] Johnson, Simon Boone, Corporate Governance in the Asian Financial Crisis, Journal of Financial Economics, Vol. 58, pp. 141—186, 2000.

[273] Joseph Fuller, Michael C. Jensen, Just Say No To Wall Street, Journal of Applied Corporate Finance, Vol. 14(4), pp. 41—46, 2002.

[274] Krishna G. Palepu, Paul M. Healy, Victor L. Bernard, Business Analysis and Valuation: Using Financial Statements, Thomson Learning Inc., 2000.

[275] L. C. Soffer, R. J. Soffer, Financial Statement Analysis: A Valuation Approach, Prentice Hall Inc., 2003.

[276] La Porta R., Lopezde-Silanes F., Shleifer A., Vishny R., Investor Protection and Corporate Valuation, Journal of Finance, Vol. 57, pp. 1147—1170, 2002.

[277] Lee C. J., Y. Cao, Asymmetry in Earnings-Returns Relations: The Case of China, Working Paper of University of Rochester, 2002.

[278] Leland H. E., Toft K. B., Optimal Capital Structure, Endogenous Bankruptcy, and the Term Structure of Credit Spreads, Journal of Finance, Vol. 51, pp. 987—1019, 1996.

[279] Leopold A. Bernstein, John J. Wild., Financial Statement Analysis: Theory, Application, and Interpretation, McGraw-Hill Inc., 1997.

[280] Lev B., S. R. Thiagarajan, Fundamental Information Analysis, Journal of Accounting Research, Vol. 31, pp. 190—215, 1993.

[281] Lipe R., The Information Contained in the Components of Earnings, Journal of Accounting

Research, Vol. 24, pp. 37—68, 1986.
[282] Lipe R., The Relation between Stock Returns and Accounting Earnings Given Alternative Information, The Accounting Review, Vol. 65 (1), pp. 49—71, 1990.
[283] Long Michael, Ileen Maltiz, The Investment Financing Nexus: Some Empirical Evidence, Midland Corporate Finance Journal, Vol. 3, pp. 53—59, 1985.
[284] Lorek K. S., G. L. Willinger, A Multivariate Time-Series Prediction Model for Cash-Flow Data, The Accounting Review, Vol. 71, pp. 81—101, 1996.
[285] Marris R., A Model of the Managerial Enterprise, Quarterly Journal of Economics, Vol. 77, pp. 185—209, 1963.
[286] Mary E. Barth, Donald P. Cram, Karen K. Nelson, Accruals and the Prediction of Future Cash Flows, The Accounting Review, Vol. 76(1), pp. 27—52, 2001.
[287] Michaelas N., Chittenden F., Poutziouris P., Financial Policy and Capital Structure Choice in U. K. SMEs: Empirical Evidence from Company Panel Data, Small Business Economics, Vol. 12, pp. 113—130, 1999.
[288] Mikhail B. Michael, Beverly R. Walther, Richard H. Willis, The Effects of Experience on Security Analyst Underreaction, Journal of Accounting and Economics, Vol. 35, pp. 101—116, 2003.
[289] Mikhail M., Walther B., Willis R., Reactions to Dividend Changes Conditional on Earnings Quality, Journal of Accounting, Auditing and Finance, Vol. 18(1), pp. 121—151, 2003.
[290] Milton Harris, Artur Raviv, Capital Structure and the Informational Role of Debt, Journal of Finance, American Finance Association, Vol. 45(2), pp. 321—49, 1990.
[291] Morris J. R., On Corporate Debt Maturity Strategies, Journal of Finance, Vol. 31, pp. 29—37, 1976.
[292] Morris J. R., Factors Affecting the Maturity Structure of Debt, Working Paper, Denver: University of Colorado, 1992.
[293] Myers, Determinants of Corporate Borrowing, Journal of Financial Economics, Vol. 5, pp. 147—175, 1977.
[294] Nancy L. Beneda, Valuing Operating Assets in Place and Computing Economic Value Added, CPA Journal, Nov., pp. 56—61, 2004.
[295] Ohlson, James A., Financial Ratios and the Probabilistic Prediction of Bankruptcy, Journal of Accounting Research, Vol. 18, Spring, pp. 109—131, 1980.
[296] Ohlson Shroff, Changes vs. Levels in Earnings as Explanatory Variables for Returns: Some Theoretical Considerations, Journal of Accounting Research, Autumn: pp. 210—226, 1992.
[297] Ou J. A., S. H. Penman, Financial Statement Analysis and the Prediction of Stock Returns, Journal of Accounting and Economics, Vol. 11, pp. 295—330, 1989a.

[298] Ou J. A., S. H. Penman., Accounting Measurement, Price-earnings Ratios, and the Information Content of Security Prices, Journal of Accounting Research, Vol. 27, pp. 111—144, 1989b.

[299] Penman S., Financial Statement Analysis and Security Valuation, McGraw-Hill/ Irwin, 2001.

[300] Penman S. H., X. J. Zhang, Accounting Conservatism, the Quality of Earnings, and Stock Returns, The Accounting Review, Vol. 77(2), pp. 237—264, 2002.

[301] Penman S., Financial Statement Analysis and Equity Valuation, McGraw-Hill, 2001.

[302] Philip G. Berger, Eli Ofek, Diversification's Effect on Firm Value, Journal of Financial Economics, 37(1), pp. 39—65, 1995.

[303] Potter G., Rayburn J., The Impact of Earnings Quality on Discretionary Disclosure: The Case of Interim Reporting. Earnings quality (Center for Economic and Management Research, Norman, OK), pp. 1—23, 1993.

[304] Rajan R, L. Zingales, Is There an Optimal Capital Structure? Some Evidence from International Data, Journal of Finance, Vol. 50, pp. 1421—1460, 1995.

[305] Ramakrishnan R. T. S., J. K. Thomas, Valuation of Permanent, Transitory and Price-Irrelevant Component of Reported Earnings, Working Paper, Social Science Research Network, 1991.

[306] Ramakrishnan R. T. S., J. K. Thomas, Valuation of Permanent, Transitory and Price-Irrelevant Component of Reported Earning, Journal of Accounting, Auditing & Finance, Vol. 13, pp. 301—336, 1998.

[307] Raviv A., Harris M., The Theory of Capital Structure, Journal of Finance, Vol. 45, pp. 297—353, 1991.

[308] Rayburn J., The Association of Operating Cash Flow and Accruals with Security Returns, Journal of Accounting Research, Vol. 12, pp. 112—133, 1986.

[309] Revsine L., D. Collins, B. Johnson, Financial Reporting and Analysis, Second edition, Upper Saddle River, NJ: Prentice Hall, 2002.

[310] Richardson S., Sloan R., Soliman M., Tuna I., Information in Accruals about the Quality of Earnings, Working Paper, University of Michigan Business School, Ann Arbor, pp. 1—52, 2001.

[311] Robert C. Higgins, How Much Growth Can a Firm Afford? Financial Management, Vol. 6 (Fall), pp. 7—16, 1977.

[312] Robert C. Higgins, Analysis for Financial Management, 中信出版社, 2002.

[313] Robert Kollmann, The Correlation of Productivity Growth across Regions and Industries in the United States, Economies Letters, Vol. 47, pp. 437—443, 1995.

[314] Schipper K., Vincent L., Earnings Quality, Accounting Horizons, Vol. 17, Supplement, pp.

97—110,2003.

[315] Sheridan Titman, Roberto Wessels, The Determinants of Capital Structure Choice, The Journal of Finance, Vol. 43(1), pp. 1—19, 1988.

[316] Sloan R. G., Do Stock Prices Fully Reflect Information in Accruals and Cash Flows about Future Earnings, The Accounting Review, Vol. 71, pp. 289—315, 1996.

[317] Smith P., Data Envelopment Analysis Applied to Financial Statements, Omega, Vol. 18, pp. 131—138, 1990.

[318] Stephen A., Ross Westerfield, Randolph W. Jaffe, Jeffrey F., Corporate Finance, 2nd ed, Homewood, IL, pp. 420—424, 1999.

[319] Stephen D. Williamson, Liquidity, Banking, and Bank Failures, International Economic Review, Department of Economics, University of Pennsylvania and Osaka University Institute of Social and Economic Research Association, Vol. 29(1), pp. 25—43, 1988.

[320] Stephen Penman, Financial Statement Analysis and Security Valuation, McGraw-Hill Education Inc., 2001.

[321] Stewart C. Myers, Raghuram G. Rajan, The Paradox of Liquidity, The Quarterly Journal of Economics, MIT Press, Vol. 113(3), pp. 733—771, 1998.

[322] Stohs M. H., Mauer D. C., The Determinants of Corporate Debt Maturity Structure, Journal of Business, Vol. 69, pp. 279—312, 1996.

[323] Stowe John D., Watson Collin J, Robertson Terry D., Relationships between the Two Sides of the Balance Sheet: A Canonical Correlation Analysis, Journal of Finance, American Finance Association, Vol. 35(4), pp. 973—980, 1980.

[324] Stuart McLeay, Duarte Trigueiros, Proportionate Growth and the Theoretical Foundations of Financial Ratios, Journal of Accounting, Finance and Business Studies, Vol. 38(3), pp. 297—316, 2002.

[325] Stuart McLeay, John Kassab, Mahmoud Helan, The Incremental Information Content of Accruals: Evidence Based on the Exponential Smoothing of Levels and Trends in Pre-Tax Earnings, Funds Flow and Cash Flow, Journal of Business Finance & Accounting, Vol. 24(7&8), pp. 1147—1167, 1997.

[326] Thomas A. Lee, Robert W. Ingram, Thomas P. Howard, The Difference between Earnings and Operating Cash Flow as an Indicator of Financial Reporting Fraud. Contemporary Accounting Research, Vol. 16(4), pp. 749—786, 1999.

[327] Titman S, R. Wessels, The Determinants of Capital Structure, Journal of Finance, Vol. 43(1), pp. 1—19, 1988.

[328] Tobin James, A General Equilibrium Approach to Monetary Theory. Journal of Money, Credit and Banking, Vol. 11, pp. 15—29, 1969.

[329] Valeriy Sibilkov, Asset Liquidity and Capital Structure, Working Paper, Univ. Wisconsin-Milwaukee, 2006.

[330] Van Auken H. E., Holman T., Financial Strategies of Small, Public Firms: A Competitive Analysis with Small, Private Firms and Large Public Firms, Entrepreneurship Theory and Practice, Vol. 20(1), pp. 29—41, 1995.

[331] Van Home C. James, Sustainable Growth Modeling, Joumal of Corporate Finace, Winter, pp. 19—25, 1988.

[332] Van Home C. James, Financial Management and Policy, 北京大学出版社, 2002.

[333] Velury U., The Effect of Institutional Ownership on the Quality of Earnings, Doctor Dissertation of University of South Carolina, 1999.

[334] Wald J. K., How Firm Characteristics Affect Capital Structure: An International Comparison, Journal of Financial Research, Vol. 22 (2), pp. 161—187, 1999.

[335] Wilson G. P., The Relative Information Content of Accruals and Cash Flow: Combined Evidence at the Earning Announcement and Annual and Report Release Date, Journal of Accounting Research, Vol. 9, pp. 165—200, 1986.

[336] Xie H., The Mispricing of Abnormal Accruals, The Accounting Review, Vol. 76 (3), pp. 357—373, 2001.

[337] Yohanes E. Riyanto, Linda A. Toolsema, Tunneling and Propping: A Justification for Pyramidal Ownership, Journal of Banking & Finance, Elsevier, Vol. 32 (10), pp. 2178—2187, 2008.

后　记

本书是在我的博士论文基础上经补充和完善后形成的。在博士论文的写作和本书修改过程中，导师、同事、同学和家人都给予我莫大的帮助和支持，这将是我一生中最为宝贵的财富。对我个人来说，能够拥有今天，心中感到很知足，因为我能深刻体会走到今天的幸运与艰辛。在此，我要发自内心地感谢那些我要感谢的人。

首先特别感谢我的博士生导师张新民教授。先生胸襟疏阔、性格豪爽、坦诚待人。尽管工作繁忙，公务应接不暇，但他仍在百忙之中抽出时间关心我论文的进展状况。从论文选题、资料搜集，到提纲拟定、修改完善，先生在我写作的每一个环节都给予悉心的指导和大力的帮助。先生对实践敏锐的洞察力和独特的感悟力，让我体会到求真务实的治学态度；先生的鼓励和支持，给予我奋发进取的力量和勇气。本人才疏学浅、功底微薄，唯有在今后坚持不懈的努力中力争向上，才能不负先生的如海深恩。

衷心感谢汤谷良教授，感谢他对我学术的指导和教诲，他广博精深的学识、严谨求实的精神、高屋建瓴的境界，让我领略到学者的大家风范和人格魅力，值得我不断地体味和学习。

衷心感谢吴革教授，感谢他的信任、支持和鼓励，感谢他对我论文思路的启发和论文写作的帮助。和他在一起进行学术的切磋和交流，使我感受到投身会计学术研究的快乐！

感谢对外经济贸易大学金融学院的各位领导和老师，是他们为我提供了学习的平台，给予我热诚的帮助，并付出艰辛的劳动，使我获取了受益终生的知识和学识。感谢对外经济贸易大学国际商学院的各位领导和同事，是他们在工作中提供了大力的支持，使我能够有更多的精力和时间投入论文写作，最终顺利地完成学业。

感谢全体同窗学友对我的帮助和支持。他们博览群书、才思敏捷、意气风发。与他们共同分享学习的体验，交流工作的体会，互通有无，共同提高，是我人生旅程中又一笔宝贵的财富，我将永远在心底珍藏。特别要感谢我的同学周子元，在我论文的实证研究阶段，从数据采集到加工处理，都给予我莫大的支援。

感谢家人对我学业的理解与支持。是他们这么多年来默默地奉献和帮助，才保证了我充足的论文写作时间；是他们对我一贯的支持与爱护，才使我有了在学习和工作上孜孜不倦地追求的动力，谨以此书献给他们作为报答！尤其要感谢我的先父钱守德教授，是他把我领入会计这个神圣的殿堂，又是他支持我选择了教师这个神圣的职业。他循循善诱、诲人不倦、严谨治学，乃为人师表之典范。对他的感激之情无以言表，唯有继续不懈努力以报答他的养育和教诲之恩！

衷心感谢那些在工作和学习中给予过我帮助和温暖的朋友！祝愿他们在今后的工作中能够硕果累累，在生活中能够美满幸福！

钱爱民

2010 年 8 月 11 日于对外经济贸易大学